노동으로 보는 중국

노동으로 보는 중국

2019년 8월 29일 초판 1쇄 발행

지은이   정규식

편집   조정민
디자인   이경란
인쇄   도담프린팅
종이   타라유통

펴낸곳   나름북스
펴낸이   임두혁
등록   2010.3.16. 제2014-000024호
주소   서울 마포구 월드컵로 15길 67(망원동) 2층
전화   (02)6083-8395
팩스   (02)323-8395
이메일   narumbooks@gmail.com
홈페이지 www.narumbooks.com
페이스북 www.facebook.com/narumbooks7

ISBN 979-11-86036-48-8   93300
값 18,000원

이 책은 2017년도 정부(교육부)의 재원으로 한국연구재단의 지원을 받아 수행된 연구 사업임(NRF-2017S1A6A3A02079082).

이 도서의 국립중앙도서관 출판예정도서목록(CIP)은 서지정보유통지원시스템 홈페이지(http://seoji.nl.go.kr)와 국가자료공동목록시스템(http://www.nl.go.kr/kolisnet)에서 이용하실 수 있습니다. (CIP제어번호: CIP2019031114)

노동으로 보는 중국

정규식 지음

나름북스

차례

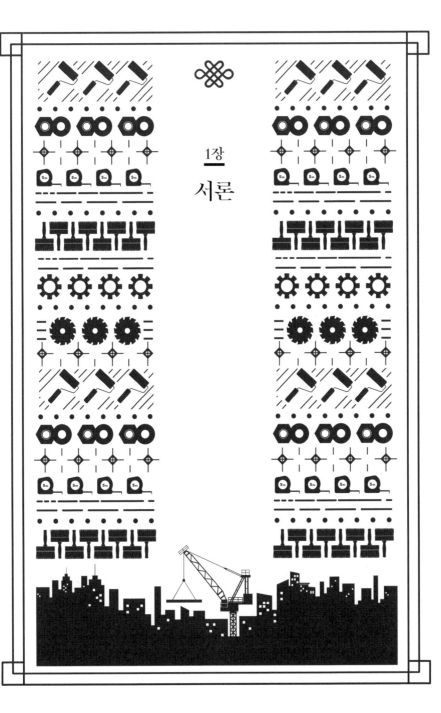

1장

서론

1. 중국에서 '노동'이 갖는 의미

중국은 사회주의 국가인가, 자본주의 국가인가? 단순한 질문이
지만, 그 답을 내리는 과정은 간단하지 않다. 1949년 사회주의 혁명
으로 성립된 중화인민공화국, 그리고 1978년 개혁·개방을 계기로
자본주의 세계 경제 질서의 일원으로 재편입되는 과정을 거쳐 오늘
날 세계 경제대국으로 부상한 중국은 수많은 쟁점을 던져준다. 또
한 이는 서양학계에서 구축된 기존 이론이 내포하는 '시장과 계획',
'민주와 독재', '국가와 사회'라는 이분법적 대립 도식으로는 더 이상
설명되지 않는 복잡한 구도를 형성하고 있다. 이를 이해하고 설명하
기 위해서는 '중국에 대한 환상과 환멸의 진자운동'으로 점철된 역
사 인식 극복이 먼저 요청된다. 중국 사회주의 혁명을 서구 자본주
의적 근대를 넘어설 수 있는 유토피아로 인식한 '중국에 대한 환상'
과 대약진의 실패, 반우파운동, 문화대혁명을 거치면서 드러난 사회
주의 균열에 따른 '중국에 대한 환멸'은 개혁·개방의 성과와 중국의
미래를 전망하는 오늘날의 연구에서도 반복되어 나타난다. 그러나
미조구치 유조가 지적하듯이, 사회주의 중국에 대한 환상과 환멸이
라는 두 개의 시각에 단절은 없다(미조구치 유조, 2009). 중국에 대한

'환상'과 '환멸'은 대체로 서구와 중국을 비교하는 역사 인식의 축을 중심으로 이어져왔다. 이렇게 구성된 역사 인식의 시각에는 역사적 현실에서 끊임없이 변화하며 발전한 '역사적 사회주의'로서의 중국은 포착되지 않는다. 더구나 무수한 역사적 변곡점을 거치면서 굴절되고 변용되어 형성된 제도적 진화 과정과 이를 둘러싼 다양한 집단의 행위적 실천은 사상(捨象)되어 버린다. 특히 이러한 인식론의 한계는 오늘날 중국의 현실적 모순이 가장 첨예하게 드러나는 '노동'문제를 이해하는 데 가장 큰 어려움을 초래한다.

사회주의 시기 30년과 개혁·개방 이후 40년 시기를 경과한 중국은 오늘날 우리에게 두 가지 모순적 현실이 조합된 모습으로 나타나고 있다. 하나는 놀라운 속도의 경제성장을 바탕으로 세계 정치 및 경제에서 차지하는 중국의 영향력이 급속도로 증대한 것이고, 다른 하나는 경제성장 이면에 존재하는 사회 양극화의 심화다.[1] 그리고 이러한 두 가지 모순적 현실의 원인과 전망을 해석하는 다양한 관점이 '중국에 대한 환상과 환멸'이라는 중심축을 따라 또다시 각

---

1   중국의 지난 10년간 평균 국내총생산GDP 성장률은 두 자릿수(10.3%)로, 이는 미국의 6배에 해당한다. 1980년대 중국의 GDP는 2020억 달러에 불과했으나, 2010년에는 무려 30배 증가한 5조8000억 달러를 기록하면서 세계 2위 경제대국으로 부상했다(문진영, 김병철, 2012). 세계 경제불황의 여파로 2013년에는 약간 주춤했지만, 2017년에도 여전히 6.9%라는 높은 경제성장률을 유지하고 있다. 그리고 이러한 경제성장을 바탕으로 전 세계의 각종 현안에 중요한 영향력을 행사하며, 세계체제 속 중국의 위상 변화는 'G2'나 '차이메리카', 혹은 '베이징컨센서스'라는 표현에서 집약적으로 드러난다. 한편 경제성장 이면에 극심한 소득 불평등이 존재하는데, 개혁·개방 정책이 시작되던 시점인 1978년 0.15에 불과했던 지니계수가 2013년 중국 국가통계국의 공식 발표에 따르면 0.473으로 집계되어, 개혁·개방 35년 만에 세계에서 소득 불평등이 가장 심각한 국가로 변화했다.

축하는 양상이다. 특히 2007~2008년의 세계 금융위기를 지나면서 부각된 경제적 측면뿐 아니라, 정치적 측면에서도 중국식 정치 사회 모델 논의가 활발하게 전개됐다. 미국을 중심으로 하는 신자유주의 시스템의 정당성에 의문이 제기되면서 미국식 경제구조와 상반된 특성을 보이는 '중국 모델'로 이목이 과잉 집중되었고, 이러한 현상이 다시 중국 정치 사회 시스템에 대한 논의로 확산된 것이다. 이러한 논의의 흐름을 따라 한편에서는 중국의 부상을 서구 문명을 대체할 '새로운 문명'의 창출로 인식하려는 시도가 나타났다. 그리고 개혁·개방 이전 30년간의 마오주의적 발전 시기의 유산, 즉 마오쩌둥毛澤東 시기에 형성된 공산주의적 당−국가 체제가 개혁 시기 중국의 경제성장을 제약하지 않았으며, 오히려 이득이 되었다는 주장으로 전개됐다(아리기, 2012; 소, 2012). 그러나 다른 한편에서는 중국의 성장 모델은 동아시아 '발전국가 모델'의 극단적 형태일 뿐이라는 시각과 심지어 저임금과 노동착취, 노동유연화에 기반한 신자유주의적 경제체제의 하나일 뿐이라는 비판도 제기됐다(홍호평, 2011; 하비, 2007; 리민치, 2010).

무엇보다 중요한 사실은 이러한 모순적 현실에 대한 논쟁이 단순히 이론적인 차원의 문제로 끝나는 게 아니며, '노동'이라는 쟁점을 둘러싼 현실문제로 격화되고 있다는 것이다. 더구나 중국의 노동문제는 협소한 의미의 '노동'문제에 그치는 것이 아니라, 중국의 통치전략 전반을 포괄하는 광범위한 문제이며, 사회주의 시기와 개혁·개방 시기를 잇는 중요한 가교라고 할 수 있다. 실제로 사회주의 시기의 유산과 개혁·개방 이후 변화된 '노동—자본'의 관계가 현재 중국의 사회구조를 상당 부분 규정하며, 이후의 변화를 추동하는 구조적인 배경으로 작용하고 있다. 따라서 '역사적 사회주의'라는 맥락에서 중국의 노동을 문제화問題化할 필요가 제기된다. 즉 사회주의 혁명으로 성립된 중국 노동체제의 제도적 특성과 이에 대한 노동자 저항의 정치적 동학을 좀 더 통시적으로 다룰 필요가 있다. 이데올로기적으로 '노동자 국가'를 표방한 혁명 이후의 중국은 선진 자본주의 국가와의 경쟁 속에서 생산력의 급진적 증대를 목표로 했다. 즉 중국은 '산업주의 혹은 발전주의라는 과제'와 '사회주의 국가 건설'이라는 이중적 과제에 직면했다. 이를 수행하는 과정에서 중국의 노동자계급과 노동정책은 무수한 굴절과 변용을 겪었으며, 이렇게 형성된 중국 노동체제가 바로 오늘날 발생하는 다양한 중국 노동문제의 기원이라고 할 수 있다.

따라서 이 책에서는 중국 노동체제의 변화 과정과 이를 둘러싼 다양한 행위자의 정치적 경합 과정을 '제도의 진화와 변동'이라는 관점에서 분석한다. '역사적 제도주의' 시각에서 보면, 제도는 구체적인 시간적 과정과 정치투쟁의 산물이다. 또한 제도의 발생을 설명하는 과정은 그 제도의 재생산을 설명하는 과정과는 구분된다. 제도의 재생산은 결코 자동적인 것이 아니다. 제도가 일단 작동되면, 내부에 존재하는 행위자의 전략과 계산, 행위자 간의 상호작용에 강력한 영향을 미친다. 하지만 제도는 지속적인 정치적 대결의 대상이며, 제도의 기반이 되는 정치적 동맹관계가 변화하면 제도 형태뿐 아니라 제도가 담당하는 정치적·사회적 기능에 변화가 일어난다. 따라서 제도 발전의 경합적 속성과 함께 그 과정에서 제도의 형성·재생산·변화를 추진하는 정치적 동학을 정교하게 분석할 필요가 있다(씰렌, 2011). 또한 씰렌이 강조하듯이, 한 나라의 정치 조직이나 정치 경제를 구성하는 여러 제도적 장치는 한 차례의 '대폭발'로 창조된 것이 아니기에, 특정한 정책이나 제도의 재생산과 진화의 과정은 장기적인 시간적 분석틀 안에서 다뤄져야 한다. 그렇기에 중국 노동체제의 제도적 특성과 함께 이른바 '노동자 국가'에서 진행된 노동자계급의 굴절과 변용 과정을 장기적인 맥락에서 고찰하는 것이 중요하다. 따라서 1949년 국가 성립 이후에 사회주의적 발전 과정이 남긴 유산과 시기별 노동정책의 흐름 및 제도적 변천, 그리고 노동자계급의 형성과 굴절에 대한 분석을 통해 중국 노동체제의 특성과 노동자 저항의 정치적 동학을 종합적으로 고찰한다.

요컨대 이 연구의 주요 목적은 크게 세 가지다. 먼저 중국 노동체제의 핵심적 특성과 구조를 찾고, 이에 대한 역사적 기원과 변동 과정을 추적하는 것이다. 정이환이 지적하듯이, '노동체제'라는 개념은 너무 포괄적이어서 이를 통해 중국의 노사관계, 노동시장, 노동운동, 노동과정을 종합적으로 분석하는 것은 오히려 중국 노동체제의 핵심을 포착하기 어렵게 하는 한계가 있다(정이환, 2013: 16). 따라서 이 책은 노동시장을 중심에 놓고 중국 노동체제의 특성을 설명하는 방식을 취한다. 즉 중국 노동시장이 사회적으로 구조화하고 제도화하는 방식에 주로 집중하며, 이와 함께 노동시장을 '구조화'

하는 요인으로 중국 노동정책과 노동관계의 특성을 구체적으로 살펴본다. 중국의 노동시장은 도시−농촌 간 이원적 고용구조와 도시 내부의 분절적 노동시장이라는 특성이 있다. 그리고 노동시장을 구조화하기 위한 여러 노동정책이 사회주의 계획경제 시기부터 개혁·개방 이후의 체제 전환을 거쳐 현재까지 변용되어 지속하고 있다. 이 책은 이러한 특성을 갖는 중국 노동시장의 형성 과정과 다양한 행위자의 경합에 의한 제도 변화 및 진화 과정을 분석한다.

두 번째 목적은 중국 노동체제의 구조적 모순에 기인한 '노동자 저항의 정치적 동학'을 분석하는 것이다. 도시−농촌 간 이원적 고용구조와 도시 내부의 분절적 노동시장을 특징으로 하는 중국 노동체제하의 시장화 개혁에 따라 절대다수의 실직자와 농민공이 국가 통제와 시장 논리의 이중구조 속에서 더 빠르게 불안정노동과 비공식경제로 흡수되고 있다. 이에 따라 현재 중국에서는 노동자, 농민공, 도시 빈민 등이 주체가 된 다양한 형태의 권리수호 운동이 전개되고 있다. 또한 중화전국총공회(中華全國總工會, 이하 '전총')를 비판하면서, 현장 노동자의 자주적인 '독립노동조합 결성' 및 공회工會 개혁을 촉구하는 운동도 꾸준히 전개되고 있다(왕칸, 2010).[2] 특히 인

---

2 중국에서 유일하게 승인된 전국적 노동조합 조직이 '중화전국총공회'다. '전총'은 국가 행정체계와 일치하는 조직망을 갖추고 있으며, 전국적으로 광범위하게 기층까지 깊숙이 침투해 있다. '전총'에는 각 경제 부문에 10개의 산업별 노조 전국위원회가 있으며, 각 성과 자치구, 직할시에 31개의 총공회가 있고, 총공회 관할 아래 다시 시·구·현·기층 공회 등이 설립되어 있다. 한편 관방 조직답게 높은 조직률을 보이는 겉모습과는 달리, 총공회와 산하 조직은 현장 노동자의 요구나 정서를 대변하기보다는 기업의 사용자와 밀착되어 있거나 사용자들이 통제하는 조직으로 전락했다는 비판을

터넷 기술 발달은 이러한 민간 요구를 표현하고 역량을 동원할 새로운 공간 창출 가능성을 더욱 높이고 있으며, 비정부 조직인 '노동 NGO' 조직활동도 활발하게 전개되고 있다(정규식, 2014).[3] 그리고 신세대 농민공이 조직화되는 사례가 급증하면서 독립적인 노동자 조직이 발전하고 있으며, 공회의 민주적 개혁과 임금·단체협상 제도 개선 등 노동제도 개혁을 적극적으로 추동하고 있다. 따라서 중국 노동시장과 노동정책의 특성 및 노동자계급의 의식 변화에 수반한 노동자 저항의 정치적 동학을 자세히 분석할 필요가 있다.

마지막으로 최근 국가적 차원에서 진행되는 '사회치리 체제' 수립 및 '조화로운 노동체제' 구축과 관련하여 중국 노동체제 변화와 전망을 검토한다. 현재 중국 노동체제의 제도적 재설계는 중국 사회 전체의 전반적인 변화와 맞물려 진행되고 있으며, '사회관리(社會管理, social management)'에서 '사회치리(社會治理, social governance)'로의 전환이라는 거시적인 사회 통치체계 변화의 맥락에서 전개되고 있다. 노동자의 권리의식이 향상되고, 인터넷을 통한 '권리수호' 행동이 갈수록 증가하는 상황에서 기존의 강제적인 '안정 유지' 위주

받고 있다. 중국에는 2010년 6월 현재, 100여 개의 독립된 노동자 조직이 있고, 2천 명 이상이 '노동분쟁 공민 대리인'으로 활동하고 있다(정규식·이종구, 2016). 공회 개혁, 특히 광동 지역에서의 의미 있는 변화와 그 한계에 대해서는 왕칸(2010)의 논의 참조.

3   이러한 민간운동은 '비정치성'을 가진다는 한계를 보이기도 한다. 권리수호 운동은 경제적 범위에만 제한되고, NGO는 주로 사회봉사에 집중되며, 인터넷을 통한 감시운동 역시 중앙을 건드리지 않고 지방의 개별 부문과 관료에 제한된 한계가 있다.

의 사회통제 방식이 제대로 작동하기 힘들어졌으며, 이에 따라 '사회관리'에서 '사회치리'로의 전환이 모색되기 시작한 것이다. 그러나 현실에서는 여전히 '안정 유지'와 위로부터의 관리를 강조하고, 노동 NGO 조직을 비롯한 정치적 성격의 사회조직을 배제하는 원칙이 견지되며, '시장 규제 완화'와 '노동 유연화'가 더욱 강조되고 있다. 따라서 노동자의 집단행동과 정부의 '조화로운 노동관계' 구축 시도가 향후 어떻게 전개될지가 중국 노동체제의 변화를 이해하는 데 핵심 쟁점으로 부각되고 있다.

한 가지 중요한 사실은, 중국의 노동문제는 단순히 중국의 문제만이 아니라는 것이다. 특히 개혁·개방 이후 30년이 지난 오늘날, 중국의 급속한 성장과 세계 경제 질서로의 전면적인 재편입 과정을 생략하고서 세계의 현재와 미래를 논의하는 것은 무의미해졌다. 따라서 중국 사회가 쏟아내는 문제와 쟁점, 함의를 구체적으로 살펴봄으로써 우리의 현재를 돌아보고, 나아갈 길을 모색해야 할 필요성이 크다. 무엇보다 한국의 산업구조 전환과 이로 인한 노동시장 및 생활 변화에 '중국의 세계 경제 질서로의 편입'이라는 변수가 큰 영향을 미치고 있다.[4] 즉 일본을 중심으로 한 아시아 지역의 다층적 하청체계, 이른바 '기러기flying geese'모델이 중국 중심의 생산네트워

---

4   1990년대 중국은 다양한 기술의 제품으로 아시아에서 가장 경쟁력 있는 수출국으로 자리 잡았다. 지난 10년간 한국, 홍콩, 타이완의 대중국 수출은 대미 수출을 넘어섰으며, 일본과 싱가포르의 대중국 수출은 빠른 속도로 대미 수출 비중에 접근하고 있다(홍호펑, 2011: 234).

크로 대체되었다. 이로 인해 "아시아 지역의 다른 국가는 강력한 구조조정 압박에 직면했으며, 중국의 경쟁력으로 인해 많은 수출 제조업체는 아시아의 다른 지역에서 중국으로 대거 이전하는 상황"이다.[5] 이처럼 중국 내부의 경제발전 전략과 노동정책, 그리고 점증하는 노동쟁의를 비롯한 노동문제는 단지 중국만의 문제로 그치는 것이 아니다. 즉 새로운 국제분업 체계 형성과 중국 노동자계급의 의식 변화는 지구적 차원에서 노동운동과 노사관계 및 노동시장의 재편성을 촉구하고 있다. 따라서 이 책은 오늘날 전 지구적으로 심화하는 '노동의 위기' 상황에 직면하여 중국의 경험이 우리에게 던져주는 이론적·실천적 함의가 무엇인지 성찰한다는 점에서도 중요한 의미가 있다.

5   이러한 상황은 아시아 금융위기 이후 일어난 한국의 첨단기술 붐이나 일본의 중국으로의 자본 재수출 붐, 싱가포르의 동아시아, 동남아시아, 남아시아를 연결하는 지역 내 허브가 되기 위한 공격적인 시도와 같이 자국의 고유한 경쟁력을 회복할 효과적인 전략 구상을 촉발하고 있다(홍호평, 2011).

2. 역사적 제도주의 시각에서의 중국 노동문제

이 책의 주요 목적인 중국 노동체제의 제도적 특성과 노동자 저항의 정치적 동학을 이해하기 위해 '역사적 제도주의historical institutionalism'에 입각한 방법론적 시각을 기반으로 분석한다.[6] 그리고 연구 목적 및 방법론적 시각과 연계하여 구체적인 연구 대상과 분석 단위, 시간 범위를 구성했다. "역사적 제도주의의 핵심 개념은 '역사'와 '맥락'이다. 즉 역사적 제도주의에서는 맥락의 적절한 이해 없이 사회현상 혹은 정책을 설명하기 어려우며, 이러한 맥락을 형성하는 것이 다름 아닌 역사"라고 본다(하연섭, 2011: 37). 역사적 제도주의의 가장 큰 특징은 행위와 구조적 맥락의 상호작용the interplay

---

6 '역사적 제도주의'는 합리적 선택 제도주의, 사회학적 제도주의와 함께 신제도주의 이론의 한 분파다. 신제도주의는 정치, 경제, 사회현상을 설명하면서 '맥락'의 중요성을 강조하는데, 이러한 맥락이 곧 제도를 의미한다. 즉 제도란 개인 행위에 영향을 미치는 구조적 제약 요인structural constraints이라는 의미를 지닌다. 그리고 이러한 제도의 영향력 아래 이뤄지는 인간 행위는 안정성stability과 규칙성regularity을 띤다고 본다. 그러나 제도에 대한 이러한 기본 인식의 공통점을 제외하면, 분파 간의 차이점과 이론적 쟁점이 훨씬 많고, 다양한 측면에서 논쟁이 전개되고 있다. 신제도주의 분파 중에서도 역사적 제도주의는 거시적 맥락에 초점을 맞추는 동시에 역사적 과정을 분석한다는 특징이 있다. 이들 신제도주의 세 분파의 이론적 발전 과정, 주요 주장, 이론적 한계에 대한 자세한 설명은 하연섭(2011)을 참조.

of meaningful acts and structural contexts에 초점을 맞춘다는 데 있다. 즉 행위자를 역사의 객체뿐 아니라 역사의 주체로 개념화한다. 이는 곧 역사적 산물로서 제도가 행위를 제약하기는 하지만, 동시에 제도 자체가 의도적이거나 의도적이지 않은 전략과 갈등, 선택의 산물임을 뜻한다. 이처럼 역사적 제도주의에서는 제도와 행위의 관계가 일방적·결정론적으로 개념화되지 않는다. 역사적 제도주의에서 제도는 종속 변수인 동시에 독립 변수다. 즉 역사적으로 형성되는 국가와 사회의 거시적인 제도적 구조가 개인과 집단의 이해와 능력을 형성하고 제약할 뿐만 아니라, 개인과 집단의 선택과 행위에 의해 제도가 변하기도 한다(하연섭, 2011). 이에 따라 씰렌은 지배적인 제도 논리에 순응하여 행위자들의 전략이 결정된다는 '고착lock in'을 강조하는 '경로 의존path dependency' 이론과 견해를 달리한다. 그에 의하면 "제도는 일단 자리를 잡으면, 실제로 다양한 집단의 이해관계와 가능한 전략적 선택에 영향을 미친다. 하지만 일부 결정론적 논법과는 달리, 제도는 여전히 계속 진행되는 정치적 대결의 대상으로 남아 있고, 시간이 흐르면서 제도가 취하는 형태와 제도의 정치적·사회적 기능이 크게 변화하는 것을 이해하려면 제도가 의존하는 정치적 동맹의 변화라는 열쇠를 이해"해야 한다(씰렌, 2011). 이러한 측면에서 이 책은 중국 노동정책 및 제도의 변천 과정을 분석할 때 각 행위자의 전략적 선택과 저항, 적응의 과정에 주목한다. 왜냐하면 "제도는 단순히 긍정적 피드백만 발생시키는 것이 아니라 불만을 만들며, 또한 불만이 있지만 회유되지 않는 행위자들이 제도 변화에 대한 압력의 중요한 원천이기 때문"이다(씰렌, 2011: 469). 따라서 좀 더 광범위한 정치적·경제적·사회적 환경 변화와 각 행위자의 이해관계 변화에 따라 제도가 점진적으로 발전하는 양식과 메커니즘을 분석하는 것이 중요하며, 또 어떠한 제도가 안정적으로 재생산되고 변화하는지, 그 이유는 무엇인지 등을 좀 더 정교하게 해명하는 것이 필요하다.

특히 '국가-기업-노동' 관계의 제도 분석과 관련해 먀오훙나苗紅娜가 지적하듯이, 중국 경제의 체제 전환에는 체계적인 제도 변혁 과정이 포함되어 있다. 즉 "중국에서 오늘날 진행되는 체제 전환은 처음에는 경제의 시장화 개혁으로 시작됐지만, 실질적인 전환 과정은 경제·정치·문화가 포함됐다. 즉 경제제도 변천뿐 아니라 전반적인 정치 및 사회제도 변천도 초래"했다(苗紅娜, 2015: 69). 정치·사회 개혁 과정에서 가장 기본적인 것은 바로 권력구조 변화다. 그리고 이 과정은 필연적으로 서로 다른 이익집단의 분화 및 재조직과 관련되며, 최종적으로 주체의 행동에 영향을 미친다. 따라서 "제도의 변천 과정은 오늘날 중국 노동자의 집단적 저항 발생의 촉발점이며, 국가의 정책 조정능력이 발휘하는 역할이 노동자 저항의 파괴력을 결정한다"고 할 수 있다(苗紅娜, 2015: 69). 즉 중국에서 개혁 심화가 초래한 이익분배 구조조정 때문에 노동자의 행동 선택도 변화했다. 원래 '국가의 주인'으로서 국가 및 기업제도에 순응했던 노동자들이 시장화 개혁 과정에서 이익 침해를 경험하면서 노동분쟁 혹은 저항행동으로 행위 양식이 변화했고, 이것이 정부를 지속적으로 압박한다.

중국에서 노동분쟁이 발생한 주요 요인은 경제제도 변혁이 초래한 분배제도 조정이었다. 이는 개혁 과정에서 이익집단 사이의 권력 배분과 관련되어 있다. 이러한 측면에서 제도 변천 및 '제도-행위' 관계에 대한 연구는 시장 변혁 과정에서 노동자의 행동을 이해하는 분석틀을 제공한다. 특히 국유기업 노동자國企工人의 정치·사회적 지위 하락과 심리적 상실뿐만 아니라, 사회 불평등 심화, 장기적인 노동분쟁 미해결이 사회 '파열'을 심화하고 있으며, 나아가 정치적 안정의 위기가 되고 있다. 또한 노동관계의 갈등과 모순으로 인해 노동자는 자신의 권익을 실현하기 위해 정치적 권리보장을 요구하게 되었다. 그리고 정부를 비롯한 공적 당국자는 이익을 침해당한 노동자의 항의 대상이 되었다. 이러한 의미에서 중국의 노동관계는 단순히 경제적 문제가 아니라 정치적 문제이기도 했다. 다시 말해 노동관계 개선은 경제정책과 노동제도 정비의 문제일 뿐만 아니라, 권리분배와 사회질서 유지와도 연관되었다. 또한 노동자의 집단행동은 진공 상태에서 발생하는 것이 아니며, 거시적인 정치제도와 국가 이데올로기 변화 및 노동제도와 사회보장제도 변천 등과 관련되어 있다. 중국 정부는 제도 개혁을 통해 부단히 증가하는 노동쟁의 악화를 방지하려고 노력하고 있다. 그러나 법제도를 비롯한 제도적 설계와 집행은 불완전할 수밖에 없으며, 지속적으로 심각한 노동문제를 일으키고 있다.

따라서 행위자를 역사의 객체로서만이 아니라 역사의 주체로서 사고해야 하며, '운동 주체'로서의 노동자 분석을 제도 분석과 접목할 필요가 있다. 역사적으로 형성된 거시적인 제도가 행위자의 이해와 능력을 형성하고 제약할 뿐만 아니라, 행위자의 선택과 행위가 제도를 변화시키기 때문이다. 이제까지 중국 노동자의 집단행동을 분석하는 대부분 연구는 주로 중국의 사회경제적 전환 과정에서 발생한 권력, 자원, 이익을 둘러싼 이익집단 간의 재분배 과정에 주목해 왔다. 즉 구조적 시각에 따라 노동자의 집단행동을 단순히 국유기업 구조조정에서 기인한 것으로 파악하며, 기존 단위체제나 사회주의적 이념이 영향을 준 것으로 분석했다. 혹은 자원을 동원할 수 있는지를 강조하는 시각에서 출발하여 사회 구성원 간의 네트워크 분석을 통해 집단행동을 촉발한 원인을 규명하는 데 치중했다. 그러나 중국은 사회주의 혁명으로 국가를 성립한 후 진행한 약 30년의 사회주의 시기와 1978년 개혁·개방 이후 사회주의적 시장경제를 표방하고 자본주의 세계체제에 재편입한 약 40년의 시기가 연속적으로 접합되어 있다. 더욱이 신자유주의적 노동체제의 일반적 특징인 노동계급 내부의 분화(정규직/비정규직 등) 외에도 중국 특유의 국가 통제 시스템 및 지방정부와 기업의 유착, 노동시장의 분절적 구조, 그리고 노동자의 세대교체로 인한 생활세계 차이는 중국 노동운동의 전망을 더욱 복잡하게 만들고 있다. 따라서 중국 노동체제의 제도적 특성, 노동자계급의 굴절과 변용의 과정, 노동자 저항의 정치적 동학을 더 세밀하게 분석할 필요가 있다.

여기서 한 가지 중요하게 지적해야 할 것은, 중국 노동체제 형성에서 나타난 '국가─자본─노동'의 역할과 영향력이 등가적이지 않다는 사실이다. 여전히 '사회주의'적 이데올로기를 표방하는 중국에서 국가는 자본과 노동의 '이중 대리인' 역할을 지속적으로 수행하고 있다(汪暉, 2012). 즉 중국에서 국가는 한편으로 노동시장 형성 과정에서 노동력 배분과 재생산에 주도적인 역할을 했으며, 다른 한편으로 시장화에 따른 노동규율 형성과 이에 대한 노동자의 불만을 통제하기 위해 노동관계 제도화에도 노력을 기울이고 있다. 중요한 것은 시장화 전개에 따라 국가의 역할 및 사회적 기능이 계속해서 변화하고 있으며, 이에 수반하여 '국가-자본-노동'의 관계도 재조정되고 있다는 사실이다. 그리고 노동체제 개혁 과정은 시장화 과정에서 국가·자본 및 노동 간의 첨예한 이해관계를 반영하고 있다. 따라서 시장기제 확대에 따른 '국가-자본-노동'의 변화한 관계와 이들의 행위적 실천에 따른 노동체제 변화 자체가 중요한 연구 대상이 된다.

또한 이 책의 방법론적 시각은 제도 변화를 비연속적인 관점에서 '외부 충격' 혹은 '역사적 단절'의 결과로 이해하는 기존 연구와 거리를 둔다. 즉 거대한 역사적 단절을 배경으로 거대한 변화가 일어나는 것을 예상하는 '강한 단절된 균형 모델'과는 달리 장기적인 역사적 맥락에서 제도를 둘러싼 경합 과정과 제도의 진화 과정을 추적하고자 한다. 왜냐하면 "제도를 둘러싼 세계는 변화하고 있고, 제도의 존속은 제도가 처음에 설립된 그대로 충실하게 재생산되는 데 달린 것이 아니라, 오히려 제도가 자리 잡고 있는 정치적·경제적 환경 변화에 지속적이고 적극적으로 적응하는 데 달려 있기 때문"이다(씰렌, 2011: 466). 따라서 장기적인 시간 분석틀에서 역사적 제도 형성 맥락과 이후의 정치적 경합 과정이나 구조적 환경 변화 속에서 제도가 어떻게 재생산 혹은 굴절되어 왔는지를 분석할 필요가 있다. 그러나 이것이 '개혁·개방'이라는 중국 체제 전환의 결정적 국면을 부정하는 것은 아니다. 오히려 사회주의 시기 유산이 중요한 역사적 변곡점인 개혁·개방을 거치면서 어떻게 재생산되고 변화됐는지 추적함으로써 역사적으로 '동요하는' 시기를 거치면서도 중요한 연속성이 존재하고, 또 '안정된' 시기임에도 불구하고 경합과 재교섭이 지속되며, 시간이 지나면서 이것이 중요한 변화로 귀결되는 과정을 드러내고자 한다.

3. 책의 구성

이 책의 주요 목적은 중국 노동체제의 제도적 특성과 노동자 저항의 정치적 동학을 분석하는 것이다. 즉 사회주의 시기와 개혁·개방을 거치며 진행된 중국 노동시장 형성 과정에서 나타난 '국가(당)-자본-노동조직-기층 노동자'의 정치적 경합을 노동체제 변천, 고용관리 방식 변화, 공회(노동조합)의 기능과 역할 변화, 노동법勞動法 규정 변천, 사회보장제도 변화, 노동자 저항운동 등을 통해 분석하고자 한다. 이를 위해 주로 문헌 연구와 사례 분석을 기본으로 연구를 수행했다. 즉 기존 연구에 대한 비판적 검토와 재해석, 특히 정부 문건이나 각 연구기관의 정책 보고서와 조사 연구 자료를 바탕으로 중국 노동정책의 제도적 특성을 파악했다. 또한 중국 노동문제 현황을 잘 보여주는 노동분쟁 사건 조사 자료와 노동체제 개혁에 있어 유의미한 실천이 전개되는 광둥廣東성의 보고서를 활용해 좀더 다층적으로 중국 노동체제의 특성과 노동자 저항의 정치적 동학을 분석했다.[7] 물론 광둥성 사례가 중국 노동체제의 전반적 특성을 대표한다고 할 수는 없다. 하지만 이것이 전체를 이해하는 하나의 창구임은 분명하며, 이러한 개별 사례 연구를 통해 전체에 대한 이해가 가능할 것이다. 또한 중국은 중앙정부가 추진하는 정책을 지방에서 관철하는 방식이 지역마다 다르고, 오히려 지방에서 선도적인 정책이 추진되어 이것이 중앙정부 정책으로 수용되는 경우도 많다. 따라서 중앙−지방 차원의 분석을 병행하면서, 이에 대한 연결고리로 사례 분석을 부분적으로 활용하는 방식을 취했다.

이 책은 총 6장으로 구성되며, 구체적인 내용은 다음과 같다.

2장에서는 중국 특색의 사회주의와 노동체제 형성과 관련된 이론적 논의 및 분석틀을 제시한다. 우선 기존 연구 검토를 통해 거시적인 맥락에서 중국의 체제 전환과 경제 개혁, 자본주의 세계 경제와 중국 발전 모델, 중국 노동체제 특성 및 노동계급 문제를 간략하게 살펴본다. 그리고 이후 논의 전개를 위한 전제적 논의로 중국 노동체제 형성의 이데올로기적 토대인 '중국 특색의 사회주의'와 '사회주의적 시장경제론'의 구축 과정을 고찰한다. 또한 중국 노동체제의 기원을 이해하기 위해 중국 노동시장의 이중적 이원구조의 특성을 살펴보고, 분절화된 노동시장에서 노동운동의 구조 변화가 어떻게

7　이 책에서 광둥성의 노동정책 변화와 제도적 변화를 주요 사례로 분석하려는 이유는 다음과 같다. 먼저 광둥성은 중국에서 경제 규모와 노동자 고용 규모가 가장 크다. 광둥성에는 외자투자기업, 홍콩자본기업, 사영기업이 전국에서 가장 많으며, 다양한 경제구조, 기업구조, 운영기제, 고용방식, 임금제도, 기업문화 등이 존재한다. 이러한 측면이 광둥성 노동관계의 복잡한 구도를 반영한다. 둘째, 광둥성의 노동관계는 일종의 선행성과 혁신성을 가진다. 셋째, 2010년에 발생한 난하이 혼다(南海本田) 파업 이후, 광둥성은 노사분쟁이 쉽고 다발적으로 발생하는(易發多發) '파업의 일상화' 시기에 진입했다(孔祥鴻, 2015). 이처럼 역동적으로 전개되는 광둥성 노동정책 변화와 일상화된 노동자 파업에 대한 구체적이고 실증적인 분석을 통해 중국 노동체제의 특성과 노동자 저항의 정치적 동학을 심층적으로 이해할 수 있다.

전개되는지 검토한다. 마지막으로 이를 기초로 중국 노동체제의 제도적 변천과 노동자 저항의 정치적 동학을 설명하기 위한 분석틀을 구성한다.

3장에서는 중국 노동체제의 주요 특징인 이원적 노동관계의 변용과 지속을 분석한다. 시장경제로의 체제 전환 과정은 정치적 과정이며, 기본적으로 제도 확립 과정이다. 더욱이 이러한 과정은 노동자를 포함한 사회관계 전반의 근본적인 변화를 수반한다. 따라서 제도 변천 과정 고찰은 반드시 개혁 초기 조건에 대한 분석에서 시작해야 제도적 실천 과정에서 행위자 간의 상호작용을 좀 더 분명하게 이해할 수 있다. 여기서는 개혁의 초기 조건이었던 호적제도戶籍制度와 단위 체제 분석에서 시작해 계획경제와 시장경제 조건하의 기업 내부 관리제도, 고용제도 및 분배제도 변천을 간략히 고찰하고, 시장화 개혁이 중국 노동체제 및 '국가—기업—노동자' 관계의 재구성에 미친 영향을 분석한다. 또한 개혁 과정에서 추진된 위로부터의 법제화 및 노동관계 제도화 굴절로 형성된 비정규 고용 확산 문제를 살펴본다. 이를 통해 노동시장의 이원적 구조가 변용되어 지속되는 상황에서 '배제된 노동자'의 사회적 저항이 형성되는 과정을 추적한다.

4장에서는 노동계급의 변용 및 주체화 과정을 다룬다. 즉 국가 주도의 개혁·개방 과정을 거치면서 '주인공'의 지위에서 '상품'으로 전락한 노동자들이 변화된 환경에 따라 새로운 저항의 주체집단으로 거듭나는 과정을 분석한다. 먼저 노동자의 정체성 변화와 '신노동자新工人' 집단의 형성 과정을 고찰하고, 이들의 집단적 저항과 조직화 특성 및 함의를 검토한다. 그러나 신노동자의 정체성 자각이 곧바로 계급의식 성장으로 이어지는 것은 아니며, 이들을 포섭하거나 갈등을 은폐하려는 국가의 노동 통제 전략 및 차별 상황 역시 여전히 존재한다. 따라서 신노동자 계급의식 형성 및 조직화를 제약하는 현실적 요인도 간략히 살펴본다. 또 신노동자의 집단적 저항 사례인 후난湖南성 창더常德시 월마트 파업사건을 검토함으로써 신노동자의 저항이 중국 노동관계의 제도화에 미친 영향을 분석한다. 특히 '노동삼권(단결권, 단체교섭권, 단체행동권)' 보장이라는 쟁점을 둘러싸고 전개되는 공회체제의 개혁 시도와 집단적 노동쟁의 처리기제 확립 및 파업권의 제도적 규범화라는 문제를 구체적으로 분석한다.

5장에서는 국가 차원에서 제도적 재설계로 전개되는 '사회치리 체제' 수립 및 '조화로운 노동체제' 구축과 관련해 중국 노동체제의 변화를 분석한다. 중국의 노동문제는 협소한 의미의 '노동'문제에 그치는 것이 아니라 중국의 통치 전략 전반을 포괄하는 광범위한 문제이며, 더욱이 '중국은 어디로 나아갈 것인가'와도 직결되기 때문이다. 특히 다원적 주체의 참여가 강조되는 '사회치리 체제'로의 전환은 사회경제적 구조 변화, 즉 기존에 '단위'를 통해 신분을 보장받고 기본적인 사회생활을 영위했던 '단위인單位人'이 시장화 개혁 추진에 따라 점차 '사회인社會人'으로 전환되는 과정과 밀접한 연관이 있다. 이러한 측면에서 중국의 사회관리 체제는 단위체제 시기 국가가 사회와 시장을 모두 포괄하던 것에서 개혁·개방 시기 정부와 기업 및 사회가 분리되는 전환 과정을 거치면서 이에 적응해 변화하고 있다고 할 수 있다. 따라서 우선 사회치리 체제하에서의 노동체제 개혁을 '안정 유지와 노동체제의 딜레마'라는 시각에서 고찰하고, 구체적인 실천 사례로 광둥성의 노동 개혁 시도를 살펴본다. 특히 둥관시 '위위안' 파업사건을 중심으로 사회치리 체제에서 제기된 노동 개혁 쟁점을 도출한다. 그리고 '조화로운 노동관계' 구축 가능성을 전망하기 위해 '13.5 규획' 시기(2016~2020년)에 전개되는 중국 노동관계의 주요 변화와 도전적 상황을 검토한다.

마지막으로 6장에서는 주요 내용을 요약하면서 핵심 쟁점을 집약적으로 짚어 본다. 또한 이 연구를 통해 드러난 이론적·실천적 함의 및 한계를 검토하고, 향후 연구과제를 제시한다.

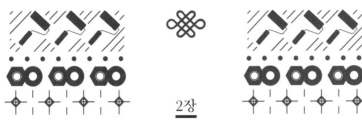

2장

중국 특색의 사회주의와
노동체제 형성

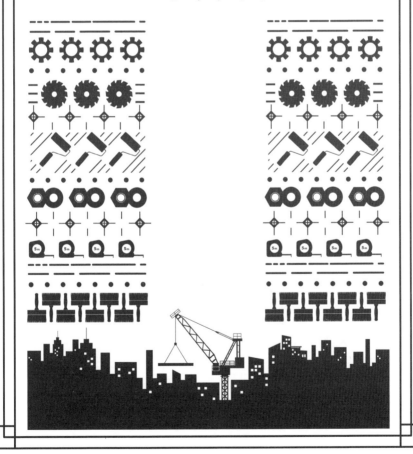

1. 중국 체제 전환 및 노동체제에 관한 주요 논의

(1) 중국 체제 전환과 경제 개혁

중국 노동체제의 제도적 특성과 노동자 저항의 정치적 동학을 이해하기 위해서는 우선 넓은 시야에서 중국 체제 전환 과정과 발전 양식에 관한 논의를 살펴볼 필요가 있다. 왜냐하면 중국의 노동문제는 이중적 의미의 체제 전환, 즉 계획경제에서 시장경제 체제로의 이행과 농업사회에서 공업사회로의 이행 과정 전반에 걸쳐 형성됐을 뿐만 아니라, 중국의 전반적인 발전 전략과 연결된 광범위한 문제이기 때문이다.

중국의 체제 전환 과정과 경제성장의 성공 원인에 대한 기존 연구의 시각은 대체로 개혁 속도에 주목한 '점진-급진' 접근법과 개혁 주체에 주목한 '국가-시장' 접근법의 두 가지로 구분된다. 먼저 개혁 속도와 관련해서 대부분 중국 연구자는 중국의 체제 전환을 소련의 급진적 개혁보다 점진적인 과정이었다고 이해한다(Naughton, 2010b; 黃德北, 2008). 즉 과거의 지령적 계획경제 체제로부터 시장경제 체제로의 전환 과정에서 전면적 사유화나 민영화를 추진하기보다는 사회주의 시기의 유산인 공유제를 유지하면서 점진적으로 소유제 구조를 조정해나갔다는 것이다. 또한 도시-농촌에 대한 발전 전략 분리를 통해 시장가격과 계획가격이 병존하는 '이중 가격제'를 상당 기간 유지한 후 점차 단일화했다는 점도 중국의 점진적 체제 전환 전략을 보여주는 주요 근거로 제시된다. 전반적으로 중국의 정책 수립자들은 소련이나 동유럽의 충격요법식shock therapy 급진적 개혁 전략이 초래한 체제 붕괴를 목격하면서 이를 피하기 위한 전략으로 사회주의 시기 유산을 제한적으로 유지하는 가운데 시장경제 체제와 지구적 경제체제에 점차 적응해가는 조절적 이행을 추진했다는 것이다(Naughton, 2010; 백승욱, 2001).

이러한 시각은 사회주의 시기의 제도적 유산이 완전히 단절된 게 아니라, 이후 개혁을 위한 토대가 됐음을 보여준다는 점에서 큰 의미가 있다. 그러나 이러한 제도적 조건이 존재했다는 사실만으로는 중국이 왜 점진적인 개혁을 선택했는지, 그리고 이후 개혁 과정에서 다양한 행위자의 갈등과 전략적 상호작용을 통한 제도의 변화 과정은 어떠했는지 설명하기 어렵다. 따라서 이후의 소유제 구조 변화와 국유기업 개혁, 노동정책 변화의 동학을 제대로 이해하기 위해서는 단순히 체제 전환 속도뿐 아니라 정치적 경합 과정에서 이뤄진 체제 전환의 맥락을 파악함으로써 실체적 내용이 어떻게 변화했는지 분석하는 것이 더 중요한 과제로 남아 있다.

두 번째로 개혁 주체와 관련된 '국가-시장' 접근법에 대한 논의를 살펴보자. 이러한 시각은 체제 전환 과정에서 국가와 시장의 역할을 각각 강조하는 것으로 구분된다. 먼저 중국이 시장 주도적인 신자유주의 모델을 따르고 있다는 주장이다(林毅夫, 2001; 李培林, 2009; 리민치, 2010). 리페이린李培林은 "시장은 가장 효과적인 자원배분 기제로서 중국의 경제발전을 추진하는 기초 원리"로 적용됐다고 주장한다. 린이푸林毅夫 역시 시장 역할을 강조하면서 중국 경제에 대해 "1978년부터 시작된 개혁은 노동 인센티브 제도 도입을 통해 노동자의 적극성을 유발하여 생산 효율을 높였고, 시장화 심화에 따라 자원배분 효율성을 생산 가능성 곡선에 근접시켜 억압되었던 생산력을 해방시켰다"고 말한다. 다른 한편 국가의 역할을 강조하는 논자는 중국 정부의 자본 및 금융 통제와 국가 주도적 거시경제 정책이 중국 경제발전에 큰 영향을 주었다고 본다(Stiglitz, 2002). 이러한 입장은 중국 경제발전 원인을 "국가의 자율성을 바탕으로 한 전면적이고 효과적인 개입, 선택과 집중화된 경제정책, 구체적인 목표 설정" 등에서 찾으며, 따라서 국가가 체제 전환 과정에서 주요한 행위자로서 "사회경제적 자원을 일정한 목표를 위해 의식적으로 조정할 뿐만 아니라 사회적 저항을 효과적으로 관리하는 기능을 담당"한 것으로 인식한다(남윤복, 2011: 11).

한편 장윤미는 사회주의 국가에서 시장경제로의 체제 전환 과정을 '국가 대 시장'의 구도에서 논의하는 것은 자유주의적 시각의 반영일 뿐이라고 지적한다. 따라서 중국의 체제 전환은 자본주의적 정치경제 체제의 쟁점인 국가와 시장의 문제가 아니라 사회주의적 쟁점인 계획과 시장의 문제로 이해해야 한다고 주장한다(장윤미, 2007: 146). 즉 개혁 과정에서 중요한 쟁점은 사회주의를 표방하는 국가가 어떻게 시장을 관리하고 성장시킬 것인지의 문제였으며, 이러한 관점에서 충실하게 설명되어야 할 내용은 전환기의 정치적 과정이다. 또한 백승욱은 시장을 국가의 반대편에 놓거나 계획의 반대편에 두고서 '계획=사회주의', '시장=자본주의'라는 등식을 제시하는 논지에 비판적 관점을 취한다. "자본주의에서든 사회주의에서든 계획은 시장의 조절을 배제하지 못했고, 시장은 그 형성에서부터 국가 개입과 국가 계획을 배제하지 않았다"는 것이다. 따라서 국가는 시장의 형성과 유지, 위기 조절의 내부와 외부에서 개입하며, 다양한 차원의 정책과 계획을 수반하기 때문에 오히려 계획 일반과 시장 일반의 대립이 아니라 어떤 성격의 계획인지가 중요한 문제라는 것이다(백승욱, 2001: 27).[8] 중국의 시장화와 국가의 노동력 관리방식 변화를 분석한 김영진도 중국의 체제 전환 과정을 정치적 현상으로 이해한다. 시장은 스스로 자기 조절 기능을 갖지 않으며, 시장제도 형성은 국가의 의식적인 행위의 결과라는 것이다(김영진, 1998).

사실상 이들의 논의는 이미 '국가-시장'의 구분에 기초한 접근법을 넘어서기 위한 시도의 단초를 제공했다고 할 수 있다. 왜냐하면 국가 개입은 정책의 형태를 취하기 마련인데(법률, 법령, 지침, 계도

---

8   폴라니Polany에 따르면, 근대 세계 경제 출현에서부터 이미 자본주의는 그 본질상 국가 개입을 배제하기보다는 시장에 대한 국가 개입을 필연화했고, 그런 점에서 시장질서에 대한 폭력적 침해일 수밖에 없었다(2009). 또한 베텔렘Bettelheim은 사회주의하에서 계획과 시장의 이분법은 허구적이라고 지적하는데, 그에 따르면 계획과 시장의 이분법은 국가 권력의 성격이라는 더 근본적인 문제를 은폐하는 이데올로기적 은유에 불과하다(백승욱, 2001: 28에서 재인용).

등), 이러한 정책을 둘러싼 다양한 행위자의 정치적 경합은 피할 수 없기 때문이다. 예컨대 중국에서 2008년 시행된 〈노동계약법勞動合同法〉을 포함한 노동의 법제화는 노동, 자본, 국가의 이해관계와 전략적 선택에 영향을 받을 수밖에 없었으며, 이에 따라 다양한 굴절과 변용 과정을 거쳐 형성됐다.[9] 따라서 체제 전환기를 거쳐 현재까지 지속하는 중국 노동정책 형성과 변화 과정을 자세히 이해하기 위해서는 변화된 '국가—자본—노동'의 역학관계를 살펴봐야 한다. 왜냐하면 시장경제로의 체제 전환 과정, 즉 시장화는 정치적 과정이며, 기본적으로 제도 확립 과정이기 때문이다. 더욱이 이러한 과정은 노동자를 포함한 사회관계 전반의 근본적인 변화를 수반한다.

(2) 자본주의 세계 경제와 중국 발전 모델

다음으로 중국의 경제성장과 발전양식을 기존의 연구 패러다임이나 서구의 이론으로는 설명할 수 없다는 인식하에 중국 자체를 방법론적 대상으로 삼아 분석하려는 '중국 발전 모델' 논의도 살펴볼 필요가 있다. '중국 모델中國模式'이라는 담론은 2004년에 조수아 라모 Joshua cooper Ramo가 '베이징컨센서스'라는 개념을 사용하면서 확산했다. 이후 2008년 서브프라임 모기지론 위기에서 촉발된 세계 금융 위기로 인한 신자유주의 시스템 파산을 목도하면서 새로운 대안체

---

9   2006년 3월 초안이 공표된 노동계약법이 2008년 1월 최종 시행되기까지 이를 둘러싼 여러 사회세력의 정치적 경합과 의견 대립에 대해서는 장영석(2006)과 백승욱(2008)을 참조.

제를 모색하려는 방편으로 중국의 지속적인 경제성장과 '중국 특색'의 발전 경로에 주목한 연구가 급증하면서 '중국 모델'에 대한 관심도 증폭됐다.[10] 이처럼 중국의 개혁과 발전 과정에서 축적된 독특한 경험에 주목한 연구는 '중국 특색의 사회주의', '사회주의 시장경제', '중국 특색의 민주주의' 등 이른바 '중국 모델'에 대한 담론 확장으로 이어졌다. 이러한 중국 모델에 관한 초기 논의는 주로 중국의 독특한 성장방식에 주목했다. 또한 중국 모델이 정말 존재하는지, 만일 그렇다면 그 특징은 무엇인지, 중국의 경험을 다른 국가에 적용할 수 있는지 등이 주요 쟁점이었다. 그러나 중국 경제발전에 초점을 맞춘 중국 모델 논의는 차츰 경제발전을 가능하게 한 정치체제 특성에 관한 논의로 확대됐고, 다시 서구적 근대의 경험과는 다른 근대화 과정으로서의 '중국 모델'이 주목받기 시작했다(정규식, 2012). 특히 아리기는 오늘날 중국의 부상은 기적이 아니며, 서구가 누린 잠깐의 영광에 대해 장기적 우위를 회복한 것이라고까지 평가한다. 그에 따르면, "중국을 비롯한 동아시아의 부상은 경제적으로 불평등하고 전쟁으로 점철된 자본주의적 발전 경로(서구의 경로)를 수정하고, 동아시아적 경로의 장점인 경제적으로 더욱 평등하고 평화를 구현할 수 있는 계기"로 인식된다(아리기, 2012). 또한 앨빈 소는 중국

---

10   전성흥은 중국 모델을 "중국이 1970년대 말 이후 경제 건설이라는 새로운 국가 목표를 달성하기 위해 추진한 각종 국가정책의 근저를 이루는 전략적 구상과 그로 인해 나타난 결과에서 발견되는 일정한 패턴"을 지칭하는 것으로 정의한다(전성흥, 2008).

의 부상을 개혁·개방 이전 30년간의 마오주의적 발전 시기의 유산 으로부터 설명한다. 즉 마오쩌둥 시기에 형성된 공산주의적 '당-국 가'체제에 초점을 맞추고, 마오주의의 유산이 개혁 시기의 중국 경 제성장에 제약이 아니라 오히려 이득이 되었다고 주장한다. 그리고 "중국 공산주의 혁명이 담지한 정당성의 근거가 된 민족해방 이데올 로기는 중국이 동아시아와 그 외 지역에서 화교 자본의 지지를 동 원할 수 있었던 밑바탕"이 됐다는 것이다(소, 2012).

한편 '중국 모델'을 부정하거나 새로운 대안이 될 수 없다는 비판 적 시각도 존재한다. 이와 관련해서는 중국의 경제적 부상의 동학 및 그것이 자본주의 세계 경제에 미치는 영향을 지속적으로 연구한 훙호펑Hung, Hofung의 연구가 좋은 참조가 된다. 그에 따르면, 중국의 부상은 1970년대 이후 자본주의 세계 경제 체계의 세 가지 구조적 전환으로 가능했다. 즉 ① 새로운 국제분업 출현 ② 미국의 헤게모 니와 냉전 질서의 이중 쇠퇴 ③ 노동자계급에 기반한 반체제운동의 일반적인 쇠퇴다(훙호펑·아리기 외, 2012). 이를 간략하게 살펴보면, 1970년대 중심부의 기업들은 이윤율 하락에 대처하고 경비를 절감 하기 위해 수직적으로 통합된 포드주의 조직형태에서 좀 더 유연한 다층적인 하청체제로 전환했으며, 이로 인해 새로운 국제분업이 출 현했다. 또한 새로운 국제분업이 주변부의 원자재 수출품과 중심부 의 제조업 제품을 교환하는 기존의 분업을 대체하면서 주변부 일부 가 지구적 체계 안에서 새로운 제조업 기지로 전환됐다는 것이다. 그리고 우선 일본을 비롯한 동아시아의 호랑이들(한국, 타이완, 홍콩,

싱가포르)이 전환을 이뤘으며, 이것이 마침내 중국의 부상으로 이어졌다는 것이다. 두 번째 전환은 위에서 말한 새로운 국제적 분업이 등장하면서 중심부 경제에 대한 미국의 헤게모니가 위협받기 시작했다는 설명이다. 즉 '일본식 발전국가'와 '독일식 조합주의corporatism'라는 독특한 자본주의 모델이 미국의 자유주의적 자본주의 모델보다 우수하다는 주장이 제기되고, 이와 더불어 냉전이 종식되면서 일본과 서유럽이 지속적으로 지역적 영향력을 강화해 미국에 대항하는 경제적 경쟁력을 높이기 시작했다는 것이다. 마지막 세 번째 전환은 앞의 두 전환과 동시에 발생했으며, 이로 인해 더욱 강화되었다. 즉 현존하는 국가 사회주의 쇠퇴로 인해 자본주의 중심부 강대국은 공동의 적이 사라졌으며, 이는 다시 중심부 국가의 경쟁을 가열시켜 미국 헤게모니의 쇠퇴를 유발했다는 것이다(홍호펑·아리기 외, 2012: 25~34). 그리고 다른 한편에서는 중심부와 기타 지역에서 노동자계급 정당과 노동운동이 동력을 상실하면서 새로운 국제분업이 심화하고 확산했다는 것이다. 요컨대 홍호펑은 20세기 후반 지구적 자본주의체제에서 발생한 이와 같은 세 가지 전환으로 인해 동아시아의 부상과 이후 중국의 급속한 경제성장이 가능했다고 설명한다.

또한 홍호펑은 중국 모델이 기존의 동아시아 성장 모델이 가장 극단적인 형태로 재구성된 체계임을 주장한다. 즉 지금까지 중국은 저가의 공산품을 미국에 수출하는 예속상태에서 벗어나지 못했으며, 더욱이 중국의 강도 높은 수출주도형, 민간소비 억제형 성장 모델은 미국에 대한 시장의존과 금융의존이 이전의 동아시아 국가보다 더 심각한 상태라는 것이다(홍호평, 2011). 이처럼 미국 헤게모니 쇠퇴로 발전의 발판을 마련한 중국 경제는 역설적으로 미국을 비롯한 북반구의 소비시장에 상당 부분 의존하며, 특히 미국의 금융시장 및 금융기관과 더욱 깊이 얽혀 있다. 이에 따라 많은 중국 연구자가 오늘날 중국 경제체제 특징을 외환 보유(주로 미국 국채)에 기초한 투자와 과도한 수출 의존, 그리고 낮은 국내 소비라고 지적한다(홍호평, 2011; 리민치, 2010; 백승욱, 2008).[11] 따라서 이러한 의존을 끝내고 아시아에서 좀 더 자율적인 경제 질서를 창출하기 위해서는 중국 연해에 위치한 수출산업 발달 지역의 기득권층에게 이득이 되고, 이들에 의해 장기간 유지된 수출지향적 성장 모델을 농촌-농업 지역에 대한 광범위한 소득 재분배를 통해 국내 소비가 주도하는 모델로 전환해야 한다고 주장한다. 폴 크루그먼Paul Krugman도 이와 비슷한 맥락에서 동아시아 여러 국가는 '탈발전국가적' 구조조정으로 나아가는 데 반해, 중국은 오히려 동아시아 '발전국가' 모델로 나아간다고 말한다.[12] 또한 데이비드 하비도 개혁·개방 이후의 경제적 성

---

[11] 대미 수출에 의존하는 중국 경제의 취약성은 2008년 세계 금융위기에서 단적으로 드러났다. 표면적으로는 중국이 금융위기 파장에서 큰 영향을 받지 않은 듯 보이지만, 미국 경기침체로 인한 수출 감소가 일자리 감소로 이어지면서 약 950만 개의 일자리가 사라졌으며, 특히 일자리를 잃은 농민공의 수는 2천만 명에서 2천5백만 명에 이른다(백승욱, 2013).

[12] 여기서 크루그먼이 말하는 발전국가란 자본가 세력이 미약한 상황에서 국가가 금융 부문을 통제하고 이를 통해 적극적으로 산업정책을 펼쳐 특정 산업을 육성하고 자국 시장을 보호하며, 특히 투기성 자본 유입을 통제하고 수출지향 산업화에 매진하며 노동운동을 강하게 통제하면서 자본주의

취가 비록 일부 측면에서는 '중국식'이긴 하지만, 명백히 신자유주의적 경제로 규정될 수 있다고 단언한다. 이러한 근거로 중국의 경제성장은 극단적으로 낮은 임금과 냉혹한 착취에 의존한 것임을 제시한다. 그리고 성장 혜택이 주로 도시주민과 정부 및 당 간부에 돌아간다는 점, 대규모 농촌 인구가 도시 프롤레타리아트로 전환되고, 민영화와 노동시장의 유연화가 꾸준히 확대되고 있다는 점 등을 강조한다(하비, 2007).

이러한 현상으로부터 우리는 아리기 등이 새로운 헤게모니 국가로 주목한 중국이 경제적 불평등을 심화하는 자본주의적 경로를 대체할만한 '새로운 문명'을 창출할 수 있다는 주장에 의문을 가질 수밖에 없다. 즉 중국의 발전이 신자유주의적 경제체제의 한계와 위기를 봉합해 지속하는 역할을 한다는 문제가 제기될 수 있다. 이와 관련해 리민치李民騏는 중국의 경제성장이 갖는 함의를 저렴한 산업예비군 규모가 전 지구적으로 매우 증가했다는 점에서 찾는다. 이와 함께 중국 경제발전 전략의 핵심인 친자본주의 정책과 당-국가의 위협 효과를 통한 '(준)전제적 공장체제'로 인해 낮은 임금, 열악한 노동조건, 공공지출 감소가 이뤄지고, 사회 규제 및 환경 규제 등에서도 '밑바닥을 향한 경쟁'으로 이어졌다고 지적한다(리민치, 2010: 131~135). 이러한 중국 경제발전 전략의 모순을 극복하기 위한

적 고속성장을 추진한 모델을 말한다(백승욱, 2008).

대안으로 제시되는 것이 그동안 유지된 수출지향적인 성장 모델을 수정하고, 농촌-농업 지역으로 소득을 재분배하여 국내 소비가 경제성장을 주도하는 모델로 전환해야 한다는 것이다(홍호평, 2011; 리민치, 2010). 그러나 이를 위해서는 무엇보다 중국의 '권력귀족과 결합한 자본가 계층權貴階層'과 지방 기득권층 및 지배 엘리트 파벌의 강력한 저항을 극복하고 정치사회적 질서 변화를 추동할 힘과 정당성이 필요하다. 그리고 바로 이 지점에서 중국 노동자의 계급의식 변화와 노동운동 잠재력에 주목할 필요가 있다. 거대한 농촌 인구가 노동자로 전환되면서 조직화 수준이 높아지고 있고, 자신들의 경제적·사회적·정치적 권리를 확대하기 위한 투쟁 과정에서 새로운 노동자계급 의식이 형성되고 있다.

이러한 많은 논의에도 불구하고 중국 모델이라는 개념이 상당히 모호하고, 사람에 따라 구체적인 내용의 편차가 크다. 중국 모델에 대한 견해 차이는 개혁 결과로 나타난 중국의 다양한 측면을 각기 다른 시각으로 진단하는 것에서 비롯된다. 우선 중국 모델 부상을 칭송하는 연구는 중국이 보여준 경제발전 성과에 주목하며, 이러한 성장 배경으로 중국 체제의 효율성을 주장한다. 권위주의적 통치방식이 경제성장을 가능하게 했고, 이러한 경제적 성과에 발맞춰 행정적·법적 시스템을 개선했기 때문에 지속적인 성장이 가능했다는 것이다. 한편 자유주의적 시각에서 중국 모델은 성립될 수 없다고 비판하는 입장은 중국 정치체제의 독재성과 비민주성을 지적한다. 기본적인 인권이나 자유주의적 가치가 보장되지 않는 상태에서 이뤄지는 경제성장은 절대 바람직하지 않으며, 더구나 민주주의의 진전 없이는 지속적인 경제성장 역시 불가능하다고 본다. 또한 좌파적 시각에서 중국 모델을 비판하는 입장은 신자유주의적 개혁으로 인한 다양한 사회문제와 성장 혜택이 대중에게 돌아오지 않는 현실을 지적하며, 과연 누구를 위한 성장인가라는 문제를 제기한다(장윤미, 2011: 86~87).

이처럼 중국 모델이라는 담론 자체는 아직 많은 논쟁적 요소를 내포하고 있다. 중국의 경험이 가진 독특한 특징 및 다른 국가에 대한 적용 가능성뿐 아니라 기존의 발전 모델을 대체할 만한 대안 모델로서의 가치 논의가 분분하기 때문이다. 무엇보다 중국 모델에 대한 대부분 연구는 논의의 초점이 중국의 급속한 경제발전 경험과 방식에 집중되어 있다. 더욱이 중국의 경제발전에 대해서도 단순히 국가 주도인가 시장 주도인가, 그리고 경제성장이 민주화를 추동할 것인가를 묻는 기존의 발전론 혹은 근대화론의 틀에서만 논의된 것이 사실이다. 또한 중국의 정치제도, 특히 '중국 특색의 민주주의' 논의도 대부분 중국의 구체적인 현실에 대한 분석이라기보다는 중국이 향후 어떤 방향으로 가야 할지를 서술하는 당위적이고 규범적인 차원의 수준을 넘어서지 못했다고 할 수 있다(정규식, 2012).[13] 특

---

13 특히 중국의 판웨이는 중화인민공화국 60년의 성과를 하나의 '모델'로 부각하며 중국 성공의 원인을 분석하면서 '국민경제-민본정치-사직체제'라는 복합적인 틀을 제시한다. 그에 따르면, 이러한 중국 모델은 서양 경제학 지식의 '시장과 계획의 이분법', 서양 정치학 지식의 '민주와 독재의 이분법', 서양 사회학 지식의 '국가와 사회의 분리' 등에 도전하는 것이다(판웨이, 2010). 그러나 판웨이의

히 판웨이를 비롯한 대부분 중국 모델 찬성론자는 중국의 경제 모델을 설명하면서 '경제적 성취는 중국이 성공했다는 가장 분명하고 구체적인 증거'이며, '현대화라는 대중적 지식의 틀 안에서 경제적 진보는 인류 진보의 주요 지표'라고 인식한다(판웨이, 2010). 그러나 경제발전이 모든 것의 기준이 될 수는 없다. 이러한 관점은 중국 사회에 만연한 사회적 불평등, 정경유착, 횡령과 부패, 환경오염 등의 현실적인 문제를 부차화하거나 은폐하는 논리로 작동할 위험이 있기 때문이다. 특히 이러한 경제발전에 기대어 정치 및 사회체제 개혁을 거부하거나 지연시킴으로써 초래할 사회적 위험은 결코 간과할 수 없다. 무엇보다 중국의 경제성장에 대한 환상은 심각한 사회적 불평등을 은폐한다. 즉 도시와 농촌의 격차 확대, 지역 간(연해와 내륙) 불균형 확대, 도시 부유층 및 기업 관리자층과 일반 노동자 및 농민공의 격차 확대 등을 제대로 보지 못하게 한다. 따라서 이러한 문제의 기원이 되는 역사적 맥락과 제도적 특징을 장기적인 분석틀에서 바라봄으로써 중국의 발전 모델의 함의와 한계를 분석하는 것이 더욱 중요하다.

(3) 중국 노동체제의 특성과 노동계급

개혁·개방 이후 중국의 시장화 개혁에 따른 노동력 및 사회복지

논의는 구체적인 중국 현실을 분석하기보다는 '인민공화국 60년의 성공'에 관한 이론적 해석을 중국의 역사와 전통에서 찾아 하나의 '모델'로 확립하려는 목적의식적 주장에 가깝다(정규식, 2012).

의 상품화로 인한 노동분쟁이 급증하면서 중국 노동문제에 주목한 연구도 많이 진행됐다. 특히 중국 경제체제의 대외 의존 구조를 유지하는 데 기여한 대규모의 저임금 노동력, 사용자에게 유리한 착취구조, 노동조합의 무기력화가 빚은 노동문제와 쟁점에 대해 노동운동의 활성화와 노동자 의식 변화를 중심으로 분석한 연구가 중국 내외에서 증가했다(常凱, 2013; 汪建華·孟泉, 2013; 潘毅 等, 2011; 黃宗智, 2013; 黃德北, 2008; 孟捷·李怡樂, 2013; 백승욱, 2008; 장윤미, 2012a; 장영석, 2011; Chen, 2007; Lee ChingKwan, 2007; 실버 & 장루, 2012). 여기에서는 이러한 기존 연구의 성격을 크게 노동자계급 형성, 노동자 집단행동, 노동법제도 변천, 세계 경제와 중국 노동문제의 관련성 등으로 나누어 간략하게 검토한다.

먼저 황더베이黃德北에 따르면, 중국에서 국가 당국은 노동자'계급' 연구를 오랫동안 금지했다. 따라서 중국 내 사회학 연구자들은 계층 연구로 전환해 사회 계층 분화를 주로 분석했다(黃德北, 2008: 14). 그러나 최근에 이르러 일부 학자가 마르크스 이론에 기초한 노동자 연구로 돌아갈 것을 요구하기 시작했다. 이에 따라 중국 노동자의 계급 형성 논의는 마르크스가 구분한 '즉자적 계급(自在階級, class in-itself)'과 '대자적 계급(自爲階級, class for-itself)'이라는 분석틀을 중심으로 전개됐다. 대표적으로 창카이常凱는 1995년의 연구에서 중국 노동자는 아직 대자적 계급으로 발전하지 못한 채 즉자적 계급에 머물러 있다고 보았다(1995). 한편 판이潘毅는 새로운 노동계급의 주체인 농민공을 주목하면서 이들은 일상생활의 실천과 경험에서 이미 노동자로서의 '계급의식'을 형성했다고 주장한다(潘毅·盧暉臨, 2009). 즉 톰슨E.P. Thompson의 계급 형성 이론을 받아들여 계급을 어떤 구조나 범주로 보지 않고, 사회에서 일어나는 역사적 현상으로 파악해야 한다는 것이다. 이러한 시각에 따라서 중국 노동자의 계급 형성을 분석할 때 전통, 가치체계, 사상, 제도적 형식 등을 통해 구현되는 이른바 '문화'적 요소를 중시하고, 노동자의 주체성을 강조한다(潘毅·盧暉臨, 2009).[14] 이러한 시도는 실제로 계속 증가하는 중국 노동자의 집단행동과 밀접한 관련이 있다. 특히 폭스콘과 혼다자동차 파업의 주역인 '신세대 농민공新生代農民工'[15]의 저항운동에 자극을 받은 연구자들이 이들의 계급의식 형성, 저항의 배경과 동력, 농민공의 처우 등에 관한 연구를 진행하고 있다.

특히 장윤미는 최근 급증하는 노동자의 집단행동은 이익 침해에 대한 권리의식 증대뿐 아니라 세대적 특징, 세계 생산체계의 변화에 따른 협상력 증강, 사회적 불평등을 야기한 구조적 원인 등이 모두 반영되어 나타난 것으로 이해하며, 이들의 공동체 의식 및 집단적 정체성 자각으로 인한 주체화 과정을 분석했다(장윤미, 2012a). 그

---

14 사실 '자본-노동'의 관계에서 노동자의 계급의식 형성, 그리고 저항 및 주체화에 관한 논의는 근대 이후 사회과학의 오래된 쟁점 가운데 하나다. 자본주의 사회에서 노동자의 계급적 주체로서의 등장은 노동자의 자기 정체성, 즉 계급 정체성의 자각, 자본과 노동 관계 인식, 자신과 세계의 관계에 대한 감각 형성을 수반한다. 이러한 측면에서 사회주의 국가에서 노동자계급의 형성과 굴절 및 변용 과정은 또 다른 차원의 분석을 요구한다.

15 일반적으로 중국에서 '신세대 농민공'은 농촌 호구를 가지고, 도시 지역 비농업 부문에 종사하는 1980년 이후 출생한 농민공을 지칭한다.

리고 중국 내부에서도 비공식경제 부문 고용 및 파견노동자 대다수를 차지하는 '신세대 농민공'의 기본 현황과 특징, 이들의 강한 집단의식과 단체행동력의 배경 등에 대한 연구가 구체적인 사례 분석을 통해 시도되고 있다(汪建華·孟泉, 2013). 또한 노동자의 집단행동에 따른 노동정책 변화, 특히 노동법제도의 변천 과정과 노동쟁의 현황 및 처리제도를 분석한 연구도 꾸준히 증가하는 중이다(하현수, 2010; 정선욱·황경진, 2013; 장영석, 2011; 백승욱, 2013; 黃宗智, 2013; 常凱, 2006; 常凱, 2013). 그리고 중국 노동운동의 역사와 유산을 장기적인 시간대에서 고찰하려는 시도도 전개되고 있다. 이에 대해서는 장윤미의 연구가 특히 주목할 만하다. 그녀는 문화대혁명 시기에 등장했던 임시공들의 투쟁 역사를 '전국홍색노동자조반총단全國紅色勞動者造反總團'을 중심으로 논의하면서, 이를 현재 농민공이 주도하는 투쟁과 연결해 노동자의 주체화 과정을 새로운 시각에서 접근한다(장윤미, 2012b). 이러한 시도는 무엇보다 공식적으로 역사적 기억을 독점하는 중국 공산당의 역사 서술구조로부터 탈피하여 아래로부터의 노동운동사를 복원하고자 시도했다는 점에서 의미가 있다. 마찬가지로 '89운동과 독립노조운동'을 중국 사회주의의 역사적 맥락에서 살펴봄으로써, 이 과정에서 형성된 자발적 조직화, 새로운 의식 분출, 독립적인 노조 출현 과정에 대해 '베이징 노동자자치연합회北京工人自治聯合會'를 중심으로 분석한 연구도 현재 진행되는 공회 개혁 논의와 실천적 사례를 검토할 때 중요한 참고가 된다.[16]

한편 세계 자본주의체제를 전제로 중국의 발전 모델 및 노동문제를 인식할 필요성도 제기되고 있다. 중국 내부의 경제발전 전략과 노동정책, 노동쟁의를 비롯한 노동문제 증가는 단지 중국만의 문제가 아니다. 따라서 새로운 국제분업 체계 형성과 중국 노동자계급의 의식 변화가 세계 노동운동에 미칠 영향력에 주목해야 한다. 이와 관련해 '세계체계 분석world-systems analysis'의 시각에서 자본주의 세계경제와 중국의 노동정책 및 노동운동의 함의를 분석하려는 시도가 전개되고 있다. 세계체계 분석의 가장 큰 특징은 사회주의 진영에서 발생하는 문제를 자본주의체제와 분리할 수 없다고 보고, 현실사회주의 국가의 문제를 세계체계라는 틀 속에서 제기한 것이다. 즉 사회주의 역사를 자본주의 세계체제 궤도에서 이탈했다가 다시 이 궤도에 재진입하는 과정으로 인식한다(백승욱, 2006). 이러한 시각에서 중국 내부에 거대한 초국적 기업의 하청업체가 출현하고, 중국의 산업 고도화가 지구적 차원에서 노동분업 체계의 변화를 초래하고 있으며, 이에 대응한 새로운 지구적 노동자 연대의 가능성을 모색하려는 연구도 진행되고 있다(아리기, 2012; Hung Hofung, 2012; 실버 & 장루, 2012; 루스 & 보나시치, 2012; 애플봄, 2012).

이상에서 살펴본 중국 노동문제에 대한 연구의 양적 증가와 질적

---

16   장윤미는 1989년에 천안문광장에서 발생한 일련의 시위가 학생들을 비롯한 많은 시민이 참여한 사회운동적 성격을 갖는다는 점에서 '89운동'으로 명명한다. 그리고 '89운동'이 학생운동의 범위를 넘어 전 인민의 '민주운동'으로 전환되는 1989년 5월을 기점으로, 중국 각지에서 노동자들이 당 통제를 벗어나 독립노조를 조직하려는 운동이 발생하게 된 과정과 함의를 '베이징 노동자자치연합회'를 중심으로 분석했다(장윤미, 2012c).

변화는 중국의 노동문제가 협소한 의미의 '노동'문제에 그치는 것이 아니라, 중국의 통치 전략 전반을 포괄하는 광범위한 문제라는 성격을 반영한다. 왜냐하면 중국의 노동문제는 이중적 의미의 체제 전환 과정에서 파생됐기 때문이다. 즉 계획경제에서 시장경제 체제로의 이행 과정 및 농업사회에서 공업사회로의 이행 과정을 동시에 거치며 노동체제가 형성됐다. 무엇보다 중국에서 노동문제는 사회주의 시기 유산과 개혁·개방 이후의 변화된 노동과 자본의 관계가 중첩되면서 더욱 복잡한 궤적을 그린다. 이와 관련해 첸리췬錢理群의 경우 통치 정당성의 위기로까지 치달을 수 있는 체제 차원의 정치 위기를 강조한다. 즉 권력과 자본을 독점한 '권력귀족' 집단이 출현하여 공정과 사회적 평등을 강렬하게 요구하는 인민대중과 부딪히면서 발생하는 계급 모순과 권리수호 운동을 향후 중국의 미래를 좌우할 중요한 요소라고 지적한다(2012b). 따라서 역사적으로 축적되어 고착화된 중국 노동체제의 특성과 노동시장의 분절적 구조, 노동자 세대교체와 이에 따른 계급의식 변화는 중국 노동문제를 이해하기 위해 반드시 고려해야 할 중요한 요소다.

2. 중국 노동체제 이해를 위한 분석틀

(1) 중국 노동체제 형성의 이데올로기적 토대:

'중국 특색의 사회주의'와 '사회주의적 시장경제론' 구축

사회주의 국가에서 이데올로기는 체제의 성격을 규정하고, 발전 방향을 제시하는 불가결한 요소다. 중국에서도 이데올로기는 체제의 성격을 규정짓는 결정적인 요소로 작용했다(박기철, 1998: 185). 마오쩌둥 시기에 중국 이데올로기의 기본 명제는 '무산계급 독재하의 계속혁명'과 '계급투쟁을 중심으로 한다'였으며, 이를 기초로 사회주의 국가에서의 '혁명의 계속성'과 계급투쟁이 강조되었다.[17] 그러나 덩샤오핑鄧小平이 정권을 장악한 후 시작된 사회주의 재인식과 이데올로기 수정은 이론과 실천의 지속적인 변화를 거듭하며 '사회주의적 시장경제론'과 '중국 특색의 사회주의'로 이데올로기적 기반을 구축했다.

•

17   마오쩌둥의 '계속혁명론'이란, 사회주의가 언제나 자본주의로 복귀할 수 있고, 이를 극복하기 위해서는 사회주의하에서도 지속적인 계급투쟁이 불가피하다는 주장으로, 이후 문화대혁명의 근거가 된 이론을 말한다(백승욱, 2007: 44).

특히 중국 공산당은 1978년 제11기 3차 중앙위원회 전체회의(11기 3중전회)에서 개혁·개방 노선을 채택한 이후 시장경제 개념을 단계적으로 확대·발전했다. 즉 1992년 제14차 전국대표대회에서 '새로운 혁명'으로까지 표현되는 '사회주의적 시장경제' 개념을 개혁의 지향점으로 표방했다. 이에 따라 덩샤오핑은 경제발전과 사회의 전면적 진보를 위해 '하나의 중심'(경제 건설)과 '두 개의 기본점'(개혁·개방과 4개항의 기본 원칙 견지)[18]을 강조했다. 그리고 1993년 3월 제8기 인민대표회의 1차 회의에서 '사회주의 시장경제' 이념을 중화인민공화국 헌법에 명시하기로 결정함으로써 경제적 전환의 이데올로기적 토대 완성과 제도적 전환점을 마련한다(김혁래, 1997: 129~130).

[표1] 중국 경제체제에 대한 개념 변화

1978년 12월 (11기 3중전회)	'개혁·개방을 경제법칙의 기본으로 삼는다'는 정책 채택
1982년 9월 (12전대회)	'계획경제를 주主로 하고, 시장 조절을 종從으로 한다'는 원칙 표명
1984년 10월 (12기 3중전회)	'사회주의 경제는 계획적인 상품경제'라고 결정
1987년 10월 (13전대회)	'국가가 시장을 조절하고, 시장이 기업을 유도誘導'한다고 천명
1989년 6월 (13기 4중전회)	'계획경제와 시장 조절의 유기적 결합' 원칙 표명

18 4개항의 기본 원칙이란 사회주의의 길, 인민민주주의 독재, 공산당의 지도, 마르크스·레닌주의·마오쩌둥 사상의 견지를 말한다.

1992년 10월 (14전대회)	시장경제에 중점을 둔 '사회주의 시장경제' 건설 채택
1993년 3월 (제8기 인민대표회의)	사회주의 시장경제 이념을 중화인민공화국 헌법에 명시하기로 결정

자료: 김혁래, 1997: 133

그러나 '사회주의'와 '시장경제'라는 상호 모순적인 개념을 결합하기 위해서는 기존의 마르크스·레닌주의에서 공유되는 사회주의 인식 및 마오쩌둥 사상에서 규정되는 사회주의 인식을 극복해 새로운 인식틀을 구축할 필요가 있었다. 이를 위해 제기된 것이 '사회주의 초급단계론'과 '사회주의 본질론'에 기반한 '중국 특색의 사회주의中國特色的社會主義'다. 우선 덩샤오핑은 중국 현대화 건설과 사회주의 이데올로기 지속이라는 두 가지 목표 설정에 대한 이론적 토대 구축을 위해 '중국 특색의 사회주의'라는 이론적 개념화를 제창했다. 즉 공산당 제12차 전국대표대회 개막사에서 "우리의 현대화 건설은 중국의 현실에서 출발해야 한다. 혁명이든 건설이든 모두 외국의 경험을 빌려올 때 주의해야 한다. (…) 마르크스주의의 보편적 진리를 우리의 구체적 현실과 결합해 스스로의 길을 가야 한다. 중국 특색의 사회주의를 건설하는 것이 우리의 오랜 역사적인 경험에서 나온 총체적인 결론이다"라고 주장했다(박기철, 1998: 190에서 재인용).

이러한 인식에 따라 중국 공산당은 1986년 제12기 6차 중앙위원회 전체회의 결의를 통해 "우리는 아직 사회주의 초급단계에 머물러 있으며, 노동에 따른 분배를 실현하고 사회주의 상품경제와 경쟁체제를 발전시켜야 하며, 공유제가 중심이 되어야 한다는 전제하에 장기적으로 경제체제의 성격을 다양화하는 방향으로 발전시켜야 한다. 모두 함께 부유해지는 것을 목표로 우선 일부 인민이 부유해지는 것을 장려해야 한다"는 '사회주의 초급단계론'을 구체화한다(박기철, 1998: 191). 이는 생산력과 생산관계의 모순을 주요 모순으로 여기고, '계급투쟁 우선론'을 강조했던 마오쩌둥 입장에 대한 부정이라고 할 수 있다. 덩샤오핑은 이처럼 "사회주의 초급단계론을 통해 마오쩌둥의 사회주의론을 부정함으로써 개혁·개방하에서 진행된 새로운 소유제 도입, 외국 자본 유치, 다양한 물질적 유인 동원, 집단주의 해체 등을 정당화하는 과정을 거친 후, 1990년대에 들어서 사회주의관을 근본적으로 수정"해 나가기 시작한다(백승욱, 2008: 49). 이러한 구상은 덩샤오핑의 '남순강화南巡講話' 이후 더욱 속도를 냈다. 이때 제시된 담화[19]는 사회주의 본질 정의 및 계획과 시장 인식 등에서 중요한 전환점이 되었고, 이후에는 '사회주의적 시장경제론'의 이론적 토대가 되었다. 그 핵심적인 내용은 다음과 같이 요약할 수 있다.

개혁·개방의 일보를 내딛지 않고 구태여 나아가려 하지 않는

---

[19] 1992년 1월 말부터 2월 초까지 덩샤오핑이 상하이, 선전深圳, 주하이珠海 등 남방 경제특구를 순시하면서 더욱더 개혁과 개방을 확대할 것을 주장한 담화談話를 말한다. 이 담화는 이후 1992년 10월에 개최된 제14차 공산당 전국대표대회 보고서에 거의 전문이 수록됐다.

것은 결국 자본주의적 요소가 많아진다거나 자본주의적 길을 걷게 된다는 걱정에서 비롯된 것이다. **방해되는 것은 사회주의인가 자본주의인가를 묻는 것이다.** 주로 판단해야 할 것은 사회주의 사회의 생산력 발전, 사회주의 국가의 종합적인 국력 증강, 인민의 생활수준 향상에 유리한가, 그렇지 않은가 하는 점이다. (…) **계획인가 시장인가는 사회주의와 자본주의의 본질적인 차이가 아니다.** 계획경제는 사회주의와 같지 않다. 자본주의에도 계획은 있다. 시장경제는 자본주의와 같지 않다. 사회주의에도 시장이 있다. 계획과 시장은 그 어느 쪽도 경제수단이다. **사회주의의 본질은 생산력을 해방하고, 생산력을 발전시키고, 착취를 소멸하고, 빈부의 차를 없애고, 마지막으로 공동의 부유富裕에 도달하는 것이다**(이사오, 2011).

이러한 덩샤오핑의 사회주의 재인식과 사회주의적 시장경제 구축을 강조하는 입장은 이후 공산당 주석인 장쩌민江澤民에게 이어지며, 1993년 9월 당내 교육용 교과서인 『사회주의적 시장경제란 무엇인가』에서 구체적으로 전개된다.[20] 이 책은 중국 공산당이 자국을 '사회주의'라고 규정하는 근거의 중요한 지표를 제시하기에 더욱 중요한 위치를 갖는다. 그 핵심 내용은 아래 인용문에서 잘 드러난다.

•

20   장쩌민의 지시로 중국국무원中國國務院發展研究中心과 중국사회과학원中國社會科學院이 함께 집필한 이 책은 국내에도 『중국 사회주의 시장경제론』이라는 제목으로 번역되어 출판됐다.

시장경제가 사회체제의 속성과 무관하다면, 사회주의 시장경제의 의미를 어떻게 이해할 것인가라는 질문의 대답으로 다음과 같이 말할 수 있다. **우리는 사회주의를 바탕으로 한 시장경제는 어디까지나 시장경제이며, 지금까지 알려진 계획경제가 아님을 명확히 해야 한다.** 그것은 시장경제와 공통성이 있고, 자본주의를 바탕으로 한 시장경제와 운영방식이 상호 호환적이며, 양자 간에 큰 차이는 없다. 덩샤오핑 동지가 말한 바와 같이 사회주의 시장경제의 운영 방법을 보면, 기본적으로 자본주의 경제와 매우 닮았다. 따라서 우리는 오늘날 세계 시장경제 국가의 모든 유용한 지식과 경험을 참고해야 한다. (…) 또한 마지막으로 가장 중요한 점은 정권의 성격이 사회주의이기 때문에 사회 공정을 보장하고 지역 발전을 강조하며, 빈곤현상을 제거하기 위해 정부는 조정기제와 사회정책을 통해 소득격차의 극단적인 확대를 막고 최종적으로 모두가 유복한 사회를 실현할 것이다. (…) 요약하면, **정권의 성격이 사회주의이며, 공산당의 지도하에 공유제를 주체로 모두 유복해진다는 목표를 지향하기에, 사회주의 시장경제는 자본주의 시장경제보다 큰 성공을 거둘 수 있다**(이사오, 2011: 149~150).

이상에서 알 수 있듯이, 중국 공산당이 자국을 사회주의로 규정하는 근거로 제시하는 것은 ① 소유제 형식에서 공유제를 주체로 한다는 것, ② 공산당의 지도가 있으며, ③ 함께 유복해지는 공동

부유共同富裕를 목표로 한다는 점이다. 그러나 "실천이 진리를 검증하는 유일한 기준"이라는 덩샤오핑의 관점에 의하면, 역설적으로 중국 공산당이 사회주의적 성격을 반영한다고 내세우는 근거는 실제 역사적 과정에서 점차 소멸하거나 퇴색하는 과정을 거친다.

먼저 '공유제의 우위'를 살펴보면, 1980년대와 1990년대를 거치면서 개념적 의미나 실제 지표가 크게 변화했다. 즉 과거에는 국내 모든 산업이 공유제 형태로 존재해야 한다는 것이 원칙이었지만, 개혁·개방이 시작되면서 사영기업이나 외자기업처럼 비공유제 형태도 병존할 수 있다는 방향으로 해석이 바뀌었다. 이후 공유제 기업의 소유권과 재산권 분리에 대한 논의가 전개되어 '국영國營'이 아닌 '국유國有'라는 이해방식이 등장했다. 이어서 공유 부문이 전체 국가경제 절반 이상을 차지하면 공유제의 우위가 유지된다는 주장도 제기됐다. 또한 국가가 지분의 51% 이상을 가지면 국유제라는 논의도 등장했으며, 전체 경제 중 핵심 영역만 공유제 형태로 유지하면 공유제의 우위라는 논지로까지 나아갔다. 이에 따라 실제로 국유 부문의 비중은 2005년에 이르러 도시 취업 인구의 23.74%(도시 집체 부문의 3.0%)로, 농촌을 포함한 전체 경제활동 인구의 8.3%로 줄었다(백승욱, 2008: 22). 이러한 상황은 다음 표에서도 잘 드러난다.

[표2] 제조업 생산액의 소유 형태별 구성

	1986년	2006년
국유	6210억 위안(68.7%)	9조8910억 위안(31.2%)
공유제	2637억 위안(29.2%)	5조362억 위안(15.9%)
사유		6조7240억 위안(21.2%)
외자		10조77억 위안(31.6%)

자료: 중국연구소 「중국연감」, 2008년 판. 이사오, 2011에서 재인용

특히 1997년 9월 제15차 당대회에서 국유 부문과 집체 부문을 아우르는 공유제 경제가 '국민경제의 주체'에서 '국민경제의 기초'로 규정이 변경됐다. 반면 사유경제는 '국민경제를 보충하는 부문'에서 '국민경제의 중요 구성 부문'으로 규정이 바뀌었다. 이는 향후 중국의 '사회주의적 시장경제'가 '사회주의'보다 '시장경제'를 강화하는 방향으로 나아갈 것을 암시한다. 실제로 2009년 국가통계국이 발표한 2008년 연말 기준의 소유 형태별 기업 분포를 보면, 국유 3.1%, 공유제(집단제) 7%, 사유제(외자 제외) 72.5%로 국유 및 공유제 부문의 대대적인 축소와 사유 및 외자 부문 기업 수의 비약적인 확대가 전개됐다(이사오, 2011).

둘째, '공산당의 지도'와 관련해서도 중국 공산당의 계급적 성격 변화에서 나타나듯이 사회주의적 요소가 점차 공동화되고 있다. 이와 관련해서는 장쩌민 전前 국가주석이 2000년 2월에 제기한 '3개 대표론'이 중요한 의미가 있다. 즉 "당이 중국 선진 생산력의 발전 요구, 중국 선진 문화의 전진 방향, 중국 인민의 근본 이익을 가장

폭넓게 대표하기만 하면 인민의 지지를 받을 수 있다"고 주장했다. 또한 2001년 7월 장쩌민은 7·1강화에서 사영기업가의 공산당 입당을 허용한다고 발표함으로써 '3개 대표론'의 의미를 더욱 분명히 했다. 즉 사영기업의 발전을 독려하기 위해 사영기업가의 입당을 허용해야 하며, 이들이야말로 선진 생산력을 대표한다는 식의 논지를 성립한 것이다(백승욱, 2008: 22~23). 이러한 중국 공산당의 계급적 성격 변화는 전국인민대표대회 대표의 출신별 구성에서도 잘 드러난다.

[표3] 전국인민대표대회 대표의 출신별 구성

회기	노동자·농민	군인	간부	지식인	귀국 화교	기타
5기	47.3%	14.4%	13.4%	15.0%	1.0%	9.0%
6기	16.6%	9.0%	21.4%	23.4%	1.3%	18.2%
7기	23.0%	9.0%	24.7%	23.4%	1.6%	18.2%
8기	20.6%	9.0%	28.3%	21.8%	1.2%	19.2%
9기	18.9%	9.0%	33.2%	21.1%	1.3%	16.6%
10기	18.5%	9.0%	32.4%	21.1%	1.3%	17.7%

자료: 이사오, 2011

[표3]에서 나타나듯이, 오늘날 인민대표대회나 중국 공산당 각급 대표기구에서 노동자·농민 출신 대표는 감소했으며, 이에 따라 노동자는 정치 영역에서 배제되고 있다. 정치 영역에서 노동자의 위상이 축소되고 있다는 것은 중국 정치체제가 직면한 위기를 보여주

는 가장 심각한 징후다. 왜냐하면 국가 영도계급은 노동자계급이라는 헌법적 원칙의 토대가 완전히 와해됐음을 상징하기 때문이다. 주지하듯이, 중국 헌법 제1조는 "중화인민공화국은 노동자계급이 영도하고, 노농연맹을 기초로 하는 인민민주주의 전제정치의 사회주의 국가다"라고 규정한다. 또한 제2조는 "중화인민공화국의 모든 권력은 인민에게 있다"라고 규정한다. 왕후이汪暉의 지적처럼, "헌법문제를 다시 제기하는 것은 사실상 정치적 정의문제를 다시 제기하는 것이고, 노동자계급의 이익을 보편적 이익 또는 보편적 이익의 핵심부분으로 여기는 정치적 과정이 존재하는지 탐구하는 것"이다(汪暉, 2012: 10). 따라서 오늘날 "노동자의 정치적 상태는 '정치적 대표성의 위기', 즉 노동자의 이익을 대표한다고 표명하는 국가 또는 공산당과 노동자계급 간에 존재하는 심각한 단절에 놓여 있다. 즉 공산당의 성격이 '계급적 정당'에서 '전면적 대표'의 방향으로 전화轉化되었다. 따라서 공산당은 정치 영역에서 노동자계급의 대변인 지위를 상실했고, 노동자계급은 정치적 대표를 만들 수도 없게 된 것"이다(汪暉, 2012: 11).

마지막으로 소득격차의 극단적인 확대를 막고, 최종적으로 모두가 유복해지는 '공동부유'를 실현한다는 사회주의적 시장경제의 최종 목표는 현재 각종 경제지표에 드러나듯 아직 실현되지 못했으며, 오히려 심각한 사회적 불평등이 존재하는 국가로 진입했음을 보여준다. 특히 [표4]에서 중국의 지니계수는 지속적으로 하락하지만, 지난 5년간의 누적 하락폭이 겨우 0.012에 불과함을 볼 수 있다. 이는 소득분배에 여전히 큰 격차가 존재하고, 아직 근본적인 개선이 이뤄지지 않았음을 설명한다. 중국 국가통계국 자료에 따르면, 2015년 말 중국 농촌에는 여전히 5575만 명의 빈곤 인구가 존재하며, 빈곤 발생률은 5.7%다.[21] 그중 절반 이상의 농촌 빈곤 인구가 서부 지역에 집중되어 있으며, 이 지역의 빈곤 발생률은 12.4%다. 그리고 전국의 농촌 빈곤 인구 1인당 연평균 가처분 소득은 2561위안이며, 이는 농촌에 상주하는 주민 소득수준의 1/4에도 미치지 못한다.[22]

[표4] 2005~2014년 중국 지니계수

연도	2005	2006	2007	2008	2009	2010	2011	2012	2013	2014
지니계수	0.485	0.487	0.484	0.491	0.490	0.481	0.477	0.474	0.473	0.469

출처: 중국국가통계국 인구 총조사 자료에 근거해 정리

동시에 도시에서도 빈곤 인구가 빠르게 증가하고 있다. 2011년 중국사회과학원이 발표한 「중국 도시 발전 보고 No.4」는 중국 도시의 합리적인 빈곤선을 1인당 연평균 소득인 7500~8500위안으로 계산하면, 약 5000만 명의 도시 빈곤 인구가 있다고 지적했다.[23] 도시 빈

21　중국의 빈곤 기준은 농민의 연평균 1인당 순수입인 2300위안(2010년에서 불변)이었는데, 매년 물가지수와 생활지수 등에 따라 동태적으로 조정하여 2014년에는 빈곤 기준을 2800위안으로 조정했다. 이것을 구매력 평가에 근거해 계산하면, 하루 약 2.2달러에 해당한다(牛玲·喬健, 2016).

22　國家統計局住戶調查辦公室, 「2015中國農村貧困監測報告」, 中國統計出版社, 2015年12月.

23　中國城市發展報告編委會, 「中國城市發展報告2011」, 中國城市出版社, 2012年.

곤 집단의 기원과 구성에는 첫째, 경제체제 전환으로 기업에서 방출된 실업 인구 및 가족으로, 이들은 도시 호적을 가진 빈곤 인구의 원천이 되었다. 둘째, 농촌에서 도시로 진입해 일하는 노동자들이 도시에 거대한 저소득 집단을 형성하고 있다. 셋째, 새롭게 성장한 도시 빈곤 집단인 저소득 대학 졸업자가 있다. 넷째, 기타 각종 원인으로 조성된 빈민이 있다. 예컨대 자연재해로 노동능력과 수입원을 상실한 도시 거주민을 들 수 있다(牛玲·喬健, 2016). 이처럼 중국 경제성장 이면에는 광범위한 저소득층 및 빈곤 집단이 존재하며, 사회적 양극화와 불평등이 심각한 사회문제로 대두되고 있다.

따라서 중국 공산당이 자국을 사회주의로 규정하는 근거로 제시한 공유제의 우위, 공산당의 지도, 공동부유라는 이념적 지향을 뒷받침하는 현실적 토대는 이미 붕괴했거나 퇴색됐다. 그리고 이러한 이데올로기적 토대의 와해는 실질적으로 중국 노동체제 변화를 초래했으며, 이에 대응하여 노동계급의 변용 및 재구성이 진행되고 있다.

(2) 중국 노동시장의 이중적 이원구조와 노동운동의 구조 변화

중국 노동체제의 특성을 이해하기 위해서는 우선 중국 노동시장의 이중적 이원구조에 주목해야 한다. 시장경제가 구성되고 작동하는 방식이 나라마다 다른 것처럼, 노동시장의 특성과 고용체제도 나라마다 다르다. 노동시장 내 행위자들의 행동방식은 경제적 합리성이나 이른바 '자본 축적 논리'에 의해서만 정해지는 것이 아니라, 제도나 가치·규범, 권력관계 등에 의해 크게 영향을 받기 때문이다(정이환, 2013: 44). 중국 노동시장의 이중적 이원구조 형성에서도 제도적 요인이 가장 크게 작용했으며, 정부가 추진한 여러 제도와 정책이 노동시장 분할을 조성한 근본 원인이었다. 특히 계획경제 시기에 추진된 중공업 중심 발전 전략과 이에 부응한 고용제도, 분배제도, 호적제도 등으로 인해 중국 특유의 도농분할, 부문별 분할, 지역적 분할구조가 체계적으로 확립됐다.

이를 구체적으로 살펴보면, 먼저 중국의 노동시장은 도시와 농촌 간의 노동력 이동을 제한한 호적제도로 인해 도시와 농촌의 노동시장이 분할되었다. 그리고 시장화 개혁에 따라 자본주의 시장경제 체제 국가에서 나타나는 도시 내부의 이원적 분할구조가 형성되어 1차 노동시장과 2차 노동시장으로 분할되었다. 1차 노동시장은 대·중형 국유기업과 국가 사업단위[24]로 구성되며, 그 특징은 다음과 같다. 첫째, 노동시장에 자유롭게 진입하거나 퇴출할 수 없다. 둘째, 임금이 시장기제에 의해 결정되지 않고, 비경제적 요인의 영향을 크게 받는다. 예컨대 정부가 임금 표준 체계와 노동자에게 제공되는 복지 및 사회보장 수준을 규정했다. 셋째, 사회복지와 사회보장 수준이 비교적 높은 편이었다. 반면 2차 노동시장은 이와 상반되는 특징이 있다. 첫째, 노동시장에 자유롭게 진입하고 퇴출할 수 있다. 둘째, 임금이 노동력의 수요와 공급이라는 시장기제에 의해 결정됐다.

·

24   '사업단위'란 사회의 공공 이익을 위해 국가가 조직하고, 국가 재정으로 교육, 과학 기술, 문화, 위생 등의 사회적 서비스를 제공하는 조직 및 기구를 의미한다.

셋째, 사회복지 및 사회보장제도가 취약했다(曆家鼎, 2009: 17). 그리고 1차 노동시장은 기본적으로 내부 노동시장의 형태로 존재했기에 외부 노동력에 대한 수요는 거의 없었다. 더구나 1차 노동시장에 속하는 기업이 인력을 채용할 때는 반드시 현지 호적을 소유한 주민만을 대상으로 했기 때문에 농촌에서 이주한 노동자들은 1차 노동시장에 취업할 기회가 거의 없었다. 또한 시장화 개혁 이후에도 호적제도의 규정력이 여전히 작용했기 때문에 2차 노동시장 내부에서도 도시 호구 소유 여부에 따라 도시주민 노동자와 농민공으로 구분되었다. 그리고 이들 사이의 사회경제적 차별이 매우 분명하게 나타났다(張昭時, 2009: 63). [그림1]은 제도적으로 형성된 중국 노동시장의 이중적 이원구조를 도식화한 것이다.

[그림1] 중국 노동시장의 이중적 이원구조

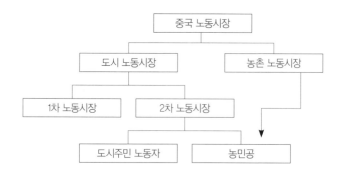

자료: 張昭時, 2009: 63에서 재구성

중국 노동시장의 이중적 이원구조에 따라 고용체제도 이원화됐다. 즉 중국의 고용체제는 지속적으로 두 종류의 노동자가 병존하는 '쌍궤제(雙軌制, dual track system)'라는 이원적 고용체제를 유지해 왔다. 백승욱에 의하면, 사회주의 시기부터 개혁·개방 초기까지의 쌍궤제는 '단위체제單位體制'[25]라고 불렸고, 단위 내 고정공(주로 국유부문)과 단위 외부의 고용이 차별화되는 특성이 고착화되었다(백승욱, 2013). 이후의 개혁·개방은 단위체제가 지니는 종신고용과 안정적 고용에 대한 부담을 단위 외부로 전가하는 방식의 전환을 추진했지만, 이러한 고용체제 전환은 다시 호구 소속에 따라 도시의 노동자와 농민공을 가르는 이원적 고용체제를 강화하는 방향으로 이어졌다. 그러다가 농민공과 관련된 사회문제가 심화되고, '도시-농민' 이원적 고용체제에 대한 불만의 목소리가 커지면서 정책적 대응으로 2008년부터 〈노동계약법〉을 시행해 농민공을 포함한 모든 노동자의 고용을 법률적 제도틀 속으로 통합함으로써 적어도 법률상으로는 불평등구조를 해소하려는 노력이 있었다. 그러나 2008년 세계 경제위기 여파로 기업의 인력 수요가 감소하고, 〈노동계약법〉에 대한 기업의 대응 전략으로 또 다른 형태의 불안정노동인 파견노동

---

25 중국의 단위체제는 노동력 관리뿐만 아니라 노동자들의 주거와 교육 및 일상생활에서의 노동력 재생산 등을 비교적 안정적으로 보장하려는 일종의 복지 시스템이었다. 개혁·개방 이전까지 이러한 단위체제는 노동자들에게 일자리 보장과 생활안정을 보전하는 중요한 기능을 했다. 그러나 개혁·개방 이후 단위체제가 해체되기 시작하면서 중국은 도-농 간 지역 불평등 및 노-노 간 양극화, 사회적 불평등이 심화되기 시작했다(백승욱, 2008).

이 급증하는 상황이다(백승욱, 2013: 178~180).[26] 이에 백승욱은 파견 노동자 대부분이 농민공으로 충원되는 현실을 지적하면서 농민공이 단일한 노동시장의 틀로 통합되는 것이 아니라, 오히려 '포스트 농민공'적 고용 이원체제로 다시 편입되는 게 아닌지 의문을 제기한다. 이처럼 파견노동시장이 확대되고 파견업체들이 급증하면서 기업의 파견노동 남용과 파견노동자의 권익 침해를 둘러싼 제반 문제가 사회적 쟁점으로 부각되기 시작했다. 그리고 이에 대한 정부 대책으로, 전국인민대표대회 상무위원회는 2012년 12월 28일에 〈노동계약법〉의 파견노동 관련 규정을 개정해 2013년 7월부터 시행하고 있다. 이에 호응하여 '인력자원사회보장부'는 2013년 8월 7일에 〈노무파견 약간규정〉을 제정하여 파견노동 규정을 더욱 엄격하게 관리하고 있다.[27] 따라서 이러한 정책적 조치가 현실에서 어떠한 영향력을 발휘할지, 이를 바탕으로 파견노동 문제를 어떻게 해결할지가 중국 노동관계의 핵심 쟁점이 되고 있다.

또한 개혁·개방 이후 중국 노동시장은 도시와 농촌 간의 이원적

•

26   '전총'이 발표한 통계 자료에 따르면, 2010년 말 현재 파견노동자 수는 6000만 명이다. 이는 중국 전체 노동자의 20%에 해당하는 규모로, 2008년 〈노동계약법〉 시행 3년 만에 무려 4000만 명이 증가했다(황경진, 2013).

27   2013년 7월에 시행된 〈노동계약법〉 개정안은 파견업체 설립 기준 강화, 동일노동 동일임금 기준 명확화, 노무파견 가능 직무(임시성, 보조성, 대체성) 규정의 명확화, 파견업체에 대한 법률적 책임 강화를 핵심 내용으로 한다(백승욱, 2013). 그리고 〈노무파견 약간규정〉은 파견노동 적용범위, 노동계약 체결 및 이행, 노동계약 해지 및 종료, 지역 간 원거리 파견노동, 감독 관리, 법률 책임, 부칙 등 총 8장 44개 조문으로 구성되어 있다(황경진, 2013).

분할구조가 유지되는 가운데, 국유기업과 비국유기업에 대한 이중적 정책으로 인해 분절적 형태의 노동시장이 고착화되었다. 즉 시장화 개혁이라는 전체 흐름에서 노동력 관리방식도 점차 시장기제에 따라 배치됐다. 이러한 개혁방식이 모든 부문의 기업과 노동자에게 일괄적으로 적용된 것이 아니라 국유 부문에 대해서는 '계획'방식을, 비국유 부문에 대해서는 '시장'방식을 적용하는 이중적 형태로 진행됐다. 이에 따라 중국 노동시장은 전통적인 도농 이원적 구조와 더불어 도시 내부에서도 부문별, 지역별, 소유제별로 차이가 나는 분절적 구조를 형성하게 되었다. 그러나 1992년 '사회주의 시장경제 체제' 확립 이후 국영기업에서 소유와 경영을 분리하는 현대기업제도가 시행되고, 동시에 민영경제가 급속도로 발전하면서 국영기업도 구조조정이 불가피해졌다. 이로 인해 그동안 단위체제에서 종신고용과 안정적 고용제도를 보장받던 국유기업 노동자들의 대규모 면직下崗 및 실업이 발생했다.[28] 따라서 중국 노동정책의 가장 중심적인 이슈로 국유기업 면직 및 실업노동자의 재취업 문제가 부각된다. 이 문제 해결 방법으로 파견노동, 시간제 근로, 임시직, 일용직, 계절직 등 각종 유연한 형태의 불안정노동과 '비공식경제(非正規經濟, informal economy)' 부문으로의 취업이 국가정책으로 장려됐다. 특

•

[28] 국유기업에서 퇴출당한 노동자들은 완전한 실업이 아닌 해당 기업과의 노동관계를 유지하고 기본 생활비를 지급받는 면직이라는 과도기적 지위를 3년간 부여받았다. 그러나 2001년부터 면직과 실업의 궤도가 통합되면서 면직 역시 완전한 실업상태로 전락했으며, 상대적으로 고용안정을 보장받았던 국유기업 노동자 역시 노동시장 유연화에 직면했다(장윤미, 2005: 332~333).

히 퇴출당한 노동자의 재취업 문제를 해결하는 것이 지방 정치 지도자의 중요한 정치 업적으로 평가됐기 때문에 비공식경제 부문과 비정규직으로의 취업이 더욱 적극적으로 추진됐다. 1999년의 한 조사에서는 면직된 노동자의 92.8%가 비정규직으로 고용됐고, 6.8%의 노동자만 무고정 기간의 안정적인 노동계약을 맺은 것으로 나타났다(장윤미, 2005). 이처럼 이원적 노동력 관리방식과 분절적 노동시장을 특징으로 하는 중국 노동정책과 시장화 개혁에 따라 절대다수의 실직자와 농민공은 국가 통제와 시장 논리의 이중구조 속에서 불안정노동과 비공식경제 부문으로 빠르게 흡수됐다.

공식 노조 및 법률의 보호를 받을 수 없는 비공식경제 부문에 고용된 노동자의 확대는 노동운동 전망과 관련해서도 중요한 의미가 있다. 즉 자신들의 요구를 합법적으로 제시하고 협상할 수 있는 법적 수단을 갖추지 못한 파편화된 노동자의 권리보호 운동이 점점 더 '폭동에 의한 단체교섭Collective Bargaining by Riot', 혹은 '공식 노조의 참여 없는 파업wildcat strike' 형태로 표출되는 것이다. 1990년대 중반 이후 외국 자본 투자가 급증하고 노동력의 상품화가 가속화되고 있는 중국에서는 노동쟁의 및 노동분쟁이 계속해서 심화되고 있다.[29]

29　특히 세계 금융위기 이후 중국 각 지역에서 노동자들의 시위가 급증했다. 중국 인민법원 통계에 따르면, 2008년에 민사법원은 28만 건의 노사분규 안건을 접수했다. 이는 전년도보다 93.93% 상승한 수치였다. 2009년 상반기에는 17만 건이 접수됐는데, 이는 동기 대비 30% 이상 증가한 것이다. 또한 노사갈등으로 인한 '군체성 사건'은 2009년 더욱 격화되고 폭력적인 형식을 띠었고, 노사갈등이 중국 사회의 주요한 모순으로 등장했다. 2010년에는 18만 건의 군체성 사건이 발생했으며, 이는 10년 전보다 3배 이상 증가한 수치다. 또한 2009년 한 해 동안 8만 건, 2010년에는 10만 건의 파업

특히 2010년 중국 폭스콘 공장에서 발생한 노동자 연쇄 투신자살
과 난하이 혼다자동차 파업에서 나타났듯이, '세계의 공장'으로 불
리는 중국에서 지난 30년간 경제성장의 기적을 만든 온순하고 근면
한 노동자들이 최근 들어 파업, 투신자살, 폭동 등 극단적인 방법
으로 자신들의 요구를 제기하고 있다.[30] 노동분쟁의 주요 쟁점은 임
금인상과 연장근로 축소 등 근로 조건과 복지처우에 관한 것이며,
고용관계의 불안정성, 국유기업 노동자 해고에 따른 보상문제 등도
심각하게 제기됐다.

　얼핏 보면 이처럼 중국에서 증가하는 노동분쟁은 저임금 지역을
찾아 끊임없이 이동하는 자본의 이동성, 생산 조직 및 노동과정의
'포스트 포드주의적' 전환으로 인해 이른바 '노동의 종말' 혹은 '노동
운동의 위기'가 도래했다는 주장에 대해 '자본이 가는 곳에 갈등이
따라간다'라는 테제로 반박하는 실버Beverly J. Silver의 논의에 더욱 힘을
실어주는 것처럼 보인다(2005). 실버의 핵심 주장은 저렴하고 규율
잡힌 저임금 노동이라는 신기루를 찾아 전 세계를 떠도는 대량 생

이 발생했다(장윤미, 2012a: 85). 한편 홍콩에 소재한 중국노공통신(中國勞工通訊, China Labor Bulletin)
에 의하면, 2014년 중국에서 발생한 노동자 파업 및 항의 사건은 1378건으로, 2013년의 두 배에 해
당한다(馮仁可·李林普, 2015).

30　황경진에 따르면, 최근 중국에서 발생하는 노동자 파업은 네 가지 '집중'이라는 특징을 보인다. 첫
　　째, 지역 집중으로 주로 주강삼각주 지역에 집중되고 있다. 둘째, 기업 유형 집중으로 주로 외자기
　　업이나 홍콩, 타이완계 기업에 집중되어 있다. 셋째, 계층 집중으로 주로 신세대 농민공에 집중되어
　　있다. 넷째, 요구 집중으로 파업의 절반 이상이 임금인상을 요구하고, 나머지는 열악한 작업환경,
　　장시간 노동시간, 기업 구조조정 등의 요인으로 발생하고 있다(황경진, 2012: 69).

산 자본은 결국 새로운 장소에서도 전투적 노동운동을 계속 재창출한다는 것이다. 이들의 예상대로 최근 산업화와 프롤레타리아트화가 급속히 진행되는 중국에서 강력한 노동운동이 출현하는 것은 분명한 사실이다. 다시 말해 현재 중국에서는 일정하게 '노동의 허구적 상품화'와 '사회의 자기방어 운동'이라는 이중적 운동에 관계되는 폴라니식 노동운동이 발생하고 있다. 특히 국유기업 및 도시 노동자계급의 고용안정을 지칭하던 '철밥통鐵飯碗'과 '단위체제'라는 사회보장 체제 해체에 대한 저항이 발생했다. 또한 수익성 위기를 해결하려는 역사적 자본주의 재정립(공간·기술·조직·제품·금융적 재정립)이 새로운 노동계급을 형성하고 강화함에 따라 마르크스식 노동운동도 동시에 발생하고 있다. 이처럼 중국의 시장화에 따른 노동력 상품화, 사회복지 사회화, 고용관계 변화에 따른 고용불안정 문제 등이 노동분쟁의 주요 원인이 되고 있다(孟捷·李怡樂, 2013).

그러나 중국이 세계적 현상인 '노동의 위기'를 넘어 지구적 노동운동의 새로운 진원지가 될 것인지는 훨씬 더 다층적이고 역사적인 맥락에서 분석해야 한다. 더욱이 신자유주의적 노동체제의 일반적 특징인 노동계급 내부 분화(정규직/비정규직 등) 외에도 중국 특유의 국가 통제 시스템 및 지방정부와 기업의 유착, 노동시장의 분절적 구조, 노동자의 세대교체로 인한 생활세계 차이는 중국 노동운동의 전망을 더욱 복잡하게 만들고 있다. 무엇보다 2000년대에 접어들면서 농민공의 세대구성이 전환되기 시작했다. 중국 '신노동자'의 주요 구성원이자 노동운동의 주체로 자리 잡은 '신세대 농민공'의 집단적 저항과 조직화는 훨씬 복잡하고 다양하게 전개되고 있다.[31] 그리고 신노동자들은 자신들이 개혁·개방 과정에서 새롭게 형성된 노동자임을 자각하고 있으며, 기존의 농민공이라는 '이중적 신분 정체성'을 거부하고 스스로 '신노동자'로 호명하며 집단적 정체성을 확립해가고 있다. 신노동자의 권리 주체로서의 자각은 노동자계급 형성 및 변용에 대한 이해라는 논점에서 더욱 중요한 의미를 지닌다. 중국의 신노동자는 개혁·개방이라는 조건에서 진행된 공업화, 도시화 과정에서 생겨난 '신흥 산업 노동자' 집단이다. 이들은 농촌 및 토지와 단절되어 있기 때문에 이미 생산수단(토지)과 분리된 '고용노동자'가 되었다. 개혁·개방 시대에 진행된 '세계 공장' 구축은 자본가와 상품화된 노동력이 등장하는 계기가 되었다. 그리고 이러한 시장화와 공업화 과정에서 계급관계도 재구성되었다. 계급관계 재구성이라는 측면에서 보면, 현재의 신노동자와 과거의 국유기업 노동자는 명백하게 구별된다. 즉 양자는 물질적 처우나 이념적 상징뿐만 아니라, 법률적·정치적 측면에서도 확연히 다른 지위를 가진다. 이에 대해 뤼투는 "과거의 국유기업 노동자는 국가노동자로 편제되어 있었으며, 국유기업 노동자로서 각종 대우를 누렸다. 그러나 현재의 신노동자는 비록 노동자로서의 성격을 갖고 있지만, 과거의 국유기업

·

31   뤼투呂途는 농민공이라는 개념 대신 품팔이打工者 혹은 신노동자新工人라는 개념을 사용할 것을 주장한다. 또한 노동계급이라는 개념 대신 '신노동자 집단'이라는 개념을 사용한다. 그녀에 의하면, 신노동자는 업종이나 지역, 노동조건 등에서 다양한 차이가 있지만, "일과 생활은 도시에서 하고 호적은 농촌에 둔 노동자 집단"이라는 객관적 특성을 공유하고 있다(뤼투, 2017).

노동자가 누렸던 대우는 받지 못하고 있다"고 말한다(뤼투, 2017). 한
편 왕후이는 양자 구분은 단지 경제적 처우만이 아닌 정치적 영역
에서도 드러난다고 지적하면서 다음과 같이 설명한다.

구舊노동자는 하나의 소사회라고 할 수 있는 단위單位에서 일하
고 생활하지만, 신노동자의 생존 공간은 오직 자본증식을 위해
재생산을 유지하는 단순한 생산기구일 뿐이다. 단위 안에서 사
람들은 단일한 자본과 관계를 맺으며 사람들 사이에 지속적인
정치·문화·경제·혈연 관계가 발생했다. 또한 노동자 참여가 가
능한 각종 실천도 나타났다. 그러나 폭스콘과 같은 공장에서는
사람들 사이에 그 어떤 관계도 발생하지 않고, 노동자 개개인은
단일하게 동일한 자본과 관계를 맺는다. 그들 사이의 관계는 단
지 생산의 장소 밖에서만 발생할 뿐이다(汪暉, 2012: 7~8).

왕후이가 지적하듯이, 신노동자 집단은 20세기 노동자계급이 갖
고 있던 강렬한 정치의식이 없으며, 헌법이 규정하는 바와 같이 국
가 영도계급의 일원으로 대우받기를 바라는 희망도 제대로 실현된
적이 없다. 그러나 이는 결코 신노동자 집단 자체의 결함 때문이 아
니다. 이러한 의식과 희망은 노동자의 삶과 처지에서 저절로 생겨나
는 단순한 것이 아니며, 노동자계급의 생활에서 상호작용을 기반으
로 형성되는 정치적 과정의 산물이기 때문이다. 따라서 신노동자 집
단의 계급의식이 결핍된 것이 아니라, 이러한 계급의식이 발생하는

정치적 과정이 종결된 것이며, 계급의식 형성을 추동하는 정치적 역량이 전환된 것이라고 할 수 있다(汪暉, 2012).

초기 노동계급의 역사적 형성과 현재 존재하는 신노동자 집단의 상태를 비교하면, 국가가 노동관계 영역에서 수행하는 조절과 관리, 그리고 규범화라는 역할에 거대한 변화가 발생했음이 분명하게 드러난다. (…) 현재의 조건에서 자유로운 노동력 대군 형성에서부터 투자유치 정책 출현까지, 노동조직 형성과 제약에서부터 금융체제 규범화에 이르기까지 국가는 자본과 노동의 이중 대리인 역할을 하고 있다. 그러나 갈수록 긴밀해지는 자본과 권력의 동맹 때문에 국가가 수행해야 할 노동자 권리를 지키는 '대리인' 역할이 계속 공동화되고 있다. 하지만 노동자의 대리인이라는 국가 역할에 근본적인 변화가 발생한 것은 아니다. (…) 따라서 노자 간 대립도 항상 노동과 국가 간의 모순이라는 양상으로 나타난다(汪暉, 2012: 7~8).

따라서 신노동자 집단의 형성 과정 및 주체의식 자각과 이에 따른 사회적 분열구조를 더 구체적으로 분석할 필요가 있다. 또한 신노동자 저항에 의해 중국 노동운동의 구조 변화가 어떻게 전개될지, 이에 대한 정부 당국의 정책 변화는 어떠한 양상을 보일지 분석하는 작업이 더욱 중요하다.

(3) 역사적 사회주의로서 중국 노동의 문제화

앞에서 밝혔듯이, 이 책에서는 중국 노동체제의 특성과 이를 둘러싼 다양한 행위자의 정치적 경합 과정을 '제도의 진화와 변동'이라는 관점에서 분석하고자 한다. 제도는 구체적인 시간적 과정과 정치투쟁의 산물이기에 제도 발전의 경합적 속성 및 그 과정에서의 제도 형성, 재생산, 변화를 추진하는 정치적 동학을 정교하게 분석할 필요가 있다. 이는 곧 역사적 산물로서 제도가 행위를 제약하긴 하지만, 동시에 제도 자체가 의도적이거나 의도적이지 않은 전략, 갈등, 선택의 산물임을 뜻한다. 이러한 측면에서 중국 노동정책 및 제도의 변천 과정을 분석할 때 각 행위자의 전략적 선택과 저항, 적응 과정에 주목하고자 한다. 따라서 좀 더 광범위한 정치적·경제적·사회적 환경 변화와 각 행위자의 이해관계 변화에 따라 제도가 점진적으로 발전해가는 양식과 메커니즘을 분석할 것이다.

고용안정과 노동력 재생산 보장이라는 사회주의적 가치 유지와 노동시장 형성이라는 모순적 목표를 수행해야 하는 중국 정부의 노동정책은 일관적인 방식으로 이어지지 않았으며, 다른 행위자와 상호작용하면서 늘 전략적 선택을 강요받았다. 또한 개혁·개방 이후 시장화가 진전됨에 따라 새로운 행위자로 등장한 '자본가계급'[32] 역

---

32 중국에서 독자적인 '자본가계급'이 형성됐는가의 문제는 그 자체로 상당히 논쟁적이다. 이와 관련해 장쩌민 전 국가주석이 제기한 '3개 대표론'이 중요한 의미가 있는데, 즉 당이 중국 선진 생산력의 발전 요구, 중국 선진 문화의 전진 방향, 중국의 가장 폭넓은 인민의 근본 이익을 대표하기만 하면 인민의 지지를 받을 수 있다는 주장이다. 즉 사영기업 발전을 독려하기 위해 사영기업가의 입당

시 노동정책 및 노동제도 변화에 큰 영향을 미치고 있다. 그리고 중국의 유일한 공식적 노동조합인 전총 및 그 산하 지역 공회는 그동안 당-국가에 종속된 준(準) 국가 조직으로서 단순히 당과 노동자를 연결하는 역할만 수행하는 '전달 벨트transmission belt' 혹은 '매개 intermediation'로 인식되어 큰 중요성을 갖지 못한다고 여겨졌다. 그러나 역사적 맥락에서 보면, 중국 공회 역시 '당-국가'의 통제에 따라 일관적인 역할을 수행한 것이 아니라, 국가와 경영자와의 관계, 기층 노동자와의 관계 속에서 저항, 협조, 순응 등의 다양한 행위 양식을 표출하며 변화 발전해왔다. 특히 1990년대 이후 노동쟁의가 증가하고 기존 공회와는 다른 독립적 노조 설립을 요구하는 기층 노동자의 목소리가 높아지면서 공회의 역할 변화와 이에 대한 '당-국가'의 통제방식 변화 등이 중요한 연구 대상으로 주목되고 있다.

또한 노동자의 저항도 정부의 노동정책 기조 변화 및 법·제도 발전을 지속적으로 추동하고 있다. 실제로 1993~1994년 파업은 노동법 시행을, 2004~2005년 파업은 2007년 노동계약법 제정을, 그리고 2010년 파업은 파견노동자에 관한 노동계약법 개정을 촉진했다(장윤미, 2012a). 그리고 지방에서도 노동자 파업이 급증한 이후 법정

───────────

을 허용해야 하는데, 이들이야말로 선진 생산력을 대표한다는 식의 논지를 성립한 것이다. 이러한 일련의 과정은 중국의 개혁정책이 자본가 없는 자본주의적 발전에서 자본가계급이 등장하는 자본주의적 발전의 길로 나아가고 있음을 보여준다. 즉 자본주의 지향의 국가 관료와 국유기업의 상층 관리자, 그리고 외국 자본이 결합한 주도세력이 국가 자본주의 또는 관료 자본주의라고 부를 수 있는 발전 노선을 추진해왔으며, 이 과정을 통해 주도세력 일부가 점차 독립된 자본가계급을 형성하는 과정에 있다는 것이다(백승욱, 2008; 정규식, 2012).

최저임금이 꾸준히 상승하고 있다. 이처럼 노동자의 저항은 정부의 노동정책 기조를 변화시켰으며, 최근 중국 정부의 노동정책은 기존의 배제나 억압 위주 정책에서 '법·제도 정비를 통한 조화로운 노동관계 수립' 방향으로 전개되고 있다. 이는 2007년에 공포된 〈노동계약법〉, 〈취업촉진법〉, 〈노동쟁의 조정중재법〉 등 이른바 '노동 3법'을 통한 노동관계 법제화로 총괄된다. 그리고 기업의 파견노동 고용 남용과 파견노동자의 권익 침해가 사회적 이슈로 떠오르면서 2013년에는 〈노동계약법〉의 파견노동 관련 규정을 개정했으며, 이에 호응해 인력자원사회보장부는 파견노동을 한층 더 규범화하기 위해 〈노무파견 약간규정〉을 제정하여 노무파견을 더욱 엄격하게 관리하고 있다. 이러한 중국 노동정책 제도화 시도는 2015년의 〈조화로운 노동관계 구축에 관한 의견〉에서 더 명확하게 정립됐다. 이처럼 시장경제 발전과 서로 호응하는 국가 개입(법률 제정을 포함한 정책과 정부의 행위)을 떠나서는 임금노동자 형성을 이해할 수 없다. 이에 대해 리징쥔李靜君은 새로운 법률 제정과 노동자의 관계를 특히 강조한다.

(…) 이러한 법규는 경제 개혁 요구에 부응한다는 것 외에도 서로 다른 사회집단의 권익도 규정하며, 사회적 충돌의 조절을 제도화하고, 부지불식간에 법률적 제약하에서 공민의 권리를 확장했다. 1990년대에 반포된 〈공회법〉, 〈노동법〉, 〈부녀자권익보호법〉은 모두 노동자계급에 중요한 영향을 미쳤다. 이밖에도 노동쟁의 중재, 사회보험, 최저생활 보장, 실업구제 등을 포함

한 노동자들의 각 방면 생활 조건을 포괄하는 일련의 관리 규칙과 사회정책도 반포됐다. (…) 노동분쟁이 시장경제 조건하에서 폭증하고 있지만, 이제 더 이상 이러한 분쟁은 기업 차원에서 기층 당 조직에 의한 개인적 명령방식으로 처리되지 않으며, 외재적이고 보편적인 (법률) 체계의 힘을 빌려 처리된다. 비록 국가의 법 집행능력이 아직 이상적인 수준에는 훨씬 못 미치지만, 최소한 계급투쟁을 하나의 새롭고 확장된 법규 영역으로 제도화하는 작업은 이미 시작됐으며, 노동자 권익 확립 투쟁에 법률적 요구를 제기하도록 촉구함으로써 새로운 차원을 열었다 (Lee ChingKwan, 2007).

그러나 법률적 권리수호를 중시하는 정책 기조는 노동자 집단의 의식과 행동에 중요하게 작용하지만, 계급투쟁이 법률적 제도 내부에서 이루어지도록 제한하는 측면도 있다. 현재 노동자를 보호하려는 취지의 법률을 제정하고 정비하는 작업이 계속되지만, 노동자의 권익을 훼손하는 사건도 끊임없이 발생하고 있다. 따라서 역동적으로 전개되는 중국 노동정치의 흐름 속에서 신세대 농민공을 주축으로 한 노동자의 집단행동과 '조화로운 노동관계 수립'이라는 정부정책 사이에서 접점을 찾는 일이 향후 중국의 지속 가능한 발전을 뒷받침하는 '조화로운 노동체제' 형성의 관건이라고 할 수 있다.

한편 개혁·개방 이후의 중국 경제발전 모델은 '외국인 직접투자 FDI 유치 및 수출주도형 경제발전'으로 특징지을 수 있는데, 이러한 경제발전 전략에 따라 중국 노동정책 방향도 계속해서 변화했다. 그리고 이 전략에 따라 중국의 경제체제는 심각한 대외 의존 형태를 보이게 됐으며, 이러한 경제구조를 유지하기 위한 노동정책, 즉 이원적 노동력 관리방식과 분절적 노동시장 형성으로 인해 다양한 형태의 노동문제가 발생하고 있다. 또한 극심한 양극화가 날로 격해지는 계급 모순과 충돌하고 있으며, 이것이 체제 정당성 위기로 이어질 수 있다는 위기감이 높아지고 있다. 세계 경제위기로 미국을 비롯한 선진 자본주의 국가의 소비시장이 대폭 위축된 상황에서는 (기존의 고투자, 고수출, 저소비라는 성장 모델이) 더 지속하기 어렵다는 것을 중국 정책 당국도 인식하고 정책 변화를 마련하고 있다. 예컨대 농촌에 대한 투자 증가와 소득 재분배 정책, 사회보장 체계 개선이 꾸준히 진행되고 있으며, 각 지역의 최저임금도 지속적으로 상승하는 추세다(정규식·이종구, 2016).[33] 또한 중국 경제의 지속적인 성장을 위한 고부가 가치 산업으로의 산업구조 전환과 신형 도시화 전략 추진, 내수 소비시장 활성화 등 경제구조의 대전환을 추진하고 있다. 특히 이를 위해 농민공에게 도시 거주권을 공식적으로 부여하는 '농민공의 시민화' 정책과 임금인상 시스템 정비, 임금·단체 협상 제도 확대 등 다양한 정책과 제도적 조치를 시행하고 있다(장

---

[33] 중국은 지역마다 최저임금 기준이 다른데, 2011년 한 해 동안 베이징, 텐진, 산시 등 24개 지역에서 최저임금 기준을 평균 22% 인상했다(황경진, 2012: 68). 이처럼 중국은 지역별로 최저임금 기준을 비롯한 경제구조, 생산체제, 사회적 갈등 해결방식 등에 큰 차이가 있기에 중국 노동문제 연구 시 세밀한 분석이 요구된다.

윤미, 2014). 그러나 현재 중국 경제가 안고 있는 구조적 문제를 해결하고 새로운 성장 동력을 창출하기 위해서는 반드시 체제 개혁과 사회 영역의 활성화가 수반되어야 한다. 개혁 이후 변화된 다양한 요구와 개혁이 낳은 문제는 더 이상 기존 체제 방식으로는 해결할 수 없으며, 중국이 최근 제시한 새로운 정책이 실질적으로 관철되려면 체제 자체를 바꿔야만 가능하기 때문이다. 그러나 중국 정부가 이러한 구조 개혁을 성공적으로 실행하기 위해서는 무엇보다 지방 권력층과 기득권 엘리트의 반발과 저항을 어떻게 타개할지가 관건이다. 주지하듯이, 개혁·개방 과정에서 정치체제 개혁은 방치한 채 경제편향적 개방만이 진행됐고, 권위적 정치체제와 결탁한 '시장경제'가 '권력귀족 시장경제'를 낳았으며, 이에 따라 '권력귀족 자본가계급'이 형성됐다(첸리췬, 2012). 또한 사영기업가 대부분이 공산당 간부나 그들 자제로 충원됐다. 이는 다시 당내 권력귀족 자본가계급과의 결탁으로 이어졌으며, 권력과 재력 세습이라는 문제를 낳고 있다. 즉 개혁의 이익이 '권력귀족 자본가계급'에만 집중되고, 개혁의 위험과 대가는 오로지 노동자에게 전가된 것이다. 이러한 측면에서도 '국가-자본-노동조직-기층 노동자'의 경합과 저항, 적응에 의해 중국의 노동정책과 제도가 변화하는 방향, 이에 대한 노동자 저항을 심층적으로 분석할 필요가 있다. 중국 노동체제의 제도적 변천과 노동자 저항의 정치적 동학을 다음과 같이 압축적으로 표현할 수 있다.

[그림2] 중국 노동체제의 제도적 변천과 노동정치

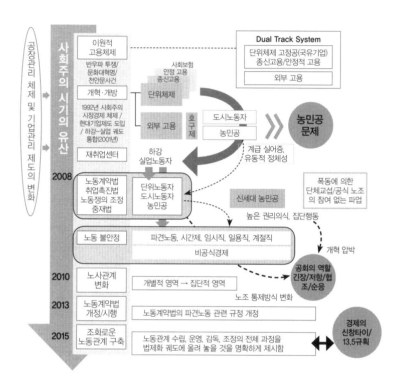

3장

제도의 변천과 진화 :
이원적 노동관계의 변용과 지속

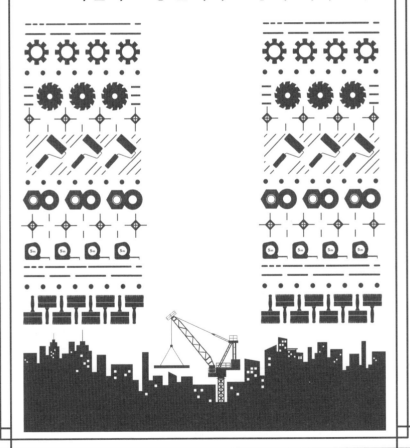

1. 이원적 노동관계 형성

(1) 호적제도를 통한 도시-농촌 이원 분할

중국에서 '이원적 노동관계(dual labor relation)'가 형성된 가장 중요한 제도적 요인은 도농 간 노동력 이동을 제한함으로써 고용체제의 이원화를 고착화한 호적제도 시행이다. 현대적인 의미의 '호적제도'는 1949년 국가 성립 이후 시행된 가장 기본적인 행정관리 제도다. 즉 국가가 전체 국민을 대상으로 출생, 사망, 친족관계, 법적 지위 등 기본적인 인적 정보를 관리하고, 이를 바탕으로 취업, 교육, 사회복지 등을 차별적으로 배분했다. 호적제도의 가장 큰 특징은 전체 국민을 출생 지역에 따라 농촌 호구農業戶口와 도시 호구非農業戶口로 구분하고, 타 지역 호구 소지자의 지역 이동 및 이주를 엄격히 관리하고 제한했다는 것이다. 또한 호구는 기본적으로 모계를 통해 계승됐으며, 특수한 상황을 제외하고는 호구 변경이 철저히 제한됐다. 호적제도를 시행한 배경은 당시 추진된 경제성장 전략과 깊은 관련이 있다. 즉 1950년대부터 중국 정부는 도시 지역을 기반으로 중화학공업 위주의 성장 전략을 추진했으며, 도시 지역의 노동자들에게만 비교적 높은 수준의 사회경제적 서비스를 제공했다. 따라서 당시 인구의 대다수를 차지했던 농민이 도시로 이주하게 되면, 사회경제적 비용 증가로 인해 이러한 성장 전략을 제대로 시행할 수 없다는 위기감이 있었다. 그렇기에 호적관리 제도의 가장 중요한 목표는 도시로의 비합법적인 인구 유입을 규제해 도시 호구 인구 증가로 발생하는 정부의 사회경제적 비용 부담 증가를 억제하는 것이었다(이민자, 2001: 67). 호적제도는 계획경제 시기에 도입된 사회주의적 유산이지만, 시장경제로의 개혁 과정에서도 완전히 사라지지 않고 지속적으로 영향력을 발휘했다.

1949년 신중국 성립 이후 중국 노동시장은 사회경제 발전에 따라 부단히 변화했다. 특히 호적제도를 통한 노동력 관리 기제를 기준으로, 노동시장의 변화 과정을 크게 세 단계로 구분할 수 있다. 1단계는 1949~1957년으로, 거주 이전 자유가 보장되어 있었고, 정부 계획과 시장기제가 결합한 고용정책이 시행됐다. 즉 정부는 기존 기업에 대해 사회주의적 개조를 진행하는 과정에서 일정 정도의 자주성을 부여하는 동시에 기업에 대한 관리와 통제를 강화했다. 이 시기 정부는 통일적인 고용정책을 실행하지는 않았다. 그러나 기업은 자주적으로 노동자를 고용할 수 있었지만, 마음대로 해고할 수는 없었다. 이와 동시에 정부는 전문대 및 대학 졸업자의 직업 배치 계획을 실행해 이들을 국유 부문으로 배치했다(王飛, 2006). 그리고 이 시기에는 공민에게 거주 이전의 자유가 법률적으로 허락됐으며, 농민의 도시 이입을 엄격하게 통제하지도 않았다. 즉 1954년 9월 20일 제1기 전국인민대표대회 1차 회의에서 통과된 〈중화인민공화국 헌법〉제90조 2항에서 "중화인민공화국 공민은 거주와 이주의 자유가 있다"고 명확하게 규정했다. 따라서 당시 일부 청장년은 농촌을 떠나 도시에 들어와 일했고, 도시 유입 인구가 급증했다. 이에 따라 도시에서 일자리와 식량 부족 사태가 발생했고, 이 문제를 해결하기 위해 1956년 12월 국무원은 〈맹목적인 농민 유출 방지에 관한 통지 關於防止農村人口盲目外流的通知〉를 발표해 농민의 도시 유입을 일정 정도 통제할 수 있었다. 그러나 이때까지만 해도 정부는 주민의 이주 자유를 완전히 제한하지 않았고, 단지 치안과 사회관리 차원에서 주민의 거주와 이동에 대한 관리를 강화했다. 이는 도시주민이든 농촌주민이든 관계없이 어디에서든 자유롭게 일자리를 구할 수 있었음을 의미한다. 그러나 이 시기에도 도시주민과 농촌에서 이주한 농민공을 차별하는 이원적 고용제도가 초보적인 형태로 존재했다. 즉 오직 도시주민만이 정식 부문 일자리에 배분될 수 있었고, 농촌 주민은 임시공을 모집할 때만 진입할 수 있었다.

2단계는 1958~1978년의 엄격한 거주 이전 통제 시기다. 이 시기에 중국은 사회주의로의 개조가 기본적으로 완성됐고, 계획경제 체제가 점차 확립됨에 따라 정부 분배와 시장의 자유로운 분배가 결합해 있던 원래의 고용정책이 정부가 직장을 완전히 분배하는 형식으로 대체됐다. 이러한 정책에 부응하여 1958년 1월 9일에 〈중화인민공화국 호구 등기 조례中華人民共和國戶口登記條例〉가 반포됐고, 도시 인구를 제한하기 위한 도농분할 정책이 더 철저하게 시행됐다. 이 조례 제10조는 "공민이 농촌에서 도시로 이주할 때는 반드시 도시 노동 관련 기관의 채용증명서, 학교의 입학증명서, 혹은 도시 호구 등 기기관이 비준한 전입허가서를 소지해야 하며, 상주하던 호구 등기 기관에 전출 수속 처리를 신청해야 한다"고 명확하게 규정한다. '호구 등기 조례'를 통해 정부는 도농 간 인구 이동을 엄격하게 제한하는 이원 분할적 호적제도를 기본적으로 확립했으며, 도농 주민의 취업결정권을 완전히 장악하게 되었다(王飛, 2006). 그리고 1975년에는 헌법에서 이주 자유에 대한 서술이 삭제됨으로써 법률적인 측면에서 도농 간 이주 가능성이 근본적으로 부정됐다. 따라서 대학 진학이나 입대를 제외하고, 농촌 주민이 도시로 이주해 취업 기회를 획득할 가능성은 거의 존재하지 않았다. 또한 국가가 도시의 주택 분배와 식량배급을 통제했기 때문에 불법으로 이주한 농촌 주민은 도시에 거주할 여건이 마련되지 않았다. 즉 국가는 도시 호구를 가진 사람들에게만 직장을 배정해 완전고용과 식량배급을 보장했고, 도시 취업자에게만 주택을 분배하는 '단위제도'를 실시함으로써 도시-농촌 분할의 이원적 사회경제 구조를 고착화했다.

3단계는 1978년 이후의 시장화 개혁 시기다. 1978년 중국 공산당 제11기 3차 중앙위원회를 통해 시장화 개혁으로의 체제 전환이 본격적으로 시작되면서 중국 노동력시장 운영기제에도 상당한 변화가 생겼다. 물론 이러한 변화가 단번에 이루어진 것은 아니며, 기본적으로 개혁 이전의 도농분할 구조가 지속됐다. 도시주민은 여전히 정부의 통합적인 고용분배 방식에 속해 있었고, 정부기관과 사업단위, 국유기업 혹은 집체기업에 취업할 수 있었다. 또한 해고를 비롯한 실업 걱정을 할 필요가 없었고, 안정적인 임금과 도시 호구 신분에 상응하는 사회복지 및 사회보장 서비스, 예컨대 단위에서 제공하는 주택, 공공의료, 무상교육 등의 혜택을 받을 수 있었다. 이에 따라 도농 간에는 현격한 소득격차가 발생했으며, 더구나 농촌 주민에게는 사회복지와 사회보장 서비스가 제대로 제공되지 않았다. 그러나 개혁 초기에는 기업이 경영 자주권을 획득하지 못했기 때문에 농촌 주민은 도시로 이주해 취업할 가능성이 적었다. 이처럼 도시와 농촌 주민은 여전히 서로 구분되는 노동력시장으로 분할되어 있었다.

1984년부터 중앙정부는 도시 경제 개혁을 진행했고, 이에 따라 점차 기업에 대한 관리와 통제가 완화됐다. 1986년에 국무원은 〈국영기업 노동계약제 실행 잠정 시행 규정國營企業實行勞動合同制暫行規定〉을 반포해 기업의 고용 자주권 확대를 시도했다. 이를 통해 국영기업에서 대량의 계약제 노동자를 고용하기 시작했으며, 방직, 건축 등 업종에 많은 농촌 노동력이 유입됐다. 그러나 도시주민의 취업방식에는 근본적인 변화가 발생하지 않았다. 도시주민은 여전히 정부의 취업 배분하에 각종 고용단위로 진입했고, 비교적 높은 수준의 임금과 사회복지 서비스를 안정적으로 향유했다. 즉 도시에서 함께 일하더라도 도시주민과 농촌에서 이주한 노동자 사이에는 여전히 사회적 차별이 존재했다. 도시주민은 고용안정, 상대적 고임금, 사회복지 서비스를 누렸고, 농민공은 불안정한 일자리, 상대적 저임금, 사회복지 서비스 배제 상태에 처함으로써 도시 내부에서 노동시장의 이원구조가 만들어졌다. 이처럼 도시주민과 농촌에서 온 노동자는 두 개의 노동시장으로 분할되어 있었고, 이에 따라 사회적 차별구조도 형성됐다.

1990년대 진입 이후 중국 노동시장에는 새로운 변화가 나타나기 시작했다. 농민공에 대한 차별적인 '노동시장 이원화' 문제와 사회적 불평등 문제가 심각하게 제기되면서 호적제도 개혁 시도가 나타난 것이다. 호적제도 개혁의 필요성은 1990년대부터 급격히 증가하기 시작한 사영경제 성장과도 관련이 있다. 외자기업을 비롯한 사영기업이 급성장하면서 신흥 공업도시와 몇몇 대도시에서 노동력 수요가 급증했고, 이를 해결하기 위해 농촌에서 대량의 잉여 노동력을 유입할 필요가 생긴 것이다. [표5]는 1989~2001년 동안 사영경제가 급격하게 성장했음을 보여준다.

[표5] 1989~2001년 사영경제 성장 상황

	1989년	1998년	2001년
사영기업 수(천 개)	91	1201	2029
고용자 수(천 명)	164	1709	2714
등록 자금액(억 위안)	84	7178	18212

자료: PIAO YANQI, 2013.

또한 사회정치적 안정을 위해서도 호적제도 개혁을 통해 정부의 사회관리 통제권 안으로 농민공을 흡수할 필요가 있었다. 경제 개혁 이후 더욱 극심해진 불평등과 사회적 배제로 농민공의 불만이 폭증하고 있었고, 이는 중국 사회의 안정을 위협하는 심각한 사회 문제로 비화할 수 있었기 때문이다(Solinger, 2002). 이에 따라 2000년대부터 중국 정부는 중점 개혁 임무 중 하나로 호적제도 개혁을 지속적으로 추진하고 있다.

[표6] 2000년대 이후 호구제도 개혁 과정

연도	법률 및 관련 정책	특징
2001년	〈소도시 호구 관리 제도 개혁에 관한 의견〉	– 소도시 호구제도 전면 개혁 시행 – 소도시 지표 계획 관리 폐지
	〈중국 국민경제 및 사회발전 10차 5개년 계획〉	– 농민공 차별정책 폐지 방향 제시
	〈농민공에 대한 비용 징수 폐지 통지〉	– 농민공의 각종 증명서 발급 시 실비 외 7개 항목 행정경비 폐지
2003년	〈국무원 1호 문건〉	– 농민공 취업에 불합리한 제도 폐지
	〈농민공 취업 관리 및 서비스에 관한 통지〉	– 농민공 임금삭감 및 체불 해결
	〈공상보험 조례〉	– 2004년 1월부터 농민공 포함 시행
	〈도시 유랑걸인 구조 관리 방법〉	– 〈도시 유랑걸인 강제 귀향 방법〉 폐지와 함께 8월부터 실시
2004년	〈2004년 1호 문건〉	– 농민공의 권익보호 강조
	〈농민의 타지 취업 및 도시 취업 차별 규정 및 불합리한 비용 징수 폐지 통지〉	– 일부 성과 시에서 농민공 취업증 및 임시거주증을 간소화하거나 폐지
2006년	〈농민공 문제를 해결하는 몇 가지 의견〉	– 농민공의 저임금, 임금체불 해결 규범화 – 취업 서비스, 교육, 사회보장 문제 해결

2007년	〈도농 종합 연계 개혁 시범구 지정〉	- 충칭시, 청두시를 시범구로 지정
2008년	〈농촌 개혁 발전과 중대 문제에 관한 중공중앙의 결정〉	- 호구제도 개혁 확대(소도시 → 중소도시)
2010년	〈2010년 경제체제 개혁 중점 업무 심화에 관한 의견〉	- 2010년 9대 중점 개혁 임무 중 하나로 호구제도 개혁 지정
2011년	〈호구제도 개혁의 적극적·안정적 추진에 관한 국무원 통지〉	- 중앙정부 방침 실행 엄수 - 소도시 호구 대폭 개방 - 직할시, 중등도시는 적절히 개방 - 특대도시는 인구 관리 강화, 토지와 호구제도 개혁의 연계 금지
2014	〈국가 신형 도시화 규획 2014~2020〉	- '인간의 도시화'를 목표로 '3개의 1억 명' 제시(2020년까지 1억 명의 농촌 인구에게 도시 호구를 부여하고, 1억 명이 거주하는 도시 빈민촌을 개량하며, 중서부 내륙 지역에서 1억 명의 인구를 도시화하겠다는 것) - 도시 규모와 농민공의 자격 요건에 따라 '점수 적립 호구 부여' 정책 시행

자료: 조윤영·정종필, 2012: 163

특히 2009년 3월 허베이河北, 랴오닝遼寧 등 13개 성과 시, 자치구에서 농업 호구와 도시 호구에 기초한 구별을 철폐했으며, 일부 지역에서는 '거민 호구居民戶口'로 일원화하는 정책이 추진되고 있다. 또한 2013년에는 호적제도 개혁이 중앙정부에 의해 4항 중점사업의 하나로 선정됐으며, 도시와 농촌의 균형적인 경제·사회 발전이 강조됐다. 호적제도 개혁을 강조하는 최근의 변화는 '농민공의 시민화' 전략과도 밀접한 관련이 있다. 즉 농민공의 도시 이주와 정착에 관한 국가정책이 기존의 엄격한 금지나 제한적인 허용을 넘어 다양한 형태의 포용정책으로 전환되고 있다. 이러한 '농민공의 시민화' 전략은 구체적으로 농민공에 대한 '점수 적립 호구 부여積分入戶'라는 정책을 통해 지방정부 차원에서 시행되고 있다. 이 정책은 관할구역 내 취업 인구 중 해당 지역 비도시 호구 주민을 대상으로, 호구 변경 신청의 각종 자질 및 실적을 점수로 환산해 그 총점에 따라 도시 호구로 변경해주는 제도다.[34] 특히 광둥성은 전국에서 가장 먼저 이 정책을 시행함으로써 농민공이 도시에 잘 융합할 수 있도록 적극적으로 추진하고 있다. 이에 따라 2009~2011년에는 매년 10만 명의 농민공이, 2012~2014년에는 매년 15만 명 이상의 농민공이 광둥성에 호적을 등록했다. 또한 농민공인 부모를 따라 도시로 이주한 농민공 자녀들을 위한 의무교육 지원도 확대하고 있으며, 농민공에 대한 직업훈련 지원도 강화하고 있다(孔祥鴻, 2015).

이처럼 호적제도에 대한 정부의 정책 변화는 도농 간, 지역 간 경제적 격차를 줄이기 위해 도시주민과 농민의 통일된 노동시장을 구축하고, 농민공의 사회적 차별을 해소해 사회안정을 유지하는 것을 주요 내용으로 삼고 있다. 그러나 이러한 개혁 조치는 지방정부의 이해관계와 연결되어 있기 때문에 중앙정부에서 추진하는 정책이 그대로 실현되기에는 많은 어려움이 있다. 특히 농민공에 대한 사회보장 및 공공서비스 부담은 기업 투자뿐만 아니라 지방 재정에 악영

---

34 '점수 적립 호구 부여' 정책을 통한 중국 도시화 문제 및 위계적 시민권 형성에 관해서는 윤종석 (2017)과 박철현(2017)의 연구 참조.

향을 미칠 수 있다는 우려 때문에 중앙정부 정책이 지방정부의 실천으로 제대로 연결되지 않고 있다. 예컨대 한 실태 조사에 따르면, 광둥성에서 사회보험 미가입 노동자가 여전히 717만 명에 달하고, 이들의 90%가 소규모 기업에서 일하는 농민공이며, 이로 인한 노동쟁의가 심각한 것으로 나타났다(孔祥鴻, 2015a). 따라서 호적제도 개혁과 '농민공 시민화' 정책의 성공 여부는 농민공에 대한 차별적인 노동정책 시정 및 평등한 사회보장 정책 실현과 밀접하게 연결되어 있다. 그리고 호적제도에 기반한 이원적 노동관계 체제는 시장경제로의 개혁 과정에서도 완전히 사라지지 않고 여전히 다른 형태로 변용되어 지속하고 있다.

(2) '단위체제'를 통한 노동력 관리와 노동 통제

중국은 사회주의 시기에 도시와 농촌에 서로 다른 정책을 적용해 통제함으로써 도시를 기반으로 하는 중공업 위주의 경제성장 정책과 기본적인 사회안정을 실현하고자 했다. 따라서 도시에서의 경제생활과 사회복지 및 정치적 통제는 모두 '단위체제' 안에서 이뤄졌다. 단위체제는 다층적인 목표와 역할이 있었다. 즉 '단위'는 기본적으로 노동자가 생산활동에 종사하는 장소를 의미하지만, 정치적 영역에서는 국가와 노동자를 중개하는 역할을 했다. 또한 개혁·개방 이전에는 국가가 도시 사회를 통제하는 핵심 조직이었고, 사회질서를 유지하는 중요한 기능을 맡았다. '단위'는 주류 이데올로기와 가치관의 기초 위에 건립된 특수한 조직으로서 단위 구성원의 사회적 역할과 지위를 규정하고 제한했다. 즉 단위는 주류 이데올로기를 강제로 교육해 구성원의 행위를 규범화하는 기능을 발휘했다(苗紅娜, 2015). 이러한 측면에서 단위체제는 소속 구성원의 행위를 정의하고 규범화하는 제도적 형태였다고 할 수 있다.

또한 중국의 단위체제는 노동력 관리뿐만 아니라 노동자의 주거와 교육, 일상생활을 통한 노동력 재생산 등을 비교적 안정적으로 보장하려는 일종의 복지 시스템이었다(백승욱, 2008). 즉 단위체제에 기초해 임금제도, 기업관리제도, 복지제도 등이 구체적으로 시행됐다. 단위체제에서 국가 권력은 기업 내부에 깊숙이 침투해 있었으며, '국가-시장-사회'가 국가 구조에 통합되어 있었다. 따라서 기업은 독립적인 경제적 선택권 없이 국가의 생산단위에 종속되어 있었으며, 국가가 사회를 통치하고 관리하는 정치적 단위로서 존재했다. 구체적으로 단위체제를 통한 노동력 관리 및 노동 통제는 '국가의 통일적 관리와 규제'에 기반한 고용제도와 '평균적 저임금과 전면적 복지'를 특징으로 하는 분배제도에 의해 실현됐다.

❶ 단위체제하의 고용제도: 국가의 통일적 관리와 규제

계획경제 체제하에서 노동력은 개인 소유의 상품이 아니라 국가 자원이었으며, 국가 계획의 요소였다. 따라서 이 시기 고용제도의 특징은 국가가 통합적으로 노동력을 관리하고 배분하는統包統配 방식이었다. 즉 국가가 통합적인 고용 계획을 세웠으며, 노동자들은 직업단위를 자주적으로 선택할 권리가 없었다. 또한 단위체제하에서는 '종신고용제'가 시행됐기 때문에 기업도 국가가 통합적으로 배분한 노동자를 마음대로 해고할 권리가 없었다. 따라서 단위체제하에서 '국가-기업-노동'의 관계는 국가의 고용 계획을 통해 정립됐다. 즉 정부가 위에서 아래로 행정 등급에 따라 채용 정원을 분배했다. 이처럼 통일적으로 노동력을 관리하려는 국가의 일차적 목표는 도시에서 가능한 한 '완전고용' 상태를 유지하려는 것이었다. 이러한 목표는 국가가 직업을 일괄적으로 배분하는 것과 함께 호적제도를 통해 거주지 및 직업 이동을 엄격하게 통제함으로써 달성됐다(백승욱, 2001: 54). 국가에 의한 통합적인 고용제도는 개인과 기업단위 간에 영구적인 관계가 수립되도록 했고, 국가에 대한 노동자의 신뢰를 높이는 데도 일정 부분 기여했다. 즉 국가는 기업의 고용 규모를 책정하여 노동력 관리의 자주성을 통제했고, 노동자의 고용안정을 보장했다. 이러한 의미에서 노동자와 국가는 이익 공동체를 형성했다. 그리고 "기업단위에서 개인과 조직의 관계는 복잡한 인적 네트워크와 연계됐으며, 비록 이러한 네트워크가 반드시 혈연관계에 기초해 이루어진 것은 아닐지라도, 동일한 단위 내부의 사회관계는 직공[35]이 일하고 생활하는 장소를 결정"했다(苗紅娜, 2015).

---

35 직공은 매우 포괄적인 범주로, 도시 부문의 기업단위, 사업단위, 국가기관에 소속된 거의 모든 인원을 지칭한다. 기업을 예로 들면 최고 책임자인 공장장(또는 총경리)에서 임시공까지 모두를 포괄하는 용어이며, 국가기관의 모든 상·하위 공무원들도 이 범주에 포함된다. 직공은 경제 개혁 이전 시기에 도시 호구를 보유하고 식량과 식용유 등의 배급표를 정기적으로 받는다. 따라서 '단위'의 관리와 보호를 받는 특정한 사람들을 지칭해왔다(백승욱, 2001: 57).

노동자는 이러한 국가의 통합적인 고용 계획 체제하에서 일단 채용되면 '철밥통'으로 표현되듯 국가 권력이 보장한 노동의 안정성을 향유했다. 예컨대 1952년 8월 정부는 〈노동 취업 문제에 관한 결정關於勞動就業問題的決定〉을 발표해 "공유기업 및 사유기업 등 모든 기업은 생산 개혁과 노동 효율성을 합리적으로 향상하는 과업을 실행하면서 발생하는 잉여 직공을 반드시 책임져야 한다. 기존의 기업단위에서 임금을 지급해야 하며, 해고를 금지한다"고 결정했다(苗紅娜, 2015: 91). 그리고 1956년에는 중국 상공업 개조가 기본적으로 완성됐으며, '종신고용'을 의미하는 '고정공固定工'제도가 정착됐다. 이 시기 전국에 3500여만 명의 직공이 있었는데, 그중 고정공이 3200여만 명으로 전체 직공의 91%를 차지함으로써 '종신고용'제도가 형성됐다. 또한 문화대혁명 시기, 특히 1970년대 초에는 대량의 임시공과 계약공이 전민소유제全民所有制[36] 기업의 고정공으로 전환됐으며, 이러한 고정공제도 확립은 중국에서 종신제 고용의 특성을 더욱 강화했다(苗紅娜, 2015: 91).

특히 '국가-기업-노동'의 관계라는 측면에서 보면 종신고용제도는 공장 간부에 대한 노동자의 저항 역량을 강화하는 작용도 했다. 왜냐하면 공장 간부는 국가 권력의 구성 부분이었고, 노동자는 국가의 주인으로서 공장 간부에 직접 종속되지 않았기 때문이다. 따라

•

36   전민소유제 기업은 국가 소유의 기업을 지칭하는 것으로, 사회주의 공유제의 핵심이다.

서 노동자가 위법행위를 하지만 않으면, 간부는 노동자를 마음대로 해고하거나 기본적인 권리를 침해할 수 없었다. 예컨대 건국 초기에 정부는 노동쟁의 중재와 노동자 해고 절차에 대해 일련의 명확한 규정을 제시했다. 1950년 4월 정무원은 〈노동부의 사영기업에 대한 노자협상회의 설립에 관한 지시勞動部關於在私營企業中設立勞資協商會議的指示〉를 비준해 공포했고, 1950년 6월에는 노동부가 〈시 노동쟁의중재위원회 조직 및 업무 시행 규칙市勞動爭議仲裁委員會組織及工作規則〉을, 1950년 11월에는 〈노동부의 노동쟁의 해결 절차에 관한 규정勞動部關於勞動爭議解決程序的規定〉을 각각 비준하고 공포했다. 이러한 행정 법규는 자본이 행사하는 자유롭게 해고할 권리에 대해 절차상의 제한을 가했고, 동시에 정부가 중재자 역할을 직접 수행할 것을 강조했다.

일반적으로 시장체제하의 고용관계는 노동력 제공에 상응하는 경제적 보수 지급이라는 계약관계, 즉 노동력시장에서 형성되는 교환관계로 이뤄진다. 그러나 단위체제하에서는 국가가 고용안정을 보장하므로 고용관계가 시장교환관계로 이뤄지지 않았으며, 오히려 일종의 권력과 신분을 보증하는 것이었다. 따라서 '단위 내부 취업'은 단위체제하에서 신분제도가 형성되는 중요한 계기가 되었다(苗紅娜, 2015). 고용관계의 '신분제'적 성격은 국영기업의 인사노무 관리제도에서 잘 드러난다. 즉 국영기업의 정식 직공은 간부와 노동자라는 두 종류의 신분으로 나뉘었으며, 간부는 단순히 일정 직무를 맡는 인원을 지칭하는 것이 아니라, 국가 공작 인력이라는 신분의 행정관리와 각 유형의 전문 기술 인력을 지칭하는 것이었다. 그리고 이처럼 단위제도의 '신분제'적 성격 때문에 서로 다른 신분 집단 사이에 경제적 격차가 초래됐으며, 단위 규모에 따라 권력과 자원의 점유 및 분배 기제도 위계화·차별화됐다. 이처럼 단위에 소속된 '단위인'은 그 신분에 상응하는 권익과 복지 혜택을 받았으며, 이러한 배타적이고 폐쇄적인 사회경제적 보상은 단위 내부 노동자들에게 강한 동질적 정체성을 부여했다.

이러한 신분 차별은 '임시공'에 대한 정책과 처우에 그대로 반영됐다. 계획경제 시기에도 적지 않은 기업단위가 '민공民工'이라 부르는 저임금의 농촌 노동력을 사용함으로써 특정한 노무 수요를 해결했다. 주로 '계약공合同工', '협의공協議工', '계절공季節工' 등으로 표현되는 임시공을 고용했으며, 이들은 정식노동자工人와는 구별됐다. 예컨대 건축 및 운수업, 면화·천일염·제당·차茶 제조와 같이 특정 계절에 노동력 수요가 집중적으로 발생하는 작업에는 일반적으로 임시공이 사용됐다(국가노동총국정책연구실, 1980: 40~43; 黃宗智, 2013에서 재인용).[37] 당시 국가정책은 임시공이 장기적인 고용관계를 맺는 정식 노동자로 전환되는 것을 엄격하게 제한했으며, 양자 간에 넘기 힘든 장벽을 수립함으로써 실질적으로 두 가지 다른 등급의 노동자로 구분되어 있었다.

·

[37] 탄광의 경우 농한기에는 공장에서 노동하고, 농번기에는 농사를 짓는亦工亦農 '윤환공輪換工'들을 주로 고용했는데, 이것이 탄광의 노동력 사용에 특별히 적합한 형식으로 인식됐다(국가노동총국정책연구실, 1980: 44~45; 黃宗智, 2013).

물론 계획경제 시대에 정부는 민공 사용을 비교적 엄격하게 제한하며, 관련 규정을 수차례 하달했다. 예를 들어 1972년 국가계획위원회는 '윤환공'과 현縣에서 창설한 기업이 매년 고용하는 임시공을 국가 노동 계획 관리 대상으로 편입했으며, 계획된 고용 규모를 초과해 노동력을 모집하지 못하도록 규정했다. 1977년 국가노동총국은 전민소유제 기업의 직공 규모와 임금 총액이 반드시 국가가 하달한 계획 범위 이내로 통제되어야 한다고 규정했다. 또한 1979년 계획위원회는 계획을 초과해 사용하는 노동력을 신속하게 정리할 것을 명확하게 규정했다(국가노동총국정책연구실, 1980: 70~73; 黃宗智, 2013에서 재인용). 그러나 이 시기의 정식 직공과 공산당 및 정부 소속 직원의 신분과 지위, 처우는 임시공 및 계약공보다 뚜렷하게 높았다. 특히 전체 신분등급제도의 최하층인 농민이 임시직 민공의 주요한 공급지였기에 도시와 농촌 거주자 사이에 심각한 소득과 기회의 격차가 발생했다. 그리고 1958년 1월에 채택된 호적제도는 도농 간 등급제도를 더욱 공고하게 했다. 이처럼 단위에 소속된 '단위인'은 그 신분에 상응하는 권익과 복지 혜택을 실질적으로 받았다. 요컨대 단위체제하의 종신고용제도를 통해 사회적 분할이 제도적으로 진행됐다. 이로써 물질적·정신적 인센티브를 받는 단위 내부의 정식노동자와 간부 신분의 구성원들은 높은 우월감을 느꼈다. 이러한 분할선은 개혁 심화 과정에서 노동시장 분절화를 형성하는 토대로 작용했다.

❷ 단위체제하의 분배제도: 평균적 저임금과 전면적 복지

계획경제 시기에 시행된 분배제도의 주요 특징은 완전고용에 기초한 '평균적 저임금과 전면적 복지' 시행이다. 이러한 분배제도는 중국 사회주의 건립 초기의 사회경제적 상황에 부응하는 것이었고, 사회주의에는 실업이 없다는 이데올로기의 영향을 강하게 받았다. 이에 따라 "국가는 통일된 임금체계 수립을 통해 전국의 노동자와 간부를 관리했고, 임금인상과 승급은 정부의 통일적인 정책에 의해 수행됐으며, 승급 대상자도 정부의 승인"을 거쳐야 했다(백승욱, 2001: 145). 그리고 1951년과 1956년의 "두 번에 걸친 전국적인 임금 개혁과 조정을 거치면서 중국의 사회주의 임금체계는 적용 대상에 따라 크게 세 가지 형태로 나뉘어 경제 개혁 초기까지 시행"됐다.[38] 이 중에서 기업에 속한 노동자에게 보편적으로 적용된 '등급 임금제'가 가장 핵심이다. 이 체계에서는 총 8등급의 구분에 따라 임금이 분배됐다. 이러한 '등급 임금제'를 기초로, 보너스 및 수당 등을 보조적 임금 형태로 운영한 경제 개혁 이전의 중국 임금체계는 임금체계의 정비와 개정, 임금인상 및 승급을 중앙정부가 직접 통일적으로 관리했고, 각 단위의 자율권은 크게 제한되어 있었다.

'등급 임금제'가 중국에서 사회주의적 임금의 기본 형태로 정착한

---

[38] 세 가지 형태의 임금제는 일반적인 기업 노동자에 대한 등급 임금제, 일부 업종 기업 노동자에 대한 직무 임금제, 기업 간부와 당정기관 및 사업단위 근무자에 대한 직무 등급 임금제를 말한다. 이에 대한 자세한 설명은 백승욱의 논의(2001)를 참조할 수 있다.

이론적 배경은 마르크스의 '노동에 따른 분배'에 대한 해석에 기초했다. 즉 마르크스가 『고타강령비판』에서 "역사적 과도기로서 사회주의는 생산력 발전의 미성숙성과 자본주의로부터 유증받은 역사적 '모태'의 잔존 때문에 공산주의적 분배 형태인 '필요에 따른 분배'를 할 수 없고, 자본주의적 성격이 각인된 '노동에 따른 분배'를 실행할 수밖에 없다"고 말한 것에서 출발한다(백승욱, 2001: 166). 그러나 현실에서 '등급 임금제'를 통해 실행된 '노동에 따른 분배' 원리는 다른 질의 노동에 대한 상대적 위계 평가가 기반이었기 때문에 잠재적 갈등을 내포하고 있었다. 또한 '등급 임금제'는 임금인상이 극도로 제한되어 있어서 저임금 상태가 지속됐고, 노동자의 불만도 점차 가중됐다. 이의 해결책으로 두 가지 정책이 추진됐다. 하나는 단위를 통해 비화폐적 형태의 사회보장 혜택을 배분하는 것이었고, 다른 하나는 각종 장려금이나 수당 및 보조금 지급을 통해 노동력의 재생산을 보장하는 것이었다. 특히 노동력 재생산이라는 측면에서 단위가 수행하는 복지 기능이 중시됐다. 단위의 복지체제는 개인이 아닌 가족을 대상으로 제공됐으며, 복지 혜택 배분은 같은 단위 내에서 개인별 소득격차를 일정 부분 축소하는 기능을 발휘했다(백승욱, 2001: 164~165).

전반적으로 계획경제 체제하에서 정부는 기업의 소유자였으며, 사회관리 및 국유자산 관리를 모두 담당했다. 따라서 정부는 기업의 생산과 경영에 직접 관여했으며, 기업에 대해 무한책임이 있었다. 기업은 마치 정부의 한 부서처럼 경영과 무관한 수많은 사회관리 목표, 예컨대 직공의 취업 안정성 보장, 직공 및 가족의 복지와 주택 조건 개선, 직공 자녀의 교육과 취업 보장 등을 책임져야 했다. 또한 정부는 기업 책임자의 임면권, 기업의 생산관리와 임금분배 결정권, 기업 재무 수지 계획 심사 및 감독권, 기업의 투자와 발전에 대한 결정권 등이 있었다. 따라서 "이 시기 임금제도는 국가의 경제 계획과 정치적 목표에 따라 크게 영향을 받았으며, 고정적인 집행기제는 형성되지 못했다"고 할 수 있다(苗紅娜, 2015: 94). 달리 말하면, 계획경제 시기에 노동력은 비非상품적 속성을 갖는 것으로 인식되었기에 임금은 노동력의 가치를 반영하지 않았고, 오히려 '정치성'이 계획경제 시기에 분배를 결정하는 중요한 요소로 작용했다. 따라서 국가의 통일적 계획에 따른 '평균주의적 분배'는 노동자의 생산성을 지속적으로 하락시켰고, '노동에 따른 분배'라는 임금체계 원리는 이후 중국에서 성과급과 장려금제도를 둘러싼 논쟁을 일으키게 된다.

2. 시장화 개혁과 노동관계의 재구성

(1) 기업 내부 관리제도의 변혁: 기업의 경영 주체화

단위체제하에서 '각 단위의 국가 의존'과 '개인의 단위 의존'이라는 이중적 의존성은 계획경제 시기에 국가가 사회관리 기능을 발휘하는 중심축이었다. 그러나 이러한 이중적 의존성이 오히려 단위체제 개혁을 일으킨 원인이기도 했다. 먼저 '단위의 국가 의존'은 더 많은 자원을 획득하기 위한 단위 간의 경쟁을 유발했으며, 현실에서는 행정 명령에 대한 복종 및 국가 권력과 단위의 밀착으로 나타났다. '개인의 단위 의존'은 개인을 단위체제 내부의 인적관계에 묶어 놓았고, 특히 지도자와 긴밀한 관계를 유지하는 데 집중하도록 만들었다. 노동생산성이나 개인 역량 증진은 중요하게 생각되지 않았으며, 이에 따라 생산력 증진은 심각하게 저해됐다. 이러한 단위체제의 '이중적 의존성'이라는 특성 때문에 "단위는 경제적 기능을 점차 상실했고, 정치적 기능과 사회통제 기능만이 중요한 기능"으로 남게 되었다(苗紅娜, 2015: 105~106). 여전히 '계급투쟁'을 중심으로 사고했던 계획경제 시기에는 이러한 단위체제의 제도적 특성이 시대적 요구에 맞는 것이었다. 그러나 경제 개혁에 따른 기업 내부 관리제도와 노동력 고용방식, 그리고 분배제도 및 사회복지제도의 변화에 따라 단위체제의 구속력도 점차 약화했다.

무엇보다 중국 경제체제 개혁은 '정부—기업' 관계의 변혁을 둘러싸고 진행된 일련의 제도적 진화 과정이었으며, 기업제도가 개혁의 중심에 놓여 있었다. 즉 개혁의 중심은 기업의 경영 자주권 확대였다. 기업은 자원분배에 대한 자주적인 결정권을 갖고 시장경쟁의 진정한 주체가 되어야 했다. 이는 기업 내부 관리제도의 변화 과정에서 잘 드러난다. 먼저 1956년 국유기업에서 확립된 '당위원회 영도' 체제는 기업 내부에서 당 조직을 비롯한 여러 조직을 통합 관리하고, 상급 당위원회의 정책 결정이 일괄 시행되도록 관철하는 중요한 역할을 수행했다. 그러나 이러한 '당위원회 영도' 체제는 기업이 경제 주체로서 기능하는 것을 심각하게 제약했다. 따라서 1978년 10월부터 국가는 기업의 생산과 판매에 대한 자결권을 확대하는 시범 공작을 시작했고, 특히 덩샤오핑은 1980년에 〈당과 국가 영도제도의 개혁黨和國家領導制度的改革〉이라는 문건을 발표해 "철저하게 준비해 절차에 따라 당위원회 영도하의 공장장 책임제와 경리 책임제를 변화해야 하며, 시범 시행을 통해 공장 관리위원회, 회사 이사회, 경제연합회의 연합위원회를 통한 지도와 감독하에 공장장 책임제 및 경리 책임제를 점차 확장하고 실행해야 한다"고 제시했다.[39] 이에 따라 이후 일부 지역 기업에서 '공장장 책임제', '직공대표대회職代會 지도하의 공장장 책임제', '회사 이사회 지도하의 경리 책임제'라는 세 가지 형식이 시범 시행됐고, 1980년대 말에는 전국 6000여 개 기업에서 기업의 자주권을 확대하는 시범적 조치가 실행됐다(苗紅娜, 2015: 107).

특히 1987년 가을에는 전국적으로 '공장장 책임제'를 지향하는 개혁이 시작됐으며, 1988년에 〈전민소유제 공업기업법全民所有制工業企業 法〉이 반포되어 실행됐다. 이에 따라 기업의 소유권과 경영권 분리가 규정되어 '정부-기업' 분리가 추진되는 기초가 됐다. 그러나 이 시기 기업은 여전히 정부 부문에 예속되어 있었고, 기업의 우선 책임은 국가의 지령성 계획을 완성하는 것이었다. 기업의 책임자도 여전히 당정기구에서 임명됐다. 공장장은 기업의 생산과 행정관리를 통일적으로 지휘했고, 기업 경영에 전면적인 책임을 졌으며, 동시에 당의 기업에 대한 지도를 강화하고 개선하는 임무도 맡았다. 또한 기업은 당정 직책 분리를 실행했다. 당은 기업 내부의 정치사상 관련 업무를 수행하는 핵심으로 남았지만, 기업의 생산관리와 경영에서는 물러났다. 그러나 천안문사건이 발생한 1989년 이후 국가는 다시 당위원회 서기의 핵심 역할을 강조하게 되었다.

전반적으로 1980년대 국유기업 개혁은 경제 효율성 제고와 수익성 증가라는 목표를 실현하기에는 제약이 많았다. 즉 비록 기업 경영자의 권한과 책임이 제도적으로 확정되어 기업이 점차 경제적 주

---

39 백승욱은 기업의 '민주관리' 역사를 고찰하면서 중국 기업 관리체제의 변천을 "공장(기업) 관리 위원회(1940년대~1954년) → 일장제(一長制, 1951~1956년) → 당위원회 지도하의 공장장 책임제 (1956~1966년) → 혁명위원회(1966~1978년) → 당위원회 지도하의 공장장 책임제(1978~1986년) → 경리 책임제(1986~) → 현대기업제도(이사회 지도하의 총경리 책임제: 1992~)"로 정리한다(백승욱, 2001: 322).

체로 전환됐지만, 개혁의 영향력이 그리 큰 것은 아니었다. 먀오홍나는 그 원인을 다음과 같이 지적한다.

첫째, 개혁은 여전히 계획경제라는 틀 안에서 시행된 보수적인 개혁에 불과했다. 둘째, 시범적으로 개혁이 진행된 기업들은 대부분 계획경제 체제하에서 수익을 보장받던 기업이었고, 생산과 공급 및 판매가 기본적으로 결합된 영리기업이었다. 게다가 기업의 재산권 구조가 여전히 불명확했기에 시범 기업들은 종종 이익만을 추구했고, 기업 발전에 여전히 정부의 재정 도움이 필요했다. 따라서 기업의 거래 행위는 단순하게 시장의 수요와 공급 법칙에 따라 작동되지 않았다. 셋째, 단위체제하의 재분배 논리는 지방정부를 자원 통제와 분배 중심으로 변화시켰다. 이것이 지방정부와 기업의 이익 공동체적 관계 형성을 촉진했다. 이러한 측면에서 정부와 기업의 관계에는 실질적인 변화가 없었다고 할 수 있다. 다시 말해 새로운 자원분배 기제가 도입되지 않은 상황에서 지방정부와 기업의 자주권이 확대된 행정적 분권 개혁은 실질적인 효과를 거두기 어려웠다(苗紅娜, 2015: 108~109).

그러나 기업이 경영 주체로 전환되는 전반적인 추세는 점차 가속화됐고, 이것이 정부와 기업의 관계에 대한 새로운 사고가 형성되는 계기로 작용했다. 즉 더 이상 정부가 기업에 무한한 책임을 지지 않으며, 기업에 대한 미시적 관리 영역에서 정부를 퇴출해야 한다는 개혁의 목소리가 점차 우위를 차지하기 시작했다. 특히 1992년 중국 공산당 14차 당대회에서 '사회주의 시장경제' 체제의 전면적 건립이 핵심 목표로 등장하면서 이 추세는 더욱 가속화됐다. 1993년 중국 공산당 제14기 3차 중앙위원회 전체회의는 〈중공중앙의 사회주의 시장경제 체제 건립에 관한 약간의 문제에 대한 결정中共中央關於建立社會主義市場經濟體制若干問題的決定〉을 통해 '현대기업제도' 확립을 제시했다. 즉 기업의 지도체제를 정책 결정기구, 집행기구, 감독기구가 상호 독립적인 관계를 갖는 체제로 규정했고, 이들 간의 권리 및 책임을 명확히 하여 상호 제약 원칙에 따라 기업이 운영되어야 한다고 강조했다. 또한 주주회, 이사회, 감사회 설치와 경리급으로 구성된 회사 내부 지도체제를 분권화할 것을 강조했다. 동시에 '직공대표대회'와 기타 형식을 통해 기업의 '민주관리' 실행을 명확히 했다. 이러한 제도적 결정에 따라 기업의 소유권과 경영권이 분리됐다. 국가는 소유자에서 주주의 위치로 물러났으며, 기업은 법인 재산을 소유하고 시장에서 독립적으로 행동하는 주체가 됐다. 즉 기업 내부의 지도체제가 '당위원회 영도하의 공장장 책임제'에서 '이사장 지도하의 총경리 책임제'로 전환하는 과정을 거치면서 최종적으로 현대기업의 회사 경영 관리 구조가 확립됐다(苗紅娜, 2015: 111). 또한 1993년 〈회사법公司法〉 반포 이후 기업 내부의 공산당 조직 및 기율 감찰 부문이 행사하던 감독과 권한이 점차 약화했고, 반면에 기업 경영자의 권한은 더욱 커졌다.

(2) 노동시장 형성: 노동계약제 전면화와 노동력 상품화

중국 현행 노동계약제도는 도시 경제체제 개혁에 따라 생성과 발전의 과정을 거쳤으며, 기본적으로 국유기업의 자주권 확대와 기업의 고용 자주권 확대라는 더 큰 개혁의 틀에서 이뤄진 것이다. 또한 국유기업의 '당-정' 관계 개혁이 외자의 추동에 영향을 받은 것과 마찬가지로, 노동계약제 시행도 우선 외자 경제 부문에 한정됐고, 이후에 비로소 국유기업으로 확대됐다. 특히 1982년부터 선전深圳특구에 입주한 홍콩과 마카오 계통 기업에 노동력 고용제도가 개방됐으며, 외자기업에 노동자 채용과 해고 권한이 부여됐다. 이와 동시에 국유기업에서 노동계약제도가 시범적으로 시행됐다. 1982년 7월 1일 선전시 정부는 일부 시범 지역에서 나타난 성과를 바탕으로 선전특구 내 모든 기업단위에서 노동자 채용 시 일률적으로 노동계약제도를 실행해야 하며, 더는 계획경제 시기에서와 같은 '고정공'을 모집하지 않기로 결정했다. 이에 따라 1984년 5월 말에는 선전시의 303개 기업단위에서 노동계약제가 실행됐고, 계약제 노동자의 고용 규모도 1만4500여 명에 달했다(苗紅娜, 2015: 113). 또한 전국적 차원에서도 노동인사부는 1983년 〈적극적인 노동계약제 추진에 관한 통지關於積極試行勞動合同制的通知〉를 발표하여 노동계약제도의 기본적인 특징은 노동계약 체결이라는 형식을 통해 노동자와 고용단위의 의무와 권리를 규정하는 것임을 명확히 했다. 국무원은 1986년 4월 노동제도 개혁의 '4항 잠정 시행 규정'을 발표해 "국유기업에서 5년 이상 고용할 장기 노동자와 1~5년의 단기 노동자 및 정기적 순환 노동자를 모집할 때 노동계약을 체결해야 한다"고 규정했다.[40] 이러한 '4항 잠정 시행 규정'을 통해 그동안 단위체제를 통해 보장된 종신고용 제도가 마침내 해체됐다.

그러나 이러한 규정은 단지 국영기업의 신규 고용자에게만 적용됐고, 이에 따라 한 공장 내에 '고정공'과 '계약제 노동자'가 병존하는 '한 공장 두 체제(일창양제, 一廠兩制)' 현상이 발생해 노동자 사이에 갈등이 생기는 원인이 되기도 했다(백승욱, 2001: 77). 즉 1980년대 후반부터 노동계약제가 일부 지역에서 추진되면서 국유기업 내부에서 노동자 간에 분화가 발생했다. 특히 이원적 고용제도를 통해 기업 내부 노동자들은 계약노동자와 고정공으로 분화됐고, 이것이 노동자 사이에서 모순과 갈등이 생겨나는 요인이 되었다. 전통적인 고용제도가 기본적으로 유지되는 상태에서 도입된 1980년대의 노동계약제는 국유기업의 신규 노동자와 사영기업에만 적용되었기에 당시 노동관계의 전반적인 변화에는 큰 영향을 미치지 못했다. 다음의 표는 노동계약제 도입 초기에 나타난 소유제별 계약 체결 상황을 보여준다.

·

40   '4항 잠정 시행 규정'은 〈국영기업 노동계약제 실행 잠정 시행 규정國營企業實行勞動合同制暫行規定〉, 〈국영기업 노동자 고용 잠정 시행 규정國營企業招用工人暫行規定〉, 〈국영기업 규율 위반 사퇴 잠정 시행 규정國營企業辭退違紀職工暫行規定〉, 〈국영기업 직업 대업 보험 잠정 시행 규정國營企業職業待業保險暫行規定〉을 말한다. 이러한 규정의 반포와 집행으로 그동안 국영기업에서 이뤄졌던 직공 자녀의 직업 승계 및 직공 자녀를 대상으로 한 내부 모집 관행이 사실상 폐지됐고, 노동계약제 실행에 기초를 제공했다(苗紅娜, 2015: 114).

[표7] 노동계약제 도입 초기 소유제별 노동계약 상황

연도	계약 체결 직공 (만 명)	소유제별 계약 체결 비중(%)			
		전체	국유단위	집체단위	기타 소유 단위
1984	209	1.8	2.0	1.0	8.1
1985	409	3.3	3.7	2.2	11.4
1986	624	4.9	5.6	2.7	14.5
1987	873	6.6	7.6	3.6	18.1
1988	1,234	9.1	10.1	5.8	20.7
1989	1,468	10.7	11.8	7.0	25.1
1990	1,702	12.1	13.3	8.1	26.3
1991	1,972	13.6	14.9	8.9	28.0
1992	2,541	17.2	18.9	11.0	29.8

자료: 중국국가통계국; 남윤복, 2011: 55에서 재인용.

시장화 개혁이 적극적으로 추진되면서 노동계약제도가 공식적으로 확립되어 점차 전면 시행됐다. 특히 1992년부터 외자 유치를 위한 국가정책이 적극적으로 시행되면서 대외 개방이 가속화됐고, 외자 유입과 국내 비국유 부문 경제가 신속하게 확장됨에 따라 국가가 노동력 자원을 통일적으로 분배하던 기존 고용체제는 심각한 도전에 직면했다. 이에 따라 중국에서 노동계약제 시행이 가속화됐으며, 국가의 노사관계 정책에도 새로운 문제가 발생했다. 먼저 외자기업과 사영기업 부문에서 사회보장제도 미비, 임금체불, 초과노동 등 노동조건이 심각하게 악화했다. 또한 신구新舊 노동제도가 병존하는 상황에서 비국유기업은 국유기업보다 상대적으로 높은 고용 자주성이 있었으며, 이로 인해 국유기업은 인재 채용에 큰 어려움을 겪었다. 그리고 비국유기업과 경쟁해야 하는 압력 때문에 국유기업의 고용제도 개혁도 가속화됐다.

국유기업 관리자도 비국유기업 관리자와 동일한 자주권을 획득하고자 노력했다. 특히 국유기업 관리자들은 자유로운 해고 권리를 비롯한 고용관리의 자주권을 보장하고, 노동자에 대한 복지 부담을 낮춰줄 것을 강력히 요구하기 시작했다. 이에 따라 1993년부터 국유기업 개혁이 전면적으로 추진됐다. 즉 국유기업을 외자기업이나 비국유기업과 합병하는 방식이 국유기업 개조의 주요 전략이 되면서 고용제도 개혁이 가속화됐고, 이에 상응하는 '노동력시장'이 형성됐다. 노동력시장은 생산요소 시장의 중요한 구성 부분으로서 시장 규율에 따라 노동력 자원 배치와 조절을 진행하는 기제다. 이러한 노동력시장 육성과 발전을 위해 기업은 진정한 고용 자주권을 요구했고, 노동자도 충분한 직업 선택권을 갖고 노동력 공급의 주체가 될 것을 요구했다. 이에 따라 1993년 12월 노동부는 〈사회주의 시장경제 체제 건립 시기 노동체제 개혁의 총체적 구상에 관한 통지關於建立社會主義市場經濟體制時期勞動體制改革總體設想的通知〉를 발표해 노동자의 구직, 취업, 실업, 이직, 퇴직, 직업훈련, 임금, 사회보험, 노동보호, 노동관계 확립, 쟁의 조정, 계약 종료, 노동력시장 중개 서비스, 법률적 규범 등을 총괄하는 노동체제 개혁 방안을 제시했다(苗紅娜, 2015: 117). 이를 통해 그동안 부분적으로 적용되던 노동계약제도가 전면 확대됐고, 국유기업 및 비국유기업 노동자에게 일괄 적용됐다. 또한 1995년부터 실시된 〈노동법〉은 노동계약을 기초로 한 새로운 고용

제도를 더욱 규범화했다. 즉 〈노동법〉은 취업, 노동계약, 단체협약, 노동시간 및 휴가, 임금, 산업안전 및 위생, 특수노동 보호(여성과 아동의 위험노동 제한 등), 직업훈련, 사회보장, 노동쟁의, 노동감찰 등 중국 노동체제를 전반적으로 규정한다. 또한 소유 형태와 관계없이 국유 부문뿐만 아니라 사유, 외국 기업, 관리직, 일반 노동자를 불문하고 전국적으로 단일한 형태의 노동관계가 형성되도록 촉진했다(黃德北, 2008; 黃宗智, 2013).

노동계약제 전면 실시가 '국가-기업-노동자' 관계에서 갖는 중대한 의의는 국가의 통일적인 노동력 고용관리 체제 및 노동자의 종신고용 제도가 부정됐다는 것이다. 즉 국가가 더는 노동자의 종신고용을 책임지지 않게 됐으며, 이에 따라 노동자는 자신의 노동력을 자유롭게 판매할 수 있게 되었다. 이는 동시에 구직 과정에서 발생하는 위험도 개인이 감수해야 함을 의미했다. 이러한 '자유로운 노동자'를 바탕으로 한 노동력시장 형성은 중국 정부가 노동력의 상품적 성격을 인정한다는 실질적 증거로 인식됐다. 이에 따라 노동력 상품을 소유한 노동자와 국가의 주인인 노동자 사이에 놓인 실질적인 사회·경제적 지위의 괴리가 지속적으로 문제가 되었다.

특히 노동계약제는 사회주의 체제의 주요 기반인 국가와 노동자 사이에 형성된 일종의 '사회계약'의 근간을 흔드는 것이었으며, 사회주의 국가의 완전고용이라는 목표를 위협했기 때문에 정치적으로도 매우 민감한 문제였다. 따라서 당시 노동자들은 직장을 잃어도 '실업자'로 지칭되지 않고, '면직, 직무대기待崗, 직무전환轉崗, 훈련培訓,

내부 퇴직內退'으로 분류됐다. 1993년 광둥성에서 '면직(하강)'이라는 용어가 처음 등장했는데, '면직'은 기업 경영상의 문제 등을 이유로 국유기업에서 퇴출당한 노동자들을 완전한 실업으로 처리하지 않고, 해당 기업과 명목적인 노동관계를 유지하면서 기본적인 생활비와 일정 정도의 사회보험을 받을 수 있도록 한 과도기적 정책이었다(苗紅娜, 2015: 115). 이러한 조치는 한편으로 사회주의 국가에도 여전히 실업이 존재한다는 의혹을 완화하는 기제로 작동했고, 다른 한편으로는 직업을 상실한 노동자와 기업이 최소한의 경제적 관계를 유지하는 방법으로 노동자들의 불만을 줄이려는 시도였다. 그러나 2001년부터 면직과 실업이 제도적으로 통합되면서 면직 역시 완전한 실업상태로 전락했고, 상대적으로 고용안정을 보장받던 국유기업 노동자의 노동시장도 유연화됐다.

이처럼 노동계약제 전면 실시는 기업 관리자에게 더 많은 고용 자주권을 주었고, 동시에 노동자에게도 더 많은 직업 선택권을 주었다. 그러나 노동계약제 시행에 따른 노동시장 유연화는 '노동력의 상품화'와 '사회복지의 사회화'[41]를 초래함으로써 국유기업 개혁 과정에서 해고된 노동자들의 불만이 폭증하는 계기가 됐으며, 이로 인한 집단적 저항사건이 점차 사회문제로 대두됐다.

•

41   백승욱에 의하면, 여기서 '사회화'는 두 가지 의미를 지닌다. 첫째는 사회보장의 관리 주체가 단위로부터 사회나 정부기관으로 이전되는 것을 의미하고, 둘째는 사회보장이 상품화된 것을 의미한다(백승욱, 2001: 223).

(3) 분배제도 및 사회복지제도 개혁

분배제도의 측면에서 보면, 경제 개혁은 노동자에 대한 물질적 유인 기제 복원과 기업이 발휘하는 수익배분의 자주권을 확대하는 방향으로 진행됐다. 중국 임금제도 개혁은 전반적으로 내외부적 요인이 공동으로 작용한 결과였다. 내부적 요인은 개혁 이전의 '평균주의적 분배'가 초래한 노동생산성 하락이고, 외부적 요인은 외국 투자자의 요구였다. 특히 정부에 대한 외국 투자자의 교섭능력이 강화되면서 이들은 기존의 고정 임금제가 생산 능률을 저하하므로 '평균주의적 분배'를 폐지해야 한다고 강력히 요구했다.

이러한 변화 요인에 따라 중국에서 성과급·장려금 제도가 재복원된 시점은 개혁·개방 추진이 본격적으로 시작된 1978년 중국 공산당 제11기 3차 중앙위원회 전체회의 이후부터다. 즉 1975년 덩샤오핑은 국무원회의에서 국가계획위원회가 기초한 〈공업 발전을 가속하는 것에 관한 약간의 문제關於加快工業發展的若干問題〉를 토론할 때 '노동에 따른 분배' 원칙을 견지할 것을 강조하면서도, 1978년에는 "상장과 상패 수여는 정신적인 격려로, 일종의 정치적 영예다. 이는 필요한 것이다. 하지만 물질적인 격려도 부족해서는 안 된다"고 지적했다(苗紅娜, 2015: 120). 즉 정신적 유인을 위주로 하고 물질적인 유인을 보조로 하는 방침을 제기함으로써 성과급·장려금 제도를 회복한 것이다. 이를 복원한 근본 목적은 개별 노동자의 작업 성과를 임금과 긴밀히 연계함으로써 노동자의 노동 동기를 촉발하고, 이를 통해 노동규율을 정착해 생산력을 발전시키겠다는 것이었다(백승욱,

2001: 180). 그러나 궁극적으로 이 목적은 달성하지 못했고, 오히려 관리자와 노동자 사이뿐 아니라 노동자 내부의 임금격차를 확대함으로써 노동자 사이의 분화를 심화시켰다.

1993년 제14차 당대회 이후 분배제도 개혁 목표는 노동에 따른 분배를 주체로 한 다양한 분배방식의 병존이었다. 이에 따라 '임금과 기업 효율의 연계工效掛鉤, 시장기제에 따른 임금분배, 시장기제에 입각한 정책 결정, 기업의 자주적 분배, 정부의 감독 조절'이라는 임금체계가 구축됐다. 1999년에는 새로운 임금소득 분배제도가 도입됐으며, 이는 기업 내부의 '임금 분배제도', '직공보험·복지제도', '잉여수익 분배제도'의 세 부분으로 구성된다. 이를 통해 기업 임금제도 개혁 목표가 확립됐고, 2010년에는 "시장기제에 입각한 결정, 기업의 자주적 분배, 직공의 민주적 참여, 국가의 감독과 지도"라는 체계가 구축됐다(苗紅娜, 2015: 122~123). 이러한 임금제도 개혁을 통해 노동관계는 더욱 시장화됐다.

그러나 정부가 적극적으로 임금제도 개혁을 추진했지만, 여전히 많은 사람이 유보적인 태도를 보였고, '철밥통'의 전면 타파에 반대하는 목소리도 많았다. 특히 1980년대에 전국적으로 소득분배 불공정성에 대한 노동자의 불만이 고조되면서 일련의 집단적 저항도 발생했다. 그러나 당시 공회 권력은 매우 약했고, 임금·단체협상 과정에서도 단지 자문 역할만 할 수 있었다. 노동자와 고용주의 권리와 의무도 명확하게 확정되지 않았기에 제대로 된 임금협상도 할 수 없었다. 즉 법률적으로는 공회와 직공대표대회가 임금에 대한 요구와 감독의 권리를 갖고 있었지만, 실질적으로는 거의 집행되지 못했다. 이러한 모순으로 인해 임금과 관련한 분쟁이 계속해서 증가했다.

한편 앞서 말했듯이, 계획경제하에서 복지 서비스는 주로 단위와 지방정부 및 중앙정부의 각 부서에서 단위 내 노동자 가족을 대상으로 제공됐다. 즉 중국은 신중국 출범 이후 단기간에 사회보험과 의료지원 체계를 수립했고, 단위를 중심으로 도시에서 일련의 사회보장제도를 확립했다. 그러나 이러한 사회복지제도는 "생산력 발전수준을 초과한 보장, 단위 내 취업 노동자로 제한된 보장, 국가의 보장 비용 일괄 부담, 기업 간 부담의 불균형" 등의 문제가 있었고, 이는 개혁 과정에서 시장경제 발전을 가로막는 장애로 인식됐다(苗紅娜, 2015: 118). 따라서 시장화 개혁이 전면 추진되면서 이에 상응하는 '사회복지의 사회화'가 추동됐다. 구체적으로 1992년 1월에는 〈기업 노동 인사, 임금분배, 사회보험제도 개혁 심화에 관한 의견關於深化企業勞動人事, 工資分配, 社會保險制度改革的意見〉이 발표된 당의 제11기 3차 중앙위원회 전체회의 이래로 기업의 인사노무관리, 임금분배, 사회보험제도 개혁은 일정한 성과를 거뒀다. 1992년 상반기에는 기업 내부의 '철밥통, 철의자鐵椅子, 철임금鐵工資'[42]을 타도하기 위한 운동이 전국적으로 전개됐다. 즉 "국유기업의 고용·인사와 분배제도 개혁, 국

---

42   철밥통은 종신고용을, 철의자는 고정된 직무를, 철임금은 고정된 임금을 의미한다. 이 세 가지를 합쳐 '삼철三鐵'이라 불렀다.

유기업 노동자의 계약제 실행, 기업 관리자의 초빙 임명제 및 성과급제 시행이 제기됐으며, 당시 전국의 주요 매체가 이 운동을 대대적으로 선전"했다(苗紅娜, 2015: 128).

또한 1993년에는 〈사회주의 시장경제 체제 건립에 관한 약간의 문제 결정中共中央關於建立社會主義市場經濟體制若干問題的決定〉을 통해 다층적인 사회보장 체계 건설이 강조됐고, 이후 사회보장제도 개혁이 본격적으로 추진됐다. 이러한 사회복지제도 개혁의 주요 특징은 다음과 같다. 첫째, 사회보험 비용 분담의 다양화다. 지역별로 통합기금을 운용해 단위 간 사회보험 비용 부담의 불균등 문제를 해소하고, 비용 지출을 '국가-단위(기업)-개인'이 함께 분담하는 방식으로 바뀌었으며, 특히 개인 부담 비중이 점차 증가했다. 둘째, 보장방식의 다양화다. 즉 국가 차원의 단일한 보장체계가 종식됐다. 국가가 담당하는 기본 보장에 더해 각 기업에서 자발적으로 시행하는 보완적 성격의 보장체계가 마련됐으며, 개인저축을 기반으로 한 사회보장 방식이 허용되어 사회보장 체계가 다양화됐다. 셋째, 보장수준의 차별화다. 개인별 기여도의 대소와 관계없이 대체로 비슷한 보장수준을 누렸던 기존 사회보장제도를 개혁해 개인의 능력이나 기여도에 따라 사회복지 혜택을 차별화했다. 그러나 국유기업 개혁 과정에서 수천만 명의 면직노동자가 발생하면서 이들에 대한 복지제공이 중요한 사회문제로 대두됐고, 일부 지역에서는 노동자의 자살과 저항이 연이어 발생하면서 사회적 위기감이 더욱 고조됐다. 특히 사회복지제도 개혁은 근본적으로 기업과 노동자 간의 사회적 연계를 변화시켰다. 즉 기업단위는 점차 사회복지에서 분리됐고, 원래 기업에 속했던 유치원, 학교, 이발소, 식당 등의 조직이 점차 독립적인 목표를 가진 사회조직으로 변화하면서 복지 서비스가 상품화됐다. 동시에 의료, 산재, 실업, 양로 등의 보험도 점차 상품화됐다.

이러한 '복지의 사회화'는 기존 단위체제하에서 유지되던 '국가-기업-노동자'의 통치 구조를 근본적으로 뒤흔드는 결과를 초래했다. 특히 시장화 개혁 과정에서 진행된 '이중적인 권한 이행'은 사회복지의 사회화가 불러온 사회적 불만을 체제로 내화해 관리하는 데 수반되는 어려움을 가중했다. '이중적인 권한 이행'이란 한편으로 정부가 기업 경영에서 퇴거하면서 기업의 자주권이 확대됨으로써 기업이 진정한 시장 주체가 된 것을 말하고, 다른 한편으로 국유기업 노동자가 신분 전환을 통해 정부가 보장하는 종신고용 체제에서 벗어나는 과정을 거치면서 시장경제의 진정한 참여자가 된 것을 말한다(苗紅娜, 2015: 125). 계획경제 체제에서는 노동자와 국가 사이에 발생하는 모순이 국유단위 내부에서 은폐되거나 자체적으로 해결될 수 있었다. 그러나 '이중적인 권한 이행'을 수반한 경제체제 개혁을 경험한 노동자들은 시장경제 체제에서 국가와 기업에 저항하며 자신의 이익을 보호할 수밖에 없게 되었다. 이에 따라 노동자와 국가는 시장경제 체계에서 충돌하게 되었다.

3. 이원적 노동관계 지속과 비정규 고용 확산

(1) 노동관계의 법률적 제도화

개혁·개방 이전의 도시에서 단위체제는 노동자들의 주거를 비롯한 일상생활에서의 노동력 재생산을 비교적 안정적으로 보장한 일종의 복지 시스템으로 작용하면서 단위 소속 노동자가 부담해야 하는 사회경제적 위험을 어느 정도 낮추는 작용을 했다. 그러나 단위체제 기능이 '사회화'됨에 따라 이제까지 기본적인 생존을 위해 낮은 수준이지만 안정적으로 제공되던 사회복지 서비스가 상품화됐고, 정부는 이에 대한 노동자의 강렬한 저항에 직면했다. 이에 따라 정부 당국은 법률적 제도와 경제적 보상체제 정비, 노동쟁의 조정기제 구축 등을 통해 사회적 요구를 일정 부분 수용하는 제도적 보장기제를 구축함으로써 개혁 과정에서 이익을 침해당한 집단의 급진적인 정치적 요구를 완화하고, 사회적 충돌을 막아 사회안정을 유지하고자 했다. 특히 1990년대 후반 대량의 노동 관련 법률이 공포되면서 중국의 노동관계는 더욱 시장화되었다. 노동관계 영역에도 점차 시장기제가 침투하고 노동계약제가 전면 추진되면서 작업장의 노동조건(노동강도, 작업장 환경, 안전문제)은 지속적으로 악화했다. 이에 따라 정부는 각종 법률을 제정해 대응하고자 했고, 노동자의 기본적인 생존권을 보장해 개혁을 지속할 수 있는 안정적 환경을 유지하려고 했다. 이의 전형적인 사례가 〈노동법〉, 〈노동계약법〉 및 기타 일련의 노동 관련 법규 공포다.[43] 이러한 법률은 노동조건과 산업안전의 표준을 설정했고, 공회가 단체협약과 단체협상을 통해 제한적이지만 노동자의 합법적인 권리를 보호할 것을 강조했다. 이러한 측면에서 노동관계 법제화는 정부가 노동분쟁을 해결하기 위한 제도적 수단이었으며, 노동자의 권리 요구를 법률적 절차 내부로 제도화하는 과정이었다고 할 수 있다.

개혁 이후 추진된 노동관계 법제화는 여러 한계에도 불구하고 기본적으로 다음과 같이 작용했다. 첫째, 소유제나 국적에 상관없이 모든 기업에 기본적인 표준적 노동관계 체계를 설정했고, 기업의 인사 결정 권한과 경영의 자주성을 확대해나갔다. 특히 1995년의 〈노동법〉은 행정수단을 이용해 노동력을 배분하던 계획경제 시기의 고용제도를 법률적 차원에서 근본적으로 변화시켰고, 고용단위와 노동자에게 더 큰 시장 자주권을 부여했다.

●

43 〈노동법〉 반포 이후 철저한 실시와 구체적인 시책을 위해 노동부는 일련의 관련 규정을 발표했다. 이와 동시에 국가 차원에서도 노동입법 체계를 더욱 개선하기 위한 법규를 제출했다. 예컨대 2003년에는 〈안전생산법安全生產法〉, 〈직업병방지법職業病防治法〉, 2004년에는 〈단체협약규정集體合同規定〉, 〈임금법工資法〉, 〈노동쟁의처리법勞動爭議處理法〉이 통과됐고, 2008년에는 〈취업촉진법就業促進法〉, 〈노동쟁의 조정중재법勞動爭議調解仲裁法〉, 〈노동계약법勞動合同法〉이 반포됐으며, 2010년에는 〈중화인민공화국 사회보험법中華人民共和國社會保險法〉, 2011년 11월에는 〈노동쟁의 협상조정규정勞動爭議協商調解規定〉이 통과됐다.

둘째, 노동자의 권리보호를 위한 제도적 절차를 강화했다. 앞서 보았듯이, 1995년의 〈노동법〉은 신중국 성립 이래 노동자의 합법적인 권익보호를 지향하는 법률 중 가장 기본적이었다. 또한 2008년의 〈노동계약법〉은 〈노동법〉을 기초로 하며, 노동자의 권익보호를 더욱 강화하기 위해 제도적 규정을 보완했다. 즉 서면 노동계약 의무화, 고용노동자 및 파견노동자 권익보장, 계약 종료에 따른 경제적 보상금, 최저임금 준수 등을 법으로 명시했다. 2013년에 개정된 〈노동계약법〉에는 '노무파견'에 대해 진일보한 규정이 제시됐고, 임시공과 고용단위의 정식노동자가 '동일노동 동일임금'의 권리를 가짐을 명확히 했다. 2008년 시행된 〈취업촉진법〉은 취업문제 해결을 적극적이고 유효하게 보장하기 위한 법률이었다. 즉 노동자의 평등한 취업권을 보장하기 위해 해고 제한, 고용 차별 금지, 기업의 고용 확대를 장려하기 위한 세제 혜택 등이 규정됐다. 동시에 1992년 시행된 〈회사법〉과 1995년 시행된 〈노동법〉을 통해 기업 공회에 관리자 측과 단체협상을 할 권리가 주어졌다. 즉 단체협약과 단체협상이 임금분쟁 및 기타 노동문제를 해결하는 법률적 경로로 설정됐다. 또한 종신제 정식노동자와 계약노동자, 계절성 임시직 노동자, 유동노동자 사이에 존재하는 차별을 바로잡기 위한 제도적 기초를 마련했다.

셋째, 노사분쟁의 적절한 해결을 위한 제도적 기제를 마련했다. 특히 노동계약제는 고용 부문에서 기업의 비규범적 행위를 방지했고, 사회적 공정성을 일정 정도 보장했으며, 사회질서를 유지하는

데 도움을 주었다. 이러한 측면에서 먀오훙나는 노동관계 법제화는 점차 심화하는 노동관계의 모순과 갈등을 국가가 표준화·제도화하는 방향으로 이끌고 있음을 보여준다고 지적한다. 즉 국가가 노동자를 보호하는 법률적 보장 조치를 마련함으로써 체제의 정당성을 획득했다는 것이다. 따라서 "노동관계 법률 제정은 정부가 노동자의 요구를 제도화된 통로를 거쳐 처리하는 절차라고 할 수 있다. 이러한 의미에서 노동관계 법률의 공포와 시행은 경제를 발전시키고, 사회 변혁 추진 과정에서 사회질서를 관리하는 국가능력 향상에 도움이 됐다"는 것이다(苗紅娜, 2015: 183). 다시 말해 노동관계에서 조화를 도모해야 하는 국가는 법제화를 통해 노동자의 기본적인 경제적·민주적 권리를 더욱 지지함을 나타냈고, '국가-기업-노동' 관계를 재구조화했다.

그러나 노동관계 법제화를 통한 규범화와 실제 노동관계의 부조화는 경제발전과 사회질서 유지라는 이중적 목표 사이의 긴장을 더욱 강화했다. 구체적으로 1992년 대규모 외자 도입 및 기업 구조조정이 추진되면서 노동관계는 더욱 악화했고, 노동분쟁도 계속해서 증가했다. 노동자들은 파업 등 집단행동을 통해 지방정부 및 관리자에게 직접 항의하기 시작했다. 특히 노동관계 법제화와 노동자 권익보호 사이의 부조화를 극명하게 보여주는 것은, 1995년 〈노동법〉 공포 이후 각종 노동분쟁 및 소송, 정부 부문이 처리한 중재와 조정이 급증했다는 사실이다(백승욱, 2001: 420~425의 표 참조). 또한 노동부는 1996년 이내에 노동계약제도를 마련할 것을 모든 고용단위에 요구했고, 단체협약제도 확산이 노동자 권익을 보장하는 데 도움이 될 것으로 기대했다. 그러나 노동계약제도와 단체협상제도의 집행기제는 현실에서 큰 효력을 발휘하기 어려워 노동자 권익을 실질적으로 보장할 수 없었다. 더구나 기업 내부의 노동관계가 계약화됐으므로 당위원회를 통해 진행되던 기존 이익 조정기제는 역할을 상실했고, 노동자의 민주적 참여 보장 기제였던 '직공대표대회 제도'는 더욱 약화했다.[44]

노동관계 법제화는 개혁 과정에서 나타난 문제에 대한 국가적 대응이었다. 중국의 노동관계 법률은 내용적으로 노동자의 기본 생존권 보장과 고용의 유연화 촉진이라는 목표 사이에서 균형을 유지할 필요가 있었다. 특히 사회주의 시장경제 및 중국 특색의 사회주의라는 이데올로기 제약하에서 국가는 노동자의 생존을 보장해야 할 의무가 있었다. 그러나 경제발전을 촉진하고, 기업의 활력을 높이기

·

44 직공대표대회 제도의 원래 목적은 노동자가 민주적으로 관리에 참여해 합법적으로 자기 권익을 보호할 수 있도록 보장하는 것이었다. 그러나 정부의 정치적 목표가 변화하는 것에 따라 직공대표대회 제도는 지속적으로 영향을 받을 수밖에 없었다. 즉 정부의 정치적 목표가 노동자의 이익과 기본적으로 일치할 때는 기업에서 직공대표대회 제도가 관철됐고, 반대로 정부의 목표가 경제발전과 시장기제 활성화를 강조하는 것으로 설정될 때에는 직공대표대회 제도를 설치하려는 동력을 상실하고 이 제도의 권한과 기능도 상당히 제약됐다. 이러한 현실적 제약에 따라 직공대표대회는 실질적으로 노동자들의 불만을 대변하거나 권익을 보호하는 제도적 기제로서의 역할을 하지 못했고, 다음과 같은 제한적인 기능만을 수행할 수 있었다. 첫째, 노동자의 생산 의욕을 고취하는 중요한 수단으로 기능했다. 둘째, 기업정책 결정을 합법화하는 절차로 전락했다. 셋째, 사회적 충돌 완화기제로 작용했다. 즉 직공 민주 참여의 주요 목표는 서로 다른 이익집단의 분쟁과 갈등을 행정체계 내부로 끌어들이는 것이었으며, 구체적으로 노사분쟁을 개별 기업 내부에서 해결하도록 유도해 노동자의 불만과 저항이 사회정치적 행동으로 표출되지 못하도록 여과하는 기능을 했다.

위해 고용의 유연화는 필요한 수단이었다. 사회주의라는 이데올로기적 기제가 더 강하게 작용했던 계획경제 시기에 국가는 기업의 고용 자주권과 노동자의 구직 자주권을 희생함으로써 노동자의 종신고용 및 기본적 권익을 보장했다. 하지만 시장화 개혁의 전면 추진에 따라 국가는 노동자의 완전고용 보장 정책을 완화하고, 기업에 고용관리에 대한 일정 정도의 자주성을 부여하기 시작했다. 고용 안정성을 약화하는 대가로 노동 유연성을 확보한 것이다.

(2) 노동자의 집단적 권리: 단체협상 및 노동쟁의 조정 제도화

❶ 단체협상 및 단체협약 제도

노동관계 제도화와 관련해서 또 하나 주목해야 할 것은, 노동자를 대표하는 주체가 단체협약과 단체협상을 하는 정책이 본격적으로 추진됐다는 점이다. 특히 당과 정부는 노사 간 충돌을 완화하고 사회질서를 유지해야 하는 정치적 필요에 따라 단체협약제도 제정 및 시행에 박차를 가했다. 즉 1992년 제정된 〈공회법〉은 기업과 사업단위의 공회가 노동자를 대표해 해당 단위와 단체협약을 체결할 수 있다고 규정했으며, 1995년에는 〈노동법〉 제33조에 의해 "기업의 노동자가 노동보수, 노동시간, 휴식·휴가, 노동안전, 위생, 보험·복지 등의 항목에 대해 기업과 단체협약을 맺을 수 있다"고 규정함으로써 단체협약에 대한 법률적 기초를 마련했다. 2004년에 공포된 〈단체협약 규정〉은 단체협약을 단체협상을 통해 체결된 서면협의라고 더 자세히 설명한다.

단체협약은 고용단위와 노동자가 법률과 법규 및 규장의 규정에 근거하여 노동보수, 노동시간, 휴가, 노동안전과 위생, 직업훈련, 보험·복지 등을 단체협상을 통해 체결한 서면협의다(苗紅娜, 2015: 194).

한편 1995년 전총 집행위원회 주석이었던 웨이젠씽尉健行은 전총 제12기 위원회 제3차 회의에서 단체협상제도에 대해 "우선 제도를 설치하고, 그다음부터 개선해가야 한다"고 지적하면서 다음과 같이 말했다.

> 단체협약 체결을 위한 협상 과정에서 노자 쌍방은 반드시 우호적인 협력 태도를 유지해야 하며, 강제적인 방식이나 과격한 행동으로 상대방에게 자기 의견을 수용하도록 해서는 안 된다. 쌍방 의견이 대립할 때에는 모두 생산과 경영의 정상적 질서를 보장할 의무가 있다(苗紅娜, 2015: 195).

즉 생산과 경영의 정상적 질서와 사회안정 유지를 단체협상의 필수 요건으로 상정함으로써 공회를 주축으로 한 단체협상제도 시행은 당과 정부의 지지를 얻을 수 있었다. 1996년 5월 전총은 노동부, 국가경제무역위원회, 중국기업협회와 함께 〈단체협상 및 단체협약 제도의 점진적 실행에 관한 통지關於逐步實行集體協商和集體合同制度的通知〉를 발표했다. 주요 내용은 단체협상제도 도입 과정에서 '국가-기업-노동' 3자의 협력기제를 추진하는 것이었다. 또한 2000년에는 〈임금·단체협상 시행방법工資集體協商試行辦法〉이 반포됐고, 2001년에는 노동사회보장부, 전국총공회, 전국기업연합회가 공동으로 3자회의 제도를 수립했다. 2004년에는 〈단체협약 규정集體合同規定〉이 실시됐고, 단체협상제도 내용을 더욱 세밀화했다. 2008년에 실시된 〈노동계약법〉은 노동보수, 노동시간, 휴무·휴가, 노동안전과 위생, 보험·복지 등에 대한 정책 결정 과정에서 단체협상제도의 지위를 법률적으로 확립했고, 최근에는 단체협약제도를 더욱 적극적으로 추진하고 있다. 2010년에 개최된 국가 수준의 3자(인력자원사회보장부, 총공회, 기업연합회/기업가협회)협상 회의는 공동으로 〈단체협약 시행 제도의 심도 있는 추진을 위한 무지개 계획에 관한 통지關於深入推進集體合同實施制度彩虹計劃的通知〉를 발표했으며, 단체협약제도 발전이 더욱 요구되는 현실에 따라 〈단체협약제도 시행을 굳건히 추진할 계획에 관한 통지關於推進實施集體合同制度攻堅計劃的通知〉를 공동으로 발표했다. 그리고 이러한 결정에 따라 "단체협상과 단체협약의 적용범위를 부단히 확대하여 2015년 말까지 단체협약 체결률 80%를 달성하고, 2016년에도 이를 지속적으로 공고화하고 확대할 것"이 요구됐다(張冬梅, 2016).[45] 특히 단체협상 기제에서 가장 중요한 것은 임금·단체협상으로, 기업 공

---

45 2017년 전국 기준 노동계약 체결률은 90% 이상에 도달했다. 2017년 말까지 전국에서 인력자원사회보장부에 보고되어 유효기간 내에 심사된 단체협약 누계는 183만 건으로, 1억6천만 명의 노동자가 관련되어 있다(人力資源和社會保障部, 2018).

회가 매년 노동자의 임금수준과 인상률, 복지수준 등에 대해 기업과 단체협상을 하고 단체협약을 체결한다.

단체협상 및 단체협약 제도는 시장경제 체제를 채택하는 현대 국가에서 집단적 노사관계를 규범화하고 조정하는 기본적인 법률제도다. 즉 노사 간에 이익 충돌이 발생하고 있다는 것을 전제로, 단체협상과 단체협약을 통해 쌍방 간 이익의 균형점을 찾아 갈등 심화를 방지하는 작용을 한다. 또한 노동자 권익을 보호하고 노사 간 이익관계를 규범에 따라 조정할 뿐만 아니라, 노사 간 충돌을 효과적으로 예방하고 조절하기도 한다. 따라서 이 제도는 현대 시장경제 체제의 성공적인 운용을 위해 필수적인 구성요소라고 할 수 있다(高瑾, 2011). 특히 단체협약 및 단체협상 제도의 주요 기능 가운데 하나는 분산된 노동자를 결합해 집단 역량을 강화하고, 고용주에게 공평한 노동조건을 제공하도록 압력을 가할 수 있다는 것이다. 또한 이러한 제도를 활용해 노사는 거시적 차원에서 국가의 노동법률이 더욱 구체화되도록 요구할 수 있으며, 미시적 차원에서는 기업이 좀 더 규범적인 노동계약을 체결하도록 압력을 가하는 역할을 한다. 그러나 중국의 단체협약 및 단체협상 제도 시행 과정은 여전히 문제가 많다. 이를 다음과 같이 정리할 수 있다.

첫째, 아직 중국은 개별적인 노사관계 조정에 치중되어 있고, 엄격한 의미에서 집단적 노사관계는 구체화되지 못했다. 물론 〈노동법〉, 〈노동계약법〉, 〈단체협약 조례〉 등의 법률을 통해 단체협약과 단체협상을 규정하지만, 대부분 형식적인 규정으로 머물러 있어 실질적인 효력을 발휘하지는 못한다. 둘째, 〈단체협약 규정〉 내용이 추상적이며, 규정 위반에 대한 제재가 취약하다. 즉 단체협약 위반 당사자에 대한 법률적 책임 규정이 없어서 단체협약제도의 철저한 실시가 어렵다. 셋째, 협상 주체 범위가 불명확하고 지나치게 협소하다. 〈노동계약법〉은 업종별, 지역별 단체협약에 관해 규정하지만, 그 주체 및 대표성에 대해서는 통일된 법률 규정이 없다. 따라서 실질적으로 단체협상 대부분은 기업별 단체협상으로 제한되며, 업종별·지역별 협상 범위로 확대되지 않는다. 주체의 대표성 및 역할이 불분명하기 때문에 단체협상 개최에 어려움이 많다. 특히 규모가 작거나 공회가 설립되지 않은 기업의 노동자들은 대표성을 가진 공회 조직이 없기 때문에 단체협상을 할 수 없다는 문제가 있다. 넷째, 단체협약과 단체협상이 형식화되어 있으며, 단체협약의 질적 수준도 매우 낮다. 이러한 현실을 장동매이張冬梅는 '4개의 많음과 4개의 적음'이라는 말로 표현한다. 즉 "단체협약 체결 사례는 많지만, 기업이 단체협상의 실질적 내용을 진정으로 반영하는 경우는 매우 적다. 단체협상에서 노사 쌍방 대표의 서명은 많지만, 직공의 요구를 반영하는 것은 적다. 단체협약 체결로 발생하는 효력은 많지만, 전체 직공이 이를 숙지하고 이해하는 바는 적다. 마지막으로 구체적인 집행 과정에서 요식적인 행위가 많으며, 진정으로 집행되는 것은 적다"는 것이다(張冬梅, 2016). 다섯째, 단체협상을 제대로 실행하기 위한 필수 요건인 노동자들의 단결권과 단체행동권 및 단체교섭권이 제약되어 있다. 여섯째, 중국 정부는 단체협상(集體協商, labor management consultation)과 단체교섭(集體談判, collective bargaining)을 명확히 구분하며, 노사 간 대립에 기초한 단체교섭보다 노사 간 이익은 근본적으로 일치한다는 전제하에 단체협상을 진행할 것을 더욱 강조한다. 따라서 단체교섭 제도는 여전히 전문적인 입법 형식으로 확립되지 못했으며, 구체적인 관련 사항은 단지 각각의 법조문과 법규에 분산된 상황이다. 그러나 시장화 개혁에 따라 중국 노동관계에 발생한 가장 큰 변화는 이익 당사자인 노동자와 사용자가 이미 분리됐다는 것이며, 오늘날 노사 간 이익갈등과 충돌은 회피할 수 없는 현실이다. 따라서 이러한 현실에 맞게 단체교섭에 관한 법제화 수준을 높이고, 제도적 구속력을 더욱 강화할 필요가 제기되고 있다.

❷ 노동쟁의 조정제도와 노동보장 감찰제도

경제 개혁 심화에 따라 고용제도의 시장화와 복지서비스의 상품화가 초래되면서 노동자들의 경제적 상황과 생활의 불안정성도 갈수록 악화했다. 특히 노동쟁의가 급속도로 증가했으며, 이에 대한 적절한 조정과 처리가 노동관계 및 사회질서 유지를 위한 쟁점으로 떠올랐다. 이에 노동쟁의를 체계적으로 처리할 수 있는 제도적 절차로, 1987년 7월 국무원은 〈국영기업 노동쟁의 처리 잠정 시행 규정國營企業勞動爭議處理暫行規定〉을 제정했다. 이 규정은 조정, 중재, 소송을 통한 노동쟁의 해결 절차뿐 아니라, 기업과 지방 차원에서 노동쟁의 중재위원회를 구성하고 설립하는 방안을 규정한다. 즉 중재위원회를 노동자 대표, 기업 행정 대표, 공회 대표로 구성하고, 공회에 사무기구를 설치하도록 규정했으며, 처리 절차 조정 과정은 선택 가능한 사항으로 명시한다. 그러나 이 규정은 국영기업에만 한정됐고, 적용되는 노동쟁의 대상도 협소해 이에 해당하지 않는 노동쟁의는 여전히 민원기구에서 처리할 수밖에 없다는 한계가 있었다(백승욱, 2001: 415). 이러한 문제를 보완하기 위해 1993년 7월 6일 국무원은 〈기업 노동쟁의 처리 조례企業勞動爭議處理條例〉를 제정해 적용범위를 중국 내 모든 기업과 노동자로 확대했다. 노동문제 처리 대상도 기존에는 노동계약 이행과 기율 위반에 한정했으나 해고, 사직·사퇴, 이직·임금, 보험·복지, 직업훈련 등을 포함한 노동보호에 관한 국가 규정에 저촉되어 발생하는 분쟁으로 확대했다. 이러한 노동쟁의 처리 관련 법률은 1994년 〈노동법〉을 통해 더 높은 수준으로 제도화됐으며, 특히 이를 통해 '한 번 조정, 한 번 중재, 두 번 소송(일조 일재 양심제, 一調一載兩審制)'이라는 노동쟁의 처리체계가 확립됐다. 즉 노사 간의 노동분쟁은 기업 내부 조정, 지방수준의 중재위원회 중재, 인민법원 소송을 거치는 절차와 방식으로 해결할 수 있고, 협상과 조정은 당사자의 선택에 따르지만 인민법원에 소송을 제기하려면 반드시 중재 절차를 거쳐야 한다는 분쟁 처리 원칙이 수립됐다.

그러나 '일조 일재 양심제'는 이후 기업 내부 조정의 비현실성과 처리 기간의 장기화, 처리 절차의 복잡성, 쟁의사건 당사자의 경제적 부담, 조정 절차의 비현실성, 협소한 적용범위 등의 한계가 드러나 실질적으로 노동자가 법적 절차에 따라 권리를 보호받는 것은

매우 어려웠다. 이를 해결하기 위해 2007년 12월 제10차 전국인민
대표대회 상무위원회 제31차 회의에서 〈노동쟁의 조정중재법〉이 통
과되어 2008년 5월부터 시행됐다. 이 법의 핵심 내용은 노동쟁의
적용범위 확대, 분쟁 처리 기간 단축을 위한 일부 사안의 '한 번 중
재, 최종 판결一裁終局' 제도 도입, 쟁의신청 시효 1년 연장, 중재 기한
단축, 중재 비용 무료화 등이다(남윤복, 2011: 204~208). 이처럼 〈노
동쟁의 조정중재법〉 실시 이래 중국의 노동쟁의 처리기제는 '화해를
독려하고, 조정을 강화하며, 더욱 빨리 중재하고, 소송과 연결하는'
체계를 구축하는 방향으로 개편됐다.[46] 〈노동쟁의 조정중재법〉의
주요 내용은 [표8]과 같다.

[표8] 〈노동쟁의 조정중재법〉의 주요 내용

관련 내용	이전	현행
노동쟁의 조정기구	기업 노동쟁의 조정 위원회	기업 노동쟁의 조정위원회, 법에 따라 설립 된 기층 인민 조정 조직, 향진, 가도街道에 설립된 노동쟁의 조정 기능을 갖춘 조직

•

46 2017년 전국 각지의 노동인사쟁의 조정중재기구에서 처리된 쟁의는 166만5000건으로 전년 대비
6.0% 감소했으며, 관련된 노동자는 199만1000명으로 전년 대비 12.4% 감소했다. 또한 쟁의에 연루
된 금액은 416억4천만 위안으로 전년 대비 11.8% 감소했다. 쟁의 처리가 종결된 안건은 157만5000
건으로 전년 대비 3.6% 감소했다. 안건 조정 성공률은 67.9%이며, 중재로 종결된 안건이 95.9%다.
최종 판결 사건은 11만1000건으로 판결 안건 수의 33.1%를 차지한다(人力資源和社會保障部, 2018).

조정위원 구성	직공, 공회, 기업의 대표로 구성(공회가 없을 때는 직공과 기업의 대표로 구성)	직공 대표와 기업 대표로 구성, 직공 대표는 공회 회원이 담당하거나 전체 직공이 선출한 인원, 주임은 공회 회원이나 쌍방이 선출한 인원이 담당
조정완료 시효	신청일로부터 30일 이내. 이를 초과할 경우 조정결렬로 간주	신청일로부터 15일 이내에 조정합의에 이르지 못할 경우 중재신청
중재위원회 설치	성, 시, 현에 모두 설치	통합적 계획, 합리적 분포, 수요 부응의 원칙에 따라 설치, 행정구획에 따라 단계별로 설치하지 않음
중재위원회 구성	노동행정부서, 공회, 경제종합관리부서 대표	노동행정 부문, 공회 대표, 기업 대표
중재신청 시효	쟁의 발생 및 사실을 안 지 60일 이내	침해 사실을 안 지 1년 이내
중재수리 여부 통지	7일 이내	5일 이내
중재 비용	중재비는 안건 수리비와 처리비를 포함해 납부	노동분쟁 중재는 비용을 받지 않고, 노동분쟁위원회 경비는 재정에서 보장
재결 기간	중재신청 60일 이내, 연장은 30일을 초과할 수 없음	중재신청 45일 이내, 연장은 15일을 초과할 수 없음
절차	세 번 조정, 한 번 중재, 두 번 소송三調一 裁兩審	일부 사안에 대해 '한 번 중재, 최종 판결' 원칙 도입. 임금, 산재 의료비, 경제보상 및 배상금 청구금액이 해당 지역 월 최저임금 표준의 12개월 금액을 초과하지 않는 쟁의, 노동시간, 휴식·휴가, 사회보험 등 국가 노동 기준 집행 관련 쟁의
중재수리와 소송연계	강제적 중재전치(소송의 경우 우선 중재절차 요구)	중재신청 전치(중재신청을 수리하지 않거나 기한 내 결정하지 않을 경우 법원에 소송 제기 가능)
단체쟁의	3인 이상	10인 이상

| 법원제소 기한 | 당사자 일방이 중재 재결에 불복할 경우 15일 이내 제소 가능 | 중재재결에 불복할 경우 재결서를 받은 날로부터 노동자는 15일 이내, 사용자는 제49조(*)의 여섯 가지 항목에 해당하는 증거로 증명할 수 있는 경우 30일 이내에 중급인 민법원에 재결취소 신청 |

자료: 남윤복, 2011: 207.

* ① 법률, 법규 적용에 착오가 있는 경우, ② 노동쟁의중재위원회에 관할권이 없는 경우, ③ 법정 절차를 위반한 경우, ④ 재결 근거인 증거가 위조인 경우, ⑤ 상대방 당사자가 공정한 재결에 영향을 미치는 증거를 숨겨 기만한 경우, ⑥ 중재인이 해당 안건을 중재할 때 뇌물 요구, 수수, 사리사욕 도모, 위법 판결한 경우(노동쟁의 조정중재법, 제49조)

한편 인력자원사회보장부도 노동분쟁의 적절한 처리를 위해 노동보장 감찰기구와 사회보장, 취업, 민원, 중재 등 노동관계와 관련된 각 단위와의 협조를 더욱 강화하고 있다. 특히 노동보장 감찰과 공안, 세무, 안전 감독, 민정국 등 관련 부서와 원활한 협조체계를 강화하고 있으며, 각 부문 간의 연동기제를 형성하고 있다. 즉 성, 시, 구, 가(진) 간의 종횡적 협조체계를 강화하고 있으며, '노동보장 감찰법' 집행의 효율성을 제고하여 노동자의 합법적인 권익과 사회의 조화와 안정을 함께 보호한다는 목표를 제시하고 있다. 이를 위해 자원의 시스템 통합을 기반으로 한 '두 개의 네트워크화兩網化' 관리라는 '노동보장 감찰 예측 경보망 체계'를 구축했다.[47] 즉 '격자망화網格化'와 '네트워크화網絡化' 관리라는 조직체계에 따라 노동보장 감찰 목표와 임무를 더욱 명확히 하고, 역할분담과 책임을 구체화해 시, 구(지구), 가(진), 사구(촌)를 포괄하는 '4급 노동보장 감찰 예측 경보 안전망'을 형성했다(張冬梅, 2016). [그림3]은 위에서 설명한 중국 노동쟁의 조정 및 중재 경로를 종합적으로 보여준다.

[그림3] 중국 노동쟁의 조정 및 중재 경로

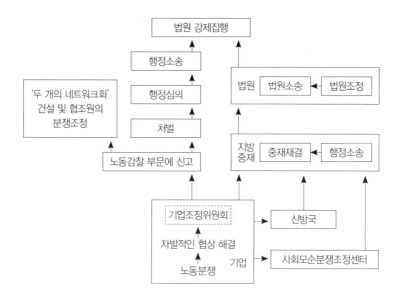

이처럼 노동분쟁을 적절히 처리하기 위해 각종 법규와 제도적 조치가 활발하게 시행되지만, 여전히 몇 가지 문제가 있다. 첫째, 노동쟁의 조정 조직 설립은 보편성이 없어 조정 기능을 발휘하지 못한

·

47 '두 개의 네트워크화'는 '격자망화'와 '네트워크화'로, 격자망화는 도시의 지역 공간을 격자단위로 세분화하는 것을, 네트워크화는 각 격자단위에서 수집된 정보를 격자들의 격자인 네트워크를 통해 연결된 정보망에 집중시키는 것을 말한다(백승욱·장영석·조문영·김판수, 2015: 15).

다. 둘째, 노동쟁의 조정 조직의 전문성이 더욱 강화되어야 한다. 셋째, 노동쟁의 조정 조직의 공신력이 제고되어야 하며, 조정협의 효력이 강화되어야 한다. 넷째, 노동쟁의 조정과 중재·소송 절차의 접합이 원활하지 못하다. 다섯째, 대다수 안건에 대해 여전히 '세 번 조정, 한 번 중재, 두 번 재판' 제도가 적용되기 때문에 노동쟁의 안건 처리 기간이 지나치게 장기화하고 있으며, 중재사건 처리에 자원이 낭비되는 등의 문제가 존재한다. 여섯째, 가장 중요한 문제는 중국의 노동쟁의 처리제도가 '개별적 쟁의'와 '권리쟁의'에 주로 관심을 가지며, '집단적 쟁의'와 '이익쟁의'를 관리하기에는 여전히 미흡하다는 사실이다.[48] 〈노동쟁의 조정중재법〉은 개별적 쟁의와 권리쟁의에 관한 법률이며, 집단적 쟁의와 이익쟁의는 단지 〈노동법〉 제84조에만 언급된다. 이러한 측면에서 집단쟁의의 처리와 해결은 아직 법제화 궤도에 완전히 진입하지 못했다고 할 수 있다.

●

---

48 노동자와 사용자 간의 대립으로 발생하는 집단적 노사관계 분쟁은 법령이나 단체협약·취업규칙·근로계약 등에 의해 확정된 권리의 해석·적용·준수 등을 둘러싼 '권리분쟁'과 장차 노사합의를 통해 권리화될 것이 기대되는 이익에 관한 분쟁인 '이익분쟁'으로 구분된다(常凱, 2012). 또한 2008년 〈노동쟁의 조정중재법〉 시행 이후 중국에서 '집단적 노동분쟁'은 동일하거나 유사한 사안에 대해 노동자 10인 이상과 사용자 사이에 발생한 노동분쟁으로 규정됐다.

(3) 비정규 부문의 고용[49] 확대와 배제된 노동자들의 저항

중국 정부는 시장화 개혁을 거치면서 노동관계 제도화를 통해 단일한 노동시장을 형성하려고 노력했으나 현실화되지 못했다. 2008년 〈노동계약법〉이 시행되면서 법률적으로는 농민공도 노동자에 포함됨으로써 단일한 노동시장이 형성됐다고 볼 수 있다. 그러나 실제 농민공의 노동계약 체결률은 현저히 낮은 수준에 머물러 있으며, 대부분이 단기계약 형태라는 점에서 여전히 이원체제가 지속되고 있다. 특히 〈노동계약법〉 시행 이듬해인 2009년을 기준으로 농민공 중에서 노동계약을 체결하지 않은 집단의 비중이 63%나 되며, 노동계약을 체결한 농민공 중에서도 장기계약은 15%에 불과하고 임시계약이 22%를 차지한다(백승욱, 2013: 199~200). 또한 농민공이 재계약을 맺을 때 파견고용 형태로 전환될 가능성이 매우 높다는 점에서도 중국 노동시장의 이원화는 더욱 강화될 가능성이 있다. 더구나 국유기업에서 퇴출당한 노동자들과 농민공이 비정규 부문으로 취업하는 현상이 증가하면서 비정규 고용이 확대되고 있다. 특히 그

•

49　중국에는 '비정규 고용' 개념에 대한 통일된 기준은 없지만, 국제노동기구ILO의 정의를 바탕으로 중국 현실에 맞게 수정해 사용하고 있다. 즉 중국 학계는 '비정규 고용'을 '비정규 부문의 고용'과 '정규 부문의 비정규 고용'으로 구분하고, 여기 고용된 자를 비정규직 노동자로 정의한다. '비정규 부문의 고용'은 ① 등록된 자영업체工商個體戶 고용, ② 지역사회 내 자영업체와 유사한 미등록 경제단위 고용, ③ 기타 파악되지 않는 개인 사업체 고용, ④ 일용직 등 날품을 파는 고용 ⑤ 기타 법률로 규정되지 않은 노동조직 고용 등이 이에 해당한다. '정규 부문의 비정규 고용'은 ① 대기업, 중소기업, 사업단위, 기관, 사회단체 등의 임시적이고 계절적인 한시적 고용과 파견, 하도급 등 간접고용, ② 대기업, 중소기업, 사업단위, 기관, 사회단체 등의 파트타임 근로자, ③ 변호사, 작가, 번역가 등 프리랜서 직종의 고용 등이 이에 해당한다(황경진, 2015: 274~275).

동안 단위체제에서 상대적으로 고용안정을 보장받던 국유기업 노동자도 1990년대부터 노동 유연화에 직면하면서 대규모의 면직 및 실업이 발생했고, 이렇게 퇴출당한 노동자 대부분이 비정규 부문 일자리로 유입됐다. 이처럼 국유기업 노동자의 면직 및 실업노동자의 재취업문제가 부각됐는데, 해결 방법으로 파견노동, 시간제 근로, 임시직, 일용직, 계절직 등의 불안정노동과 '비공식경제' 부문 취업이 국가정책으로 장려됐다.

[표9] 국유기업 하강 인원 변화

연도	1993년	1995년	1997년	1999년	2001년	2002년
규모	19만 명	356만 명	692만 명	653만 명	515만 명	410만 명

자료: 중국 국가통계국, 「중국통계연감」.

중국 경제구조에서 비공유제 부문 고용 증가와 3차산업 부문 고용 증가도 비정규 부문 고용을 확대한 주요 요인이다. 최근 중국에서 비공유제 부문 및 3차산업에 취업한 노동자의 규모가 많이 증가했는데, 이 부문은 정규직 고용이 어려운 업종이나 직무가 많고, 시장 수요도 유연한 고용 형태를 요구해 비정규 고용이 확대됐다(황경진, 2015: 277).

전반적으로 현재 중국 노동시장은 전통적인 도시-농촌 이원구조가 단일 노동시장으로 통합되는 것이 아니라, 기존의 농민공과 국유기업에서 퇴출당한 노동자를 중심으로 하는 비정규 고용이 확산하

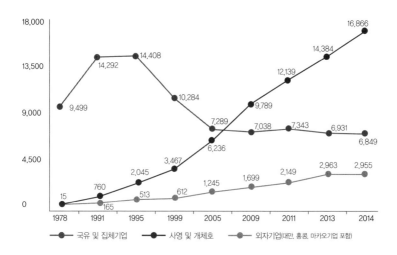

[그림4] 공유제 및 비공유제 기업 고용노동자 비중

자료: 중국 국가통계국, 『중국통계연감(2012)』; 황경진, 2015에서 재인용.

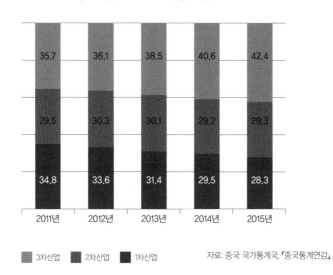

[그림5] 최근 5년간 산업별 취업 규모

자료: 중국 국가통계국, 『중국통계연감』.

면서 새로운 형태의 이원적 노동시장으로 변용되어 지속되고 있다. 이러한 노동시장의 이원구조에 따라 절대다수의 실직자와 농민공은 국가 통제와 시장 논리의 이중구조 속에서 더 빠르게 불안정노동과 비공식경제로 흡수되고 있다.

[그림6] 1990~2014년 중국 도시 지역 비정규 고용 상황

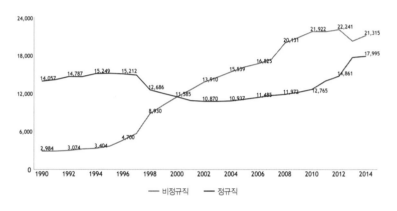

자료: 중국 국가통계국, 『중국통계연감(2015)』; 황경진, 2015에서 재인용.

* 비정규 취업자 수 산출방식: 『중국통계연감』 중의 사영기업과 자영업체 고용자 수 + (『중국통계연감』의 도시 지역 취업자 수 – 도시 지역 정규 부문 취업자 수)

장호준에 의하면, 개혁·개방 이후 중국에서 '비공식 부문/비공식경제' 개념이 학계와 사회에서 주목받은 계기는 1996년 상하이시 정부가 국유기업에서 면직된 노동자를 대상으로 재취업 사업을 하면

서부터다.[50] 이 사업은 '상하이 모델'로 잘 알려져 있으며, 상하이시 재취업공정영도소조가 1996년 국제노동기구의 비공식 부문에 대한 권고를 수용하여 그해 9월에 면직노동자를 대상으로 비공식 부문으로의 취업장려 정책으로 시행한 것이다. 국제노동기구는 1999년까지 "저비용으로 고용을 창출"한다는 명분으로 제3세계 국가들에 비공식 부문을 지속적으로 장려하고 발전시킬 것을 권고했는데, 이러한 정책 노선이 '상하이 모델'이라는 형식으로 중국에 수용된 것이다. 그러나 국제노동기구는 1999년 제87차 회의에서 기존 태도를 선회해 비공식 부문의 노동권 보호와 작업환경 개선, '좋은 일자리 decent work' 창출을 최우선 목표로 천명했다(장호준, 2011). 또한 국제노동기구는 '공식' 부문의 열악한 노동환경 및 불안정한 고용 형태에도 주목해 "경제 행위의 공간적 분리와 구조적 분화"를 전제하는 비공식 부문informal sector이라는 용어를 폐기하고, 비공식경제informal economy라는 개념으로 대체했다.[51] 이에 따라 비공식경제에 관한 중

•

50 상하이시 정부는 1996년 9월부터 '상하이 모델'로 불리는 재취업 사업을 통해 2001년 9월까지 5년간 약 1만1천 개의 비공식 취업 노동조직을 설립했다. 약 15만5천 명의 국유기업 면직노동자가 이 사업을 통해 재취업했으며, 2005년 말에는 약 36만 명의 실업노동자가 약 3만4천 개의 조직에 재취업했다(장호준, 2011).

51 국제노동기구는 '비공식 고용'을 "불법은 아니지만 법적·제도적 틀에 의해 등록·규정되거나 보호받지 못하는, 보수를 받는 모든 일자리를 의미"한다고 폭넓게 정의한다(ILO, 2003, "Guidelines concerning a statistical definition of informal emploment"). 한편 국제노동기구는 1999년 87차 국제노동회의 사무총장 보고서에서 "남녀노소와 관계없이 모든 사람이 자유, 평등, 안전, 인권 등 보편적 조건 아래 더욱 일답고 생산적인 일을 제공하는 것이 우리의 당면 최우선 목표"라고 주장함으로써 모든 사람에게 좋은 일자리를 보장하는 것이 자신들의 최종 목표임을 분명히 했다. 좋은 일자리 개념은 불공평한 세계화에 대한 노동의 대응이 지금까지 적절치 못하다는 비판으로부터 출발해 지금까지

국 학계의 관심도 더욱 높아졌고, 이에 대한 시각도 다변화됐다.

특히 후안강胡鞍鋼을 필두로 하는 일군의 연구자는 '비공식경제' 논의를 재취업과 고용 문제를 고찰하는 데 한정하지 않고, 1990년대 이후 중국의 사회경제적 변화 과정을 설명하는 개념으로 확장해 사용하기 시작했다. 이들에 의하면, 비공식경제는 개체호個體戶[52] 등과 같은 개체경제와 사영경제, 농민공 및 면직노동자 등의 개별 노동 주체에 의한 미통계 경제로 구성된다(胡鞍鋼·趙黎, 2006). 무엇보다 2000년대 초반부터 비공식경제 담론이 사회정치적으로 승인되어 확대, 재생산될 수 있었던 가장 중요한 배경에 주목할 필요가 있다. 즉 이 기간 급속하게 진행된 경제의 비공식화 현상이 국가에 의해 기획되고 추동됐다는 사실이 중요하다. 이에 대해 솔린저Solinger는 "국가 명령에 의한 경제의 비공식화"라고 요약한다(Solinger, 2002; 장호준, 2011: 136에서 재인용). 즉 '국유기업의 지속적인 개혁'과 '사회안정을 위협할 정도로 심각하게 증가하는 도시 실업문제 해소'라는 이중과제를 동시에 해결해야 했던 중국 정부로서는 사회복지 서비스

국제노동기구의 다양한 노력을 포괄하는 개념으로 제시됐다. 즉 고용의 양적 성장에 초점을 맞추는 정책만으로는 노동자 대중의 전반적인 삶의 질 향상에 도움이 되지 않으며, 노동의 질을 고려하는 국면으로 가야 한다는 문제의식이 담겨 있다고 할 수 있다.

52 중국에서는 자영업체를 '개체호'라고 부른다. 개체호는 일반적으로 피고용자가 7인 이하인 영세 자영업체를 지칭하는데, 이는 국제노동기구가 비정규 고용 부문으로 분류할 것을 건의하는 영세 자영업체에 부합한다. 개체호는 규모가 커지면서 사영기업(피고용자 8인 이상)이 되고, 사영기업의 고용 형태는 정규직 고용 형태와 더 유사해진다. 하지만 피고용자 수가 8인 이상 되는 개체호도 정부의 감독, 세금 및 사회보험료 납부를 회피하기 위해 사영기업으로 등기하지 않은 경우가 대부분이다(황경진, 2015: 274).

제공을 책임질 필요가 없는 비공식 부문과 비공식경제의 성장을 방임하거나 지원하는 것이 상당히 효율적이고 매력적인 대안으로 인식됐다는 것이다.

한편 중국 노동시장의 이원적 구조라는 시각에서 비공식경제 고용 확산을 분석하는 황종즈黃宗智의 논의는 중국 노동시장의 이원적 고용구조가 훨씬 더 심원한 역사적 기원을 가지며, 규모와 차별성이 갈수록 심각해지고 있음을 잘 보여준다. 그에 의하면, 오늘날 중국 절대다수 노동자가 전통적 의미의 산업 노동자나 농민이 아닌 '반공반농半工半農' 가정 출신으로, 농한기에는 공장에서 노동하고 농번기에는 농사를 짓는 농촌 호적을 가진 노동자다. 이들 대부분은 노동관계 법률이 보호하는 대상이 아니며, 임시적인 '노무勞務' 인원으로 간주된다. 즉 이들은 노동관계의 적용 대상이 되는 범주에 속하지 않는다. 이들 '비공식경제'에 고용된 노동자와 중산계급을 포함한 공식경제에 고용된 인원은 권리와 생활 조건 측면에서 두 개의 서로 다른 세계에 살고 있다. 황종즈에 의하면, 오늘날 중국에서 중산계급을 포함해 노동법의 보호를 받는 '공식경제'에 속하는 인원은 총 취업 인구 중 단지 16.8%에 불과하며, 반면 노동법의 보호를 받지 않는 반공반농의 '비공식경제'에 속한 노동자는 83.2%에 달한다.[53]

·

53 황종즈는 중국 '비공식경제' 취업 인구를 도시의 미등록 고용 인원(주로 농민공으로 보모, 파출부, 경비, 식당 종업원, 배달직 등의 임시성 직원), 소규모 사영기업 및 소자영업, 향촌의 향진기업과 사영기업 및 자영업에 종사하는 인원으로 정의한다. 한편 '공식경제' 범주에는 정식 등록된 법인 신분을 갖춘 국유단위(50% 이상 차지)와 집체단위, 주식합작단위, 연합경연단위, 유한책임회사, 주식유한회사,

[표10] 1980~2010년 전국 공식·비공식경제 취업인원 수와 비율(단위: 만 명)

연도	총 취업 인원 수	공식경제 집체경제 취업인원 수	공식경제 집체경제 취업인원 비율	도시 비공식경제 취업인원 수	향촌 비공식경제 취업인원 수	비공식경제 취업인원 비율
1978	40,152	40,152	100%	–	–	–
1990	64,749	14,057	21.7%	2,984	47,708	78.3 %
1995	68,065	15,291	22.5%	3,749	49,025	77.5 %
2000	72,085	11,584	16.1%	11,567	48,934	83.9 %
2005	74,647	11,225	15.0%	17,164	46,258	85.0 %
2010	76,105	12,765	16.8%	21,922	41,418	83.2 %

자료: 국가통계국(편), 『중국통계연감(2011)』, [표4-2], 黃宗智, 2013에서 재인용.

황종즈 논의에서 특징적인 것은 향촌 취업자도 비공식경제 인구
의 범주로 분류한다는 것인데, 이렇게 해야만 중국의 현실과 특징
을 더욱 분명히 드러낼 수 있다는 것이다. 그는 전통적 의미의 '노동
자'와 '농민'이라는 두 가지 계급 범주는 사실상 개혁기간에 진행된
가장 거대하고 핵심적인 사회경제적 변천을 은폐했다고 본다.[54] 즉

홍콩, 마카오, 타이완 및 외국계 투자단위가 포함된다(黃宗智, 2013). 여기에서 '반공반농' 가정이 의
미하는 것은 오늘날 2억6천만 명에 달하는 농민공이 존재하는 현실에서 절대다수의 농촌 가구 가
족 구성원 중 1명 이상의 농민공이 포함되기에, 반은 공업, 반은 농업인 가정을 지칭하는 것으로
'반¥프롤레타리아화'된 가정이라고 말할 수 있다. 역공역농은 노동자 겸 농민을 의미하는 것으로,
농한기에는 공장에서 임시직 혹은 계절직으로 노동하고 농번기에는 농사를 짓는 농촌 호적 노동
인민을 지칭한다.

54 이러한 측면에서 황종즈는 중국 노동자들이 이미 혹은 머지않아 동등한 대우를 받는 단일한 노동
시장으로 통합될 것이라는 상상에 기초해 중국이 '루이스 전환점'에 진입했다고 보는 견해나 중국
의 사회구조가 중산층이 두꺼운 '올리브형' 사회에 도달했거나 매우 빠른 속도로 접근하고 있다는

계획경제 시기처럼 명확하게 구분 가능한 '도시-노동자'와 '농촌-농민'이라는 단순한 분류는 더 이상 중국 현실에 적합하지 않다는 것이다. 오늘날 중국에서 대다수 '노동자'는 도시주민이 아니라 농촌 호적 인구이며, 가족 구성원 일부는 여전히 농촌에 있지만 대다수 '농민'이 단순하게 농업에만 종사하는 것이 아니다. 동시에 또 다른 가족 구성원은 도시와 농촌에서 취업하거나 비농업 직업에 종사한다. 이러한 '반공반농' 가정이 사실상 중국의 가장 방대하고 기본적인 경제단위다. 따라서 황종즈는 오늘날 중국 사회의 주요 차별은 공업과 농업, 비농업 직업과 농업처럼 단순하지 않으며, 심지어 도시와 농촌 간의 차별처럼 단순화되지 않는다고 본다. 오히려 주요 차별은 법적 신분과 사회복지 혜택을 누리는 '도시의 공식경제 성원'과 이를 갖추지 못한 '도시 및 농촌 비공식경제 성원' 간의 차별이라고 강조한다(黃宗智, 2013). 분명한 것은 오늘날의 노동관계 법제도는 혁명 전통이 강조한 '노동자' 혹은 '공농工農계급'의 대다수를 그 외부로 배제하고 있다는 사실이다.

비정규 부문 노동자의 사회적 배제는 이들에 대한 차별적인 사회보장 수준에서 잘 드러난다. 중국의 사회보장제도는 기본적으로 도시 지역 정규 노동자를 중심으로 운용되어 왔기에 농민공 및 사영기업, 자영업체에 고용된 비정규 노동자는 사회보장 체계에서 배제되어 왔다. 특히 농민공 입장에서 보면, 농촌의 의료보험 수준이 너무 낮아 효용성이 상대적으로 제한적이고, 여전히 도시주민의 수준에 이르지 못한다. 게다가 자녀 의무교육에 대한 권리와 마찬가지로 의료보험도 기본적으로 호적 소재지에서만 효력이 있으며, 직장소재지에서는 실질적인 혜택을 받을 수 없거나 상당히 제한적이다. 비정규 부문에 고용된 노동자는 국가 법률에 의한 '노동관계' 범주에 속하지 못함을 의미하기에 이들은 노동관계 법률의 보호도 받을 수 없다.[55] 노동법의 보호를 받을 수 없는 비정규직 고용노동자 확대는 노동운동 전망과 관련해서도 중요한 의미가 있다. 특히 개혁·개방 과정을 거치면서 '주인공' 지위에서 '상품'으로 전락한 노동자들이 과거의 '노동계급'이라는 정치적 신분에서 벗어나 변화된 환경에 따라 새로운 저항 주체로 거듭나고 있음에 주목할 필요가 있다. 사회경제적으로 배제된 노동자의 저항은 중국 노동체제의 제도적 혁신이 시급함을 드러내는 것이기 때문이다.

무엇보다 폭스콘 사건과 혼다자동차 파업 등 중국 내 주요 노동분쟁을 주도하는 주체가 바로 개혁·개방 이후 형성된 신세대 노동자이기에 이들의 기본 현황과 특징을 파악하는 것이 중요하다. 신

---

55 1995년에 반포된 노동법은 법적으로 규정된 '노동관계'의 함의를 명확하게 규정한다. 즉 정규적인 '노동관계'는 '법인 신분'을 갖춘 고용단위와 그 정식 직공 간의 관계로 확정됐다. 특히 법인 신분을 갖춘 고용단위를 정규 기업 외에도 '국가기관', '사업단위' 및 '사회단체'의 직공도 포함한다고 설명한다. 이처럼 '노동법'은 단지 이들 법정法定단위의 '노동관계'에만 적용되는 것으로, 현실적으로 정규 '법인 신분'을 갖지 않은 고용단위와 그 직원 간의 관계에는 적용되지 않는 것으로 여겨졌다. 또한 임시공 및 특정 프로젝트의 노무를 위해 고용된 노동자들에게도 적용되지 않았다(黃宗智, 2013).

세대 노동자의 주요 특징은 다음과 같다. 첫째, 대부분 농사 경험이 없기 때문에 귀향정책을 통해 농촌으로 돌아가기 어려운 집단으로, 도시에 정착해 생활을 영위하고자 한다. 둘째, 이전 세대보다 학력 및 직업훈련 수준이 높고, 인터넷 공간에서의 의사소통이 자유로우며, 인터넷 정보와 지식을 기반으로 권리의식이 높은 편이다. 셋째, 급속한 경제성장 시기에 성장했기에 물질적으로 비교적 풍부한 생활을 경험했고, 소비 욕구와 발전에 대한 기대가 높다. 넷째, 이전 세대보다 노동자로서의 정체성이 강하다(황경진, 2010a; 김병철, 2010). 이처럼 이전 세대보다 상대적으로 교육수준이 높고 권리의식도 강한 신세대 노동자가 최근 중국 노동시장 및 노사관계, 노동분쟁의 중심 세력으로 부상하면서 이들의 강한 계급의식, 단체행동 배경, 저항 동력에 대한 분석이 중요해지고 있다.

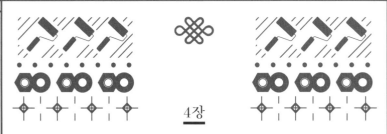

4장

노동자 저항의 정치사회적 동학 :
신노동자의 형성과 미래

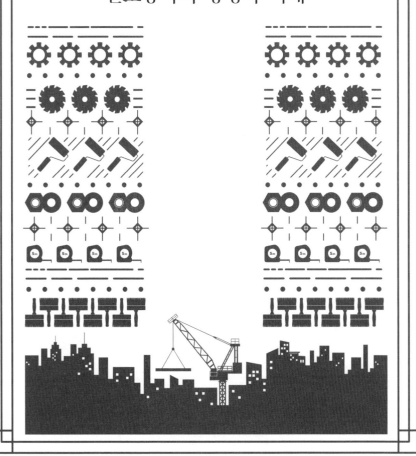

1. 노동자 정체성 변화와 신노동자 조직화

(1) 노동자 정체성 자각 변화: '농민공'에서 '신노동자'로

중국은 2008년 세계 최대의 공산품 수출국이 되었고, 2009년에는 세계 2위의 외국인 투자유치국으로 성장했다. 2010년 7월 말 중국의 외화 보유액은 세계 1위를 차지했으며, 2010년 중국의 국내 총생산 규모가 처음으로 일본을 추월하여 세계 2위의 경제대국이 되었다. 이러한 중국 경제의 고도성장 과정에서 '신노동자'라는 새로운 집단이 등장했다.[56] 여기서 말하는 '신노동자'는 일과 생활은 도시에서 하지만, 호적은 농촌에 둔 '품팔이' 집단을 지칭한다. 뤼투에 의하면, 신노동자라는 용어에는 두 가지 의미가 있다. 첫째, 과거의 국유기업 노동자와 대비되는 의미다. 그들은 국가노동자로 편제되어 있었으며, 각종 복지와 안정적인 대우를 받았다. 그러나 현재의 '신노동자'는 실질적으로 노동자工人이지만, 과거의 노동자와 같은 대우는 받지 못한다. 둘째, '새로운 산업 노동자'라는 의미다. 개혁·개방

---

[56] 중국의 '신노동자'는 업종이나 지역, 노동조건에서 다양한 차이가 존재하지만, "일과 생활은 도시에서 하고 호적은 농촌에 둔 노동자 집단"이라는 객관적 특성을 공유하고 있다(뤼투, 2017).

이후 공업화·도시화가 진행되면서 농민들이 도시에서 취업할 가능성이 높아졌으며, 결과적으로 거대한 규모의 신노동자 집단이 형성됐다. 따라서 신노동자 집단은 개혁·개방 과정의 산물이며, 후기 사회주의 시기에 진행된 '노동력의 상품화'라는 새로운 정세의 산물이라고 할 수 있다. 또한 중국이 '세계의 공장'으로 변모하는 과정에서 만들어낸 새로운 정책과 법률, 윤리규범, 도농관계와 사회관계의 산물이다(뤼투, 2017). 신노동자 형성을 이해하기 위해서는 먼저 중국 노동자의 정체성 변화와 계급의식 자각을 역사적인 시각에서 분석할 필요가 있다.

신중국 성립부터 개혁·개방 이전까지 중국에서 '노동자'는 하나의 개념어로 존재했다. 그러나 개혁·개방 이후 현재까지의 격변 속에서 과거의 '노동자'는 소멸했다. 새롭게 출현한 노동자 집단이 바로 저임금 노동력으로 간주되는 품팔이들이었으며, 이들은 주로 '농민공'으로 호명됐다. 하지만 2000년대에 접어들면서 농민공의 세대구성이 전환되기 시작했다. '신세대 농민공'이 점차 농민공의 주력이 되고, 노동운동의 주체로 자리 잡은 것과 함께 이들의 새로운 특성이 주목받고 있다.

신세대 농민공은 자신들의 정체성을 자각하고 계급적 주체로서의 의식을 고조시키고 있다. 중국에서 이제까지 '농민공'을 지칭하는 용어는 매우 다양하게 사용돼왔다. 그중 '농민공'이라는 표현이 가장 일반적으로 사용됐으며, 민공, 품팔이, 공돌이打工仔, 공순이打工妹, 맹목적 유동자盲流, 외래공外來工 등 다양한 호칭이 있었다. 현재

[표11] 연령대별 농민공의 구성 비율(단위: %)

	2011년	2012년	2013년	2014년	2015년
16~20세	6.3	4.9	4.7	3.5	3.7
21~30세	32.7	31.9	30.8	30.2	29.2
31~40세	22.7	22.5	22.9	22.8	22.3
41~50세	24.0	25.6	26.4	26.4	26.9
50세 이상	14.3	15.1	15.2	17.1	17.9

자료: 중국국가통계국, 「2015年農民工監測調査報告」

'농민공'이라는 용어를 지지하는 사람들은 이 용어가 단지 현상과 사실을 말하는 것에 불과하며, 차별적인 의미는 없다고 주장한다. 이 용어는 농민공이 농촌에서 왔고, 도시에서 노동하며, 도시와 농촌 사이에서 유동하고 있다는 사실을 나타내는 용어일 뿐이라는 것이다. 그러나 뤼투는 "30년 동안 사회구조적 변화를 겪으면서 농민공이라는 용어가 이제 중국 신노동자 집단의 주류를 묘사하는 데 적합하지 않다"고 말한다(뤼투, 2017). 왜냐하면 농민공이라는 용어는 더 이상 객관적인 사실을 대표하지 않기 때문이다. 그에 의하면, 1970년대와 1980년대에 농민공이라는 용어를 사용한 것은 이 시기에 도시로 와서 노동했던 대부분 농민이 '계절성 이주 품팔이'들이었기 때문이다. 따라서 농번기에는 집으로 돌아가 농사를 짓던 당시 품팔이의 이중적 신분을 표현하기에 농민공이라는 용어가 비교적 적합했다. 그러나 1990년대와 2000년대 이후부터는 대다수 농민공이 농업에 종사하지 않으며, 오히려 장기적이고 지속적으로 도시에서 일하고 생활한다. 따라서 뤼투는 '농민공'이라는 용어는 시대적 상황에 맞지 않으며, 폐기해야 할 구시대의 산물이라고 주장하면서 그 근거를 다음과 같이 제시한다.

1990년대와 2000년대 이후부터는 대다수 품팔이가 농업에 종사하지 않고, 장기적이고 지속적으로 도시에서 일하며 생활한다. 따라서 농민공이라는 용어는 적합하지 않다. 우선 농민공은 그 의미를 충분히 담지 못한다. 품팔이 대부분은 공업이나 서비스업에 종사하며, 더 이상 농사를 짓지 않기에 농민이 아니다. 둘째, 품팔이들의 호적이 농촌에 있으므로 농민공이라는 호칭을 써야 한다는 논리는 신분에 근거한 차별이나 경시 풍조를 쉽게 형성한다. 호적제도는 시대에 부합하지 않으며, 개혁이 요구되는 구체제의 산물이다. 게다가 호적을 통해 인구 유동을 제약하는 것은 사회 진보에도 도움이 되지 않는다. 셋째, 많은 경우 호칭은 권익문제를 내포한다. 품팔이를 농민공이라 부르는 것은, 이들이 도시민과 같은 의미의 평등한 공민이나 노동자가 아님을 은연중에 함축한다. 넷째, 더 중요한 것은 품팔이 스스로가 공평과 존중을 요구한다는 점이다. 이들의 요구는 인적 규모 및 생활과 노동 측면에서 물질적 토대를 갖췄으며, 나아가 정신적 측면의 요구를 형성하는 중이다(뤼투, 2017: 57).

중국의 개혁 과정에서 산업의 주역으로 등장한 신노동자들은 과거 사회주의 시기에는 호구제도라는 제도적 차별 속에서 분명한 정체성을 갖는 사회적 주체가 아닌 농촌과 도시를 오가며 어느 쪽에도 속하지 못하는 불안정한 집단으로 간주됐다. 즉 이들에게는 오직 '주어진 정체성' 혹은 '수동적 정체성'만이 존재했다(장윤미 2012a: 93~94). 그러나 사회적으로 농민공이라는 용어가 보편적으로 사용되는 것은 신노동자들이 발언권을 장악하지 못하기 때문이다. 담론은 언제나 정치적이며, 권력이 없거나 목소리를 낼 수 없는 집단은 항상 대표되거나 호명될 뿐이다. 최근 신세대 농민공을 주축으로 한 신노동자는 자신들이 개혁·개방 과정에서 새롭게 형성된 노동자임을 자각하고 있으며, 기존의 농민공이라는 '이중적 신분 정체성'을 거부하고 스스로 '신노동자'로 호명하며 정체성을 확립하고 있다. 즉 "더 이상 유동적이고 불안정한 사회집단이 아닌, 새로운 변혁 주체로 중국 정치 과정의 핵심으로 떠오르고 있는 것"이다(장윤미 2012a: 94). 이와 같은 정체성 자각 변화는 2009년 10월 28일 개최된 제2회 '신노동자 문화예술제'에 참석한 노동자의 발언에서 잘 드러난다.

저는 오늘 이 자리에서 자아 정체성의 문제, 즉 농민공의 신분 문제에 관해 이야기하려 합니다. 이 문제는 높은 곳에서 멀리 보는 지식인이나 전문가, 학자에겐 사소한 문제일지 모릅니다. 그러나 우리에게는 나아갈 방향이며, 우리 행동에 지대한 영향을 미칠 수 있는 중요한 문제입니다. 우리가 이 문제를 토론하지 않는다면 우리의 인식과 방향은 잘못된 것이며, 우리의 실천은 아무 의미가 없습니다. 우리는 줄곧 농민공이라는 호칭을 배

격해왔습니다. 많은 사람이 한낱 호칭에 신경쓴다며 이상하게 생각합니다. 농민공이라는 용어는 표면적으로는 사실이지만, 이 '사실'은 도덕을 무시한 것이기에 사실이 아닙니다. 하나의 주체는 결코 두 개로 나뉠 수 없습니다. 목적지 반대로 가는 기차표 두 장을 살 수 없는 것과 마찬가지입니다. 이러한 인식은 직접 경험해야만 느낄 수 있습니다. 우리는 누구입니까? 누가 결정합니까? 바로 우리 자신입니다. 자아 정체성은 도덕의 문제이지, 사실의 문제가 아닙니다. 우리가 고통과 어려움을 겪을 때, 우리는 동시에 서로 다른 두 주체가 될 수 없습니다. 반드시 하나를 선택해야 합니다. 그렇지 않고 계속해서 농민공이라 불리며 일한다면, 곧 끔찍한 상황을 맞이할 겁니다. 예전에 수많은 건축현장에 가본 적이 있습니다. 수십 명의 노동자가 간이숙소에 거주하며 열악한 조건을 감내하고 있었습니다. 그 이유를 물었더니 "우리는 농민공이니까요"라고 대답했습니다. 농민공이라는 신분을 인정하고 동일시하는 겁니다. 우리가 행동가이자 실천가라면 이 문제를 중요하게 인식해야 합니다. 자신을 농민공이라 여기면 스스로 노예가 되는 것이자, 우리의 힘을 상실하는 것입니다(뤼투, 2017: 58~59).

이처럼 '신노동자'라는 호명은 일종의 요구가 담긴 개념이다. 신노동자라는 개념에는 노동자를 비롯한 모든 노동하는 사람의 사회적·경제적·정치적 지위향상 요구가 내포되어 있다. 즉 이 개념에는 새로운 노동자계급을 중심으로 새로운 사회와 문화를 창조하려는 갈망이 반영되어 있다(뤼투, 2017). 현재 중국 사회는 과거 30년 동안 이룩한 경제발전을 기초로 사회적 공평과 조화를 추구하기 시작했다. 이를 위해서는 반드시 2억8천만 명에 달하는 신노동자 집단의 요구를 중시해야 한다.[57] 과거 30년간은 신노동자 집단이 수적으로 형성해가는 과정이었다면, 앞으로는 이들이 사회적 진보와 집단적 지위향상을 추구해가는 과정일 것이다. 이처럼 개혁·개방과 중국 경제의 급부상은 신노동자 형성을 위한 물질적 조건을 제공했다. 그러나 신노동자 형성의 필수 조건은 계급의식 성장이며, 신노동자의 정체성 자각이 곧 계급의식 성장으로 이어지지는 않는다. 즉 이들을 체제 내부로 포섭하거나 갈등을 은폐하려는 국가의 노동 통제 전략 및 차별적 상황 역시 여전히 존재하며, 이것이 신노동자의 계급 의식 형성과 조직화를 제약한다. 따라서 먼저 신노동자 집단의 형성 과정과 이에 따른 계급관계 변화를 좀 더 자세히 분석할 필요가 있다.

---

57 이와 관련해 2004년 3월 제10기 전국인민대표대회 2차회의에서 원자바오溫家寶 총리는 〈정부 공작 보고〉를 통해 '사람을 근본으로 하는以人爲本' 치국 이념을 분명히 제시하고, 과거 경제발전을 과도하게 강조함으로써 발생한 사회문제 교정을 시작했다.(출처: http://www.people.com.cn/GB/shizheng/1026/2393516.html)

(2) 신노동자 집단 형성과 사회적 파열

신노동자 집단의 성장을 주목한 국무원은 2006년 3월 27일 〈농민공 문제 해결에 관한 약간의 의견國務院關於解決農民工問題的若干意見〉을 발표해 이 집단의 지위를 규정했다. 이 문건은 신노동자 집단이 '새로운 노동 대군'이며, "이미 산업 노동자의 중요한 구성 부분이 되었다"고 규정했다.[58] 이처럼 신노동자는 질적·양적 측면에서 중국 노동력의 중요한 구성요소다. 우선 [표12]에서 볼 수 있듯이, 농민공의 전체 규모는 2017년 말 기준 2억8천만 명 정도로 파악된다. 그중에서 '농업에 종사하지 않고 농촌도 떠난離土離鄉' '외지 유출 노동자'는 약 1억7천만 명으로, 이들이 도시 취업 노동자의 절대적 비율을 점한다. 또한 '농업을 그만뒀지만 농촌을 떠나지는 않은離土不離鄉' '본지 노동자'는 약 1억1천만 명에 달한다.[59]

[표12] 2012~2017년 농민공 수(단위: 만 명)

구분	2012년	2013년	2014년	2015년	2017년
전체 농민공	26,261	26,894	27,395	277.47	286.52

·

58 　人力資源和社會保障部. 2018. "2017年國民經濟和社會發展統計公報". 國家統計局網站. 2018.12.6.

59 　한편 2006년 「중국 농민공 문제 연구 총보고」에 의하면, 농민공 중 30.3%(0.364억 명)가 제조업에 종사하고, 22.9%(0.275억 명)가 건축업에 종사하는 것으로 나타났다. 이 밖에 약 0.56억 명이 3차산업에 취업했는데, 그중 10.4%(0.125억)가 보모, 청소부, 환경미화 차량 운행, 경비, 이발사, 택배·배달 등의 사회 서비스업에 종사하며, 6.7%(0.08억)는 숙박 및 요식업 종업원, 4.6%(0.005억)는 소상점, 영세 상인, 백화점 판매원 등과 같은 도매 및 판매업에 종사한다(黃宗智, 2013).

외지 유출 농민공	16,336	16,610	16,821	16,884	17,185
본지 농민공	9,925	10,284	10,574	10,863	11,467

자료: 중국국가통계국, 「2014年全國農民工監測調查報告」,
「2015年全國農民工監測調查報告」,
인력자원사회보장부, 「2017年國民經濟和社會發展統計公報」를 토대로 재구성.

국무원 연구실이 2006년 4월 발표한 〈중국 농민공 조사 보고〉도 "농민공이 2차산업 종사자의 58%를 차지하고, 3차산업 종사자의 52%를 차지함으로써 중국의 공업화와 경제발전을 지탱하는 중요한 역량이 되었음"을 분명하게 보여준다. 2015년 발표한 〈중국 농민공 모니터링 조사 보고〉에 의하면, 2차산업에 종사하는 농민공은 55.1%이며, 3차산업 종사자는 44.5%인 것으로 나타났다. [표13]은 농민공의 산업별 취업 분포를 구체적으로 보여준다.

[표13] 2015년 농민공의 산업별 취업 분포(단위: %)

구 분	2014년	2015년	증감률
제1차산업	0.5	0.4	−0.1
제2차산업	56.6	55.1	−1.5
제조업	31.3	31.1	−0.2
건축업	22.3	21.1	−1.2
제3차산업	42.9	44.5	1.6
도소매업	11.4	11.9	0.5
교통 운수, 창고 및 우정업	6.5	6.4	−0.1
숙박 및 요식업	6.0	5.8	−0.2
주민 서비스, 수리 및 기타 서비스업	10.2	10.6	0.4

자료: 중국국가통계국, 「2015年農民工監測調查報告」

'베이징 노동자의 집北京工友之家'의 '품팔이 문화예술박물관' 벽에는 〈품팔이 노동 30년 역사도〉라는 도표가 걸려 있는데, 이들 집단의 역사적 형성 과정을 명확하게 보여준다.[60]

[그림7]

(*) 1980년대 초기 중국 농촌에서 추진된 중요한 개혁 시도로, 농촌 토지제도 변화의 중요한 전환점이 되었다. 1978년 11차 3중전회 이래 중국은 개혁·개방을 추진했는데, 가장 먼저 농촌 개혁이 추진됐으며, 이를 표지하는 것이 바로 농가별 생산책임제, 즉 '가정토지연산승포책임제家庭土地聯産承跑責任制'다.

(**) 남순강화南巡講話는 1992년 1월 말부터 2월 초까지 덩샤오핑이 상하이, 선전, 주하이珠海 등 남방 경제특구를 순시하면서 개혁·개방을 더욱 확대할 것을 주장한 담화를 말한다. 이 담화는 이후 1992년 10월 개최된 제14차 공산당 전국대표대회 보고서에 전문이 수록됐고, 사회주의 시장경제론을 천명하는 기초가 됐다.

(***) 쑨즈강孫志剛 사건은 광저우廣州시의 한 회사에 다니던 후베이성 출신의 쑨즈강이라는 청년이 2003년 3월 17일 저녁 피시방으로 가던 중 임시거주증을 소지하지 않았다는 이유로, 경찰에 의해 '3무無 인원'(신분증, 임시거주증, 고용증명서가 없는 외부 호적 인원)을 강제 송환하는 광저우시 수용소로 호송되어 수용소 직원과 다른 수용자들에 의해 집단구타를 당해 3월 20일 사망한 사건을 말한다. 이 사건을 계기로 이주노동자를 강제 수용해 송환하는 제도를 철폐하라는 각계의 요구와 저항이 거세게 일어나 그해 철폐됐다.

출처: 뤼투, 2017: 67.

·

60   '베이징 노동자의 집'은 중국 각지에서 일자리를 찾아 모여든 2만 명 넘는 품팔이가 사는 베이징 수도국제공항 근처 변두리 마을인 피춘皮村에 위치한다. 약 100여 명의 활동가가 신노동자 예술극장, 노동자 박물관, 어린이 도서관, 협동조합 농장, 노동자대학 등을 설립해 운영하며, 신노동자가 주체적 삶의 터전을 일구는 '현장'이자 새로운 운동기지 역할을 하고 있다. 그러나 최근 건물 노후로 인한 누전 위험과 무질서를 이유로 당국에 의해 철거될 위기에 놓여 있다.

[그림7] 퇀핑이 노동 30년 역사도

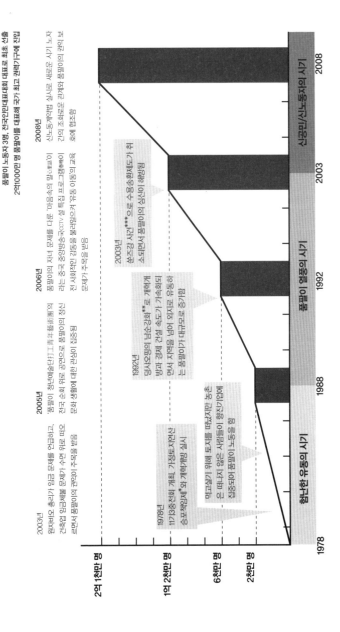

[그림7]은 과거 30년간의 '품팔이 노동' 역사를 세 단계로 구분한다. 1단계는 1978년부터 1988년까지의 '험난한 유동'의 시기다. 이 시기에는 농민의 이주노동을 정부가 엄격히 통제했고, 도시에서 품팔이하는 사람들은 '맹목적인 유동인구'로 불렸다. 또한 1980년대부터 농촌의 집체 생산조직이었던 인민공사人民公社가 해체되고, 가족 단위의 농업경영 체제가 확립되면서 거대한 규모의 잉여 노동력이 발생했다. 이에 따라 정부 지원으로 농촌 공업기업인 향진기업鄕鎭企業이 육성되어 농촌의 잉여 노동력을 대규모로 고용하기 시작했다. 이후 향진기업에 고용된 농민공은 1980년대 중엽부터 계속 급증하여 1992년에는 1억 명을 돌파했다. 농가 내 농업·비농업 종사의 분업이 이뤄졌고, 겸업·재택·통근 등의 노동 형태가 나타났다(얀샨핑, 2014: 79). 2단계는 1989년부터 2002년에 이르는 '품팔이 열풍'의 시기로, 2002년 농민공 규모는 1억2천만 명에 달했다. 이 시기에는 농민의 도시 이주에 대한 정부 통제가 없었으며, 도시와 공업 발전을 위해 대량의 노동력이 필요했으므로 농민들에게 도시에서 일할 기회가 제공됐다. 그러나 이렇게 이주한 품팔이들은 도시에서 '임시 거주자' 신분일 뿐이었으며, 언제든 다시 송환될 위험에 직면해 있었다. 3단계는 2003년부터 2008년에 이르는 '신공민/신노동자'의 시기이며, 2008년 초 농민공 수는 2억1천만 명에 달했다. 특히 정책 변화 측면에서 이 시기는 중요한 역사적 의미가 있다. 왜냐하면 2003년 '강제 수용 및 송환收容遣送' 제도(1982년에 제정된 '수용자 송환 조례'에 따라 도시로 이주한 농민공은 주민 신분증, 잠주증, 재직증을 항상 소지해야

하며, 그렇지 않을 경우 강제로 수용·송환됐다)가 폐지됐고, 2008년부터는 노동계약법이 시행되어 법률적으로는 단일한 노동체제에 편입됐기 때문이다(뤼투, 2017). 그러나 중국 사회에는 여전히 농민공 신분의 이중성, 주변성, 모순성이 곳곳에 나타난다. 무엇보다 농민공은 시민 혹은 공민 신분을 갖춘 존재로 간주하지 않기에 이등시민 혹은 비非시민으로 취급됐으며, 도시생활에서도 기본적 권익을 제도적으로 보장받지 못한다. 또한 취업차별, 고용불안, 저임금 및 고강도의 노동조건을 감내하며, 사회보장 제도로부터의 배제, 도시로 이주한 농민공 자녀에 대한 교육제도 결여, 농촌에 남겨진 아동의 양육문제 등의 사회문제가 산적해 있다.

먼저 신노동자의 고용불안은 다음 통계에서 잘 드러난다. 전총의 〈2010년 기업 신세대 농민공 상황 조사 및 대책 건의〉에 따르면, 신세대 농민공은 매년 0.26회(평균 4년에 한 번) 일자리를 옮겼고, 구세대 농민공은 매년 0.09회(평균 11년에 한 번) 직장을 옮긴 것으로 나타났다. 또한 일자리를 옮긴 적이 있는 신세대 농민공 가운데 자발적으로 노동계약 해지를 요구한 비율은 88.2%로, 구세대 농민공보다 16.9% 높다. 19.2%의 신세대 농민공이 조만간 일자리를 옮길 계획이 있다고 응답했는데, 이는 구세대 농민공(14.9%)보다 4.3% 높다. '베이징 노동자의 집'의 〈품팔이 주거 현황과 미래 발전 조사 보고〉(2009)에 따르면, 선전 지역의 신세대 농민공은 1년 반마다 한 번, 쑤저우蘇州 지역의 신세대 농민공은 2년에 한 번 일자리를 옮긴 것으로 나타났다.[61] 이를 통해 전반적으로 신노동자의 일자리가 매우 불안정함을 알 수 있다.

둘째, 중국의 경제발전과 세계에 대한 경제적 기여는 중국 신노동자의 저임금 노동을 바탕으로 한 것이다. 2009년 9월 인력자원사회보장부는 "통계에 따르면, 현재 농민공의 월평균 임금은 1417위안(한화 약 24만5천 원)"이라고 공표했다. 또한 전총 발표에서도 "조사를 진행한 1000개 기업에서 신세대 농민공의 월평균 수입은 1747.87위안으로, 도시 근로자 월평균 수입(3046.61위안)의 57.4%에 불과"함이 분명하게 드러났다. [표14]는 각 지역 신노동자의 2011년 최저임금 현황으로, 전년보다 소폭 상승했음을 알 수 있다.

[표14] 각 지역 농민공의 2011년 최저임금 표준

	월급(위안)	전년 동기 대비
장쑤江蘇	1,140	+19%
상하이上海	1,280	+14%
충칭重慶	870	+28%
저장浙江	1310	+19%
광둥(선전 미포함)	1300	+18%

자료: 스탠다드차터스 은행, Shai Oster, "중국 임금 상승이
전 지구적 저인플레이션 시대에 마침표를 찍었다",
『월스트리트 저널』 중문 인터넷판, 2011.5.9.

농민공의 임금수준은 계속 상승하고 있지만, 최근 경제 하락으로 임금인상 속도가 둔화하기 시작했다. 2015년 농민공의 1인당 월평

•

61   「打工者居住狀況和未來發展調査報告」, 北京工友之家所做的調研報告, 2009(공식 출판되지 않음).

균 소득은 3072위안으로, 전년 대비 208위안 증가했다. 이는 7.2%의 증가율로 전년 대비 2.6% 하락한 것이다. 특히 제조업, 건축, 숙박 및 요식업, 주민 서비스와 수리 및 기타 서비스업에 종사하는 농민공의 월평균 소득 증가율은 모두 전년보다 하락했는데, 각각 6.7%, 4.4%, 2.2%, 4.1%로 나타났다.[62]

[표15] 2015년 업종별 농민공의 1인당 월평균 소득 및 증가율

	2014년(위안)	2015년(위안)	증가율(%)
합계	2864	3072	7.2
제조업	2832	2970	4.9
건축업	3292	3508	6.6
도소매업	2554	2716	6.4
교통 운수와 컨테이너 및 우편사업	3301	3553	7.7
숙박 및 요식업	2566	2723	6.2
주민 서비스와 수리 및 기타 서비스업	2532	2686	6.1

출처: 국가통계국, 「2015年農民工監測調査報告」

셋째, 농민공의 '능력 빈곤' 문제도 갈수록 부각되고 있다. 단순하게 소득 측면에서 보면, 농민공의 경제적 소득은 원래 호적지인 농

62   國家統計局, 「2015年農民工監測調査報告」, 2016.4.28. (http://www.stats.gov.cn/tjsj/zxfb/201604/t20160428_1349713.html)

촌에 남아 농사짓는 사람들보다 높은 편이다. 그러나 농민공들은 지역 이동만 이뤘을 뿐 호적 신분 전환과 사회적 지위 이동을 실현하지는 못했다. 이들은 도시의 사회보장제도를 비롯한 각종 공공자원과 권익을 누릴 수 없으며, 가정경제가 부딪칠 수 있는 위험에 대처하는 능력도 취약하다.[63] 농민공의 교육수준이 여전히 낮은 것도 소득과 생활수준 향상을 제약한다. 중국 경제의 고도화에 따라 시장에서는 기술직 노동자에 대한 수요가 증가하고 있다. 그러나 [표 16]에서 볼 수 있듯이, 농민공은 교육수준이 상대적으로 낮기 때문에 시장 상황에 적응하는 능력이 부족하다. 따라서 현재는 농민공의 소득이 계속해서 증가하지만, 이 추세가 지속되기는 어려운 상황이다. 즉 농민공이 시장 상황에 적응하지 못하면, 소득이 급속하게 하락해 빈곤상태로 돌아갈 가능성이 크다(牛玲·喬健, 2016).

[표16] 2015년 농민공의 교육수준(%)

	농민공 합계	외지 유출 농민공	본 호적지 농민공
미취학	1.1	0.8	1.4
초등학교	14.0	10.9	17.1
중학교	59.7	60.5	58.9

•

63   이와 관련해 니우링과 차오젠은 "빈곤을 '최저생활 수준을 영위할 수 있는 능력의 결핍'이라고 정의한 세계은행(1990) 기준에 따르면, 농민공의 '능력 결핍' 정도는 심지어 도시의 소외계층보다 높다"고 지적한다(牛玲·喬健, 2016).

고등학교	16.9	17.2	16.6
전문대학 이상	8.3	10.7	6.0

출처: 국가통계국, 「2015年農民工監測調査報告」, 牛玲·喬健, 2016, 「中國工會在勞動力年齡·性別·貧困面臨的多重挑戰」에서 재인용.

넷째, 낮은 교육수준에 따른 '능력 빈곤'이 초래하는 문제는 신노동자가 스스로 노동 권익을 제대로 확보할 수 없다는 점에서도 드러난다. 특히 농민공의 사회적 권리와 고용기회가 공정하게 보장되지 않은 상황은 경제적 빈곤을 관리하고 제거하려는 국가의 정책적 노력을 저해한다. 국무원의 농민공 조사에 의하면, 2015년에 고용주나 고용단위와 노동계약을 체결한 농민공은 36.2%였으며, 전년보다 1.8% 감소했다. 그중 외지로 나온 농민공과 본적지에 있는 농민공의 노동계약 체결률은 각각 39.7%, 31.7%이며, 전년보다 1.7%, 1.6% 하락했다. 동시에 불황이 초래하는 압력 증대와 각 지역에서 시행된 경제 구조조정 등의 영향으로 예년보다 농민공의 임금체불이 '다발적이고, 일상화'됐다(牛玲·喬健, 2016). 특히 건축, 수리, 도로, 철로공사 및 노동밀집형 업종 등 전통적으로 임금체불이 높게 발생했던 영역뿐만 아니라, 다양한 범위의 업종에서 이러한 추세가 만연하고 있다. 예컨대 2015년에 임금체불을 당한 농민공 비율은 1%로, 전년 대비 0.2% 상승했다. 특히 건축업 농민공의 임금체불 비율은 2%로, 전년 대비 0.6% 상승했으며, 다른 업종보다 높게 나타났다. 농민공의 평균 체불임금은 9788위안으로, 전년 대비 2.9% 증가했다. 그중 외지로 나온 농민공의 평균 체불임금은 1만692위안으로 전년 대비 79위안 증가했고, 증가율은 0.7%다. 본적지에 남아 있는 농민공의 평균 체불임금은 8776위안으로, 전년 대비 519위안 증가(6.4%)했다.[64]

다섯째, 기본적인 법제도 정비를 통해 농민공에 대한 사회보험 적용을 명확히 했음에도 불구하고 농민공의 보험가입률이 현저히 낮고, 보장수준도 높지 않으며, 산재보험과 의료보험 적용이 심각하게 결여되어 있다. 게다가 실업보험 가입은 거의 없고, 양로보험은 동일 직장 근무연한 제한(15년)으로 일자리가 불안정한 농민공이 혜택을 받기가 쉽지 않다. 또한 농민공은 기본적으로 도시에서의 사회생활과 정치 과정에서도 배제되어 있다. [표17]은 2014년 농민공의 사회보험 현황을 보여주는데, 가입률이 매우 낮고 전년 대비 증가율도 미미한 수준임을 알 수 있다.

[표17] 2014년 농민공의 사회보험 가입 현황(단위: %)

구분	산재보험	의료보험	양로보험	실업보험	출산보험	주택공적금
농민공 평균	26.2	17.6	16.7	10.5	7.8	5.5
외지 농민공	29.7	18.2	16.4	9.8	7.1	5.6
본지 농민공	21.1	16.8	17.2	11.5	8.7	5.3
전년 대비 증가	1.2	0.5	0.5	0.7	0.6	0.5
외지 농민공	1.2	0.6	0.7	0.7	0.5	0.6
본지 농민공	1.0	0.4	0.3	0.9	0.8	0.4

자료: 중국국가통계국, 「2014年農民工監測調査報告」

---

64 國家統計局, 「2015年農民工監測調査報告」, 中國政府網, 2016.4.28.(http://www.stats.gov.cn/tjsj/zxfb/201604/t20160428_1349713.html)

[그림8] 베이징 피춘 노동자의 집

신노동자는 도시의 주택배정 계획에서도 배제되어 있다. 이들의 주거양식을 보면, 주로 도시 지역에 집단 거주촌을 형성하거나 공장 기숙사 혹은 공사현장 임시 건물에 산다(류아이위, 2013). 신노동자의 열악한 주거환경은 [그림8]과 [표18]에서 잘 나타난다.

피춘의 모든 품팔이는 현지 주민의 집에 세들어 산다. 보통 작은 방 한 칸을 빌리는데, 제공되는 기본 설비는 없다. 수도꼭지가 밖에 있거나 가스레인지를 놓을 공간이 없어서 방 입구나 방안에서 요리하는 경우도 있다. 겨울에는 석탄 난로로 난방해야 한다. 하지만 피춘의 방세는 매우 비싸다. 2011년에 철거된 주변 마을 노동자가 피춘으로 이주하면서 방세가 1~2배가량 폭등했다(뤼투, 2017, 107~108).

[표18] 쑤저우 지역 노동자의 주거 조건

주거 유형		공장 기숙사	셋방	집단 기숙사
공동 거주 인원		3∼8명, 평균 6명	1인실, 혹은 2∼4인 공동 임차(주로 2인 공동 임차)	6∼11명이 방 하나에 거주(주로 8명 공동 거주)
1인당 주거 면적		4.1㎡	5.8㎡	4㎡
주거 조건	화장실	기숙사 내부에 있거나 방 몇 개가 공동 이용	보통 몇 가구가 한곳을 공동 이용	기숙사 안에서 공동 이용
	샤워실	온수가 나오지 않아 다른 곳에서 떠오거나 외부 샤워실 사용	샤워실이 있는 곳이 드물고, 있더라도 온수가 나오지 않음. 샤워실이 없는 곳은 겨울에는 외부 샤워실을 유료로 이용하고, 여름에는 화장실에서 해결함.	기숙사 내부에 공동 샤워실이 있음. 온수는 따로 떠오거나 외부 샤워실 이용
	가구	개인 침대는 제공되나 다른 가구는 공장마다 다름. 옷장, 탁자, 의자가 없는 경우도 있음.	집주인에 따라 구비물품 다름. 제공되는 가구가 허술하고, 아예 제공하지 않는 곳도 다수임.	개별 침대, 개별 옷장, 작은 탁자 1개, 의자 2개 제공

자료: 北京工友之家, 2009, 「打工者居住狀況和未來發展調査報告」, 뤼투, 2017, 110p에서 재인용.

　마지막으로 신노동자의 자녀교육 및 양육문제도 심각한 사회문제로 대두되고 있다. 신노동자들이 도시의 열악한 노동환경과 주거조건에도 농촌으로 돌아갈 수 없고 도시에서 계속 버텨내야 하는 가장 큰 이유는 자녀의 미래 때문이다. 하지만 불확실한 미래를 위해 현재 신노동자는 자녀와 단절되어 있으며, 신노동자의 자녀는 농촌에 남겨지거나(잔류아동, 留守兒童) 부모를 따라 도시에서 유동(유동아동, 流動兒童)한다. 먼저 2005년에 실시된 전국 1% 인구 표본 추출 조사에 따르면, 중국 농촌에 만 0~17세의 잔류아동이 약 5800만 명 있으며, 만 14세 이하인 농촌 잔류아동은 약 4000만 명으로 추산된다. 전체 농촌 아동 중 잔류아동의 비율은 28.29%다.[65] 즉 평균적으로 농촌 아동 4명 중 1명 이상이 '잔류아동'인 셈이다. 현재 잔류아동에 대한 양육과 보살핌은 대부분 농촌의 연로한 노인들에게 맡겨진다. 도시는 농촌의 청장년 노동력을 탈취했을 뿐만 아니라, 노동력 재생산 비용을 빈곤한 농촌과 농촌의 노인에게 전가했다.

뤼투에 따르면, 이러한 '잔류아동'이 생긴 주요 원인은 다음과 같다. ① 신노동자 가정의 소득이 낮아 아이를 데리고 있을 경제적 조건이 되지 않는다. ② 신노동자는 대부분 노동시간이 매우 길어서 아이를 돌볼 시간이 없다. ③ 입학 및 진학이 지역적으로 할당된 규정 때문에 신노동자의 자녀가 부모를 따라와 도시에서 생활하고 학교에 다니기 어렵다(뤼투, 2017). 또한 도시 '유동아동' 규모와 구조에 관한 상세한 추산은 아직 제대로 이루어지지 않았지만, 민간 예측으로는 현재 유동아동의 수가 2000만 명을 넘어선 것으로 나타났다.[66] '유동아동'의 가장 큰 문제는 열악한 거주환경 및 부모의 잦은

•

65   高文書, "留守和流動兒童教育現狀", 中國網.

66   2011년 9월 〈봉황망鳳凰網〉 보도에 따르면, 베이징에는 신노동자 부모를 따라온 자녀 43만 3700명이 있으며, 그중 70%는 공립학교에, 나머지 10만 명 정도는 민간설립학교에 취학했다. 민간설립학교 중 62곳이 합법적으로 설립됐으며, 설립 허가를 받지 못한 112곳에는 학생 4만여 명이 다닌다. 또한 〈21세기 경제보도21世紀經濟報道〉은 2009년 12월 11일 자 보도에서 상하이 모델을 언급했다. 즉 상하이로 와서 품을 파는 수많은 농민공 자녀가 본지 공립학교에 몰려들어 의무교육을 받는데, 그 숫자가 상하이 전체 외래 농민공 자녀의 67%에 달했다고 한다. 한편 정부는 민간설립학교 보

직장 이동으로 인한 빈번한 전학이다. 상당수의 신노동자 자녀는 공립학교에 취학할 수 없고, 따로 개설된 민간학교에 다닐 수밖에 없다. 그러나 민간학교의 여건은 열악하고, 교사의 자질과 수급상황도 안정적이지 못하다. 신노동자 자녀의 부모는 노동시간이 길고, 휴일이 없는 경우가 많아서 아이들을 잘 보살피지 못한다. 마지막으로 호적제도가 초래한 사회적 차별 때문에 신노동자의 자녀들은 신분 정체성의 혼란을 겪는다. 이에 대해 뤼투는 "'유동아동'과 '잔류아동'이 공평한 교육 기회를 얻도록 하는 것은 사회적 책임이며, 잔류아동이 부모와 함께 살 수 있도록 하는 것 역시 사회적 책임"이라고 지적한다(뤼투, 2017).

이러한 신노동자들의 현실에 대해 쑨리핑孫立平은 '파열된 사회'라는 개념을 제기했다.[67] 즉 파열된 사회에서 사람들은 같은 시대를 살지만, 물질적 생활수준과 생존환경은 서로 다른 시대에 놓여 있다. 예컨대 베이징 중심에는 오피스텔, 금융센터, 쇼핑몰, 고급 아파트가 가득하며, 도시의 중산계급 아파트 지하실에는 청소 노동자, 경비원, 파트타임 노동자들이 살고 있다. 시 외곽에는 여러 업종에 종사하는 신노동자들이 열악한 주거환경에서 살아간다. 무엇보다

조정책을 통해 신노동자 자녀가 민간설립학교에서도 의무교육 권리를 누릴 수 있도록 했다. 또한 2008년 광저우시의 유동아동은 약 47만 명인데, 그중 40%인 19만 명이 공립학교에, 나머지 29만 명은 민간설립학교에 다닌다.

67   孫立平, "我們在開始面對一個斷裂的社會?", 〈360doc個人圖書館網站〉, (http://www.360doc.com/content/07/0104/14/16099_318139.shtml)

신노동자의 직업, 사상, 소비관념은 도시화됐지만, 이들의 임금수준, 생활환경, 사회보장은 도시화되지 않았다. 이처럼 신노동자에 대한 사회적 비용을 책임지지 않고, 눈앞의 이익에만 매몰된 기업과 사회정책으로 인해 신노동자는 도시와 농촌 사이에서 진퇴양난에 처했다(뤼투, 2017). 이는 노동자 개인의 문제가 아니라 전환기의 사회문제다. 도시발전은 대규모의 노동력을 필요로 했지만, 농촌으로부터 이주한 노동자들이 도시발전과 경제발전의 성과를 공평하게 누리지 못하면서 사회에 파열이 발생했고, 신노동자 집단은 그 파열 속에서 방황하고 있다.

그러나 중국 신노동자의 계급의식도 각성하고 있다. 노동자 의식 각성은 그들의 일상적인 노동과 삶의 경험에서 나온다. 톰슨에 의하면, 계급은 "어떤 사람들이 공통된 경험의 결과 자신들과 이해관계가 다른 타인과 대립하는 동일한 이해관계가 존재함을 느끼게 되고, 또 그것을 분명히 깨닫게 될 때" 나타난다(톰슨, 2000). 이러한 측면에서 신노동자는 자신의 노동과 생활 과정에서 계급의식을 형성하고 있다. 하지만 구조적 측면에서는 아직 분명한 계급의식이 구성되지 않았다. 2010년 중국에서 노동자 파업이 확산하기 전까지만 해도 일반적으로 농민공은 집단적 저항의식과 권리의식이 매우 낮다고 인식됐다. 실제로 2006년 중국 광둥성 중산대학에서 실시한 조사에 따르면, 사회제도가 자신들의 합법적인 권익을 보장할 수 없는 상황에서 대다수 농민공은 저항이 아니라 해당 지역을 떠나는 쪽을 선택했다(왕칸, 2010). 이러한 측면에서 일부 연구자는 농민공을 '계급 실어증'에 빠진 존재로 분석하기도 했으며(Pun & Lu, 2010), 농민이자 노동자인 농민공의 '유동적 정체성'이 오히려 중국 사회의 안정성을 창출하는 구조적 기능을 담지한다고 보는 시각도 존재했다. 그러나 신노동자의 '단기 취업'은 불안정고용을 만성화하는 국가 정책에 대한 새로운 형태의 저항이라고 볼 수도 있다. 신노동자는 취업이 불안정해 부단히 일자리가 바뀌지만, 여전히 도시에서 품팔이 노동을 지속한다. 이러한 측면에서 보면, 뤼투의 지적처럼 이직 移職은 '약자의 무기'다.[68] 이들은 이직이라는 무기를 운용하는 과정에서 노동자 집단으로서의 의식을 심화한다. 즉 신노동자는 자신들의 방식으로 요구와 저항 의지를 표현하는 것이다. 특히 앞서 보았듯이, 2000년대에 접어들면서 농민공의 세대구성이 전환되기 시작하고, '신세대 농민공'이 신노동자의 주력과 노동운동의 주체로 자리 잡으면서 이들의 집단적 저항과 조직화는 훨씬 복잡하고 다양한 방식으로 전개되고 있다.

---

68 뤼투는 '노동의 단기화'를 신노동자 저항의 주요 형식 중 하나라고 보았다. 그녀의 조사에 따르면, 신노동자의 이직 이유 중 해고는 소수에 불과하며, 대다수가 노동조건이나 노동보호의 열악함, 작업의 무료함, 더 나은 대우나 기술 향상 모색 등을 이유로 이직한다. 신노동자의 이직에 대한 유연한 선택은 더 많은 일자리 기회라는 객관적인 조건 아래 이뤄지며, 다른 한편 실질적으로 자신이 손해를 보기도 한다. 그러나 이 과정이 내포하는 저항적 성격이 노자관계 변화의 추동력임은 분명하다(뤼투, 2017).

(3) 신노동자의 집단적 저항과 조직화

1990년대 이후 중국에서 노동분쟁과 노동소요가 계속해서 발생하고 있다. 노동자 계급의식 변화 및 노동운동의 정치적 동학에 관심이 집중된 중요한 계기는 2010년에 발생한 폭스콘 공장 노동자의 연쇄 투신자살과 난하이 혼다자동차 파업이다. 이 두 사건은 투쟁방식의 급진성이나 파업 규모뿐 아니라, 노사분쟁을 처리하는 중국 노동정책의 한계를 노출하는 계기가 됐다는 점에서 중대한 의미가 있다. 즉 개혁·개방 이후 중국의 당-국가가 구축한 개별 노동자 중심의 법적 틀이 집단적 형태로 표출되는 노사분쟁을 해결하는 데 실패했음이 분명하게 드러난 것이다(정규식·이종구, 2016).[69] 중국에서 개별적 권리를 보호하기 위해 마련된 제도적 장치는 2008년부터 시행된 〈노동쟁의 조정중재법〉과 〈노동계약법〉이다. 그러나 이 법이 공포된 이후에도 집단적 노사분쟁은 사라지지 않았고, 파업은 계속 확산됐다. 특히 혼다자동차 파업은 개별적 권리 중심의 법적 틀과 집단적 이익을 중심으로 발생하는 노사분쟁의 괴리를 단적으로 보여준다. 즉 혼다자동차 노동자들이 파업 과정에서 제시한 800위안 임금인상이나 민주적인 공회 개혁 등은 집단적 이익에 기반한 것이다(정선욱·황경진, 2013). 그리고 이에 기초

•

69   개혁·개방 이후 중국의 노동규제 제도는 최저임금, 사회보험, 시간외 수당, 해고 보상 등에 대한 노동자 개인의 권리에 중점을 두는 개별권 중심이며, 노동자의 단체교섭, 조직화, 파업에 대한 집단적 권리는 크게 주목받지 못했다(Chen, 2007).

한 단체행동이 노동자들의 연대의식과 계급적 정체성을 더욱 고취하고 있다.

무엇보다 노동 관련 법제도 실행은 노동자의 권리의식 및 계급의식 형성과 밀접한 상관관계를 가진다. 그러나 중국의 노동 관련 법률제도는 내용적으로 노동자의 개별적 권리보호에 치중되어 있으며, 중국 정부는 공식적인 공회체제 이외의 노동자 조직과 단체행동을 경계한다. 단적으로 2008년에 발효된 〈노동쟁의 조정중재법〉은 노동자의 단체행동을 저지하기 위해 강압적인 조치를 취하는 동시에 조정수단을 활용함으로써 사회적 저항을 억압하는 기제로도 이용되고 있다(응-낑린, 2012). 다시 말해 법률적 수단에 의한 권리보장 제도 정비는 신노동자 집단의식에 큰 영향을 끼쳤지만, 반면에 그들의 투쟁을 법률적 틀 안으로 제한하는 측면도 있었다.

그러나 지속해서 발생하는 파업에서 드러났듯이, 기존의 노동관계 제도로는 노동자들의 높아진 권리의식과 평등의식에 부응하는 기능을 발휘할 수 없다는 것이 분명해지고 있다. 특히 신세대 농민공의 계급의식 자각은 독립적인 노동자 조직 형성을 촉구하고 있으며, 공회와 정부에도 노동제도 개혁을 촉구하고 있다. 이에 따라 중국 정부도 농민공 문제 해결을 사회안정 유지를 위한 중요한 과제로 인식하기 시작했으며, 국무원은 2006년에 〈농민공 문제 해결에 관한 약간의 의견〉을 발표해 농민공이 중국 산업발전에 기여하는 중요한 역량이 되었음을 공표했다. 이 문건은 농민공의 임금, 취업, 기술력, 노동보호, 사회보장, 공공관리와 서비스, 호적관리제도 개혁

등과 관련해 10개 부문에 걸쳐 총 40개 조항으로 구성되어 있다. 주요 내용은 ① 농민공 임금수준 제고와 임금체불 해결, ② 법에 의한 농민공 노동관리 규범화, ③ 농민공 취업알선 서비스와 직업기능 훈련 시행, ④ 농민공에 대한 사회보장 문제의 적절한 해결, ⑤ 농민공을 위한 실질적인 관련 서비스 제공, ⑥ 농민공의 권익을 완벽하게 보장하는 기제 수립, ⑦ 농촌 노동력의 근접 지방으로 이동 촉진 등이다.

[표19] <농민공 문제 해결에 관한 약간의 의견>의 주요 내용

범주	정책 내용
농민공이 직면한 주요 문제	저임금, 임금체불, 장시간 노동, 안전한 생산조건 미비, 미성년자 고용 사회보장·직업훈련 혜택, 자녀 진학문제, 주택문제, 신분문제
농민공 문제 해결을 위한 지도 방향	도시와 농촌의 동시 발전, 사람을 근본으로 하는 정책 추진
농민공 문제 해결을 위한 정책 원칙	– 공평한 대우, 서비스 강화, 관리 완비, 합리적 지도 – 현실문제의 정확한 인식, 장기적 발전을 위한 계획
농민공 문제 해결을 위한 정책 구조	도시와 농촌의 통일적인 노동시장과 공정한 취업제도 수립, 농민공의 권익보장을 위한 정책체계 수립, 농민공에 대한 도시와 농촌의 공공서비스 체계 수립
구체적인 정책	– 고용단위의 엄격하고 정규적인 임금 지급과 보증금제도 수립, 임금의 정액 정시 지급 확립, 최저임금 제도의 엄격한 집행, 최저임금 기준 제정 – 사용자의 계약 이행 지도·감독 강화, 생산·안전·위생 권익의 법적 확보, 여성과 미성년자 권익보호, 아동 고용의 엄격한 금지 – 농민공에 대한 도시에서의 취업차별 규정과 불합리한 제도 취소, 농민공을 산재보험 대상에 포함, 의료보장 및 양로보험의 해결 모색 – 우선 관할 지역에서 농민공을 관리하는 원칙 견지, 도시 공공서비스 체계로 포괄, 농민공 자녀의 평등한 의무교육 보장, 주거 조건 개선 – 농민공 토지도급에 대한 권익보호와 법집행 강화 – 향진기업과 지역 경제발전 및 인구 흡수 능력 제고, 해당 지역의 취업 역량 확대

자료: "國務院關於解決農民工問題的若幹意見", www.gov.cn, 남윤복, 2011: 241.

이와 관련해 2014년 12월 6일 중국 칭화대학교 사회학과에서 발표한 〈신세대 농민공의 조직화 추세新生代農民工的組織化趨勢〉라는 연구 보고서도 주목할 필요가 있다.[70] 이 보고서는 주로 공회, 노동NGO, 비공식집단非正式群體이라는 세 가지 측면에서 신세대 노동자 집단의 조직화 추세를 분석한다. 이에 따르면, 현재 중국에서 진행되는 '농민공 생산체제'에서 농민공은 단지 세계 공장의 저임금 노동력으로만 존재할 뿐 도시와 기업에서 안정적이고 장기적인 전망을 찾기 어렵다. 또한 최근 몇 년간 신세대 노동자의 집단적 조직화 추세가 출현했으며, 이는 과거와 비교해서 다음과 같은 중요한 변화를 보인다고 지적한다.

첫째, 농민공의 조직화 요구가 점점 강화하고 있다. 특히 기업 공회의 민주적 선거와 독립적 활동 쟁취가 점점 더 농민공 집단행동의 중요한 요구 조건이 되고 있다. 둘째, 현재 신세대 농민공 조직화 경로에 변화가 발생하고 있다. 농민공은 이전처럼 지연이나 친족관계에서 도움을 받는 것에 만족하지 않으며, 오히려 직업 네트워크가 이들 생활에서 중요한 위치를 차지한다. 또한 이들은 비공식 조직의 자원을 얻기 위해 호소하는 데 머무르지 않고, 노동NGO를 찾

---

70   이 프로젝트는 중국 청소년발전기금회의 지원으로 시행됐으며, 칭화대학교 사회학과 선위안沈原 주임교수 주도하에 여러 신진학자가 대거 참여했다. 모든 분석은 지역 조사, 노동NGO, 공회, 공장 내외 비공식 단체들과의 장기적 교류를 통해 이루어졌다. 조사 지역은 선전, 광저우, 베이징, 다롄大連, 정저우鄭州 등 주강 삼각주 지역으로 집중됐으며, 인터뷰와 좌담회 등 다양한 형식을 통해 자료를 수집했다. 인터뷰는 지방 공회 및 기업 공회 간부, 일반 농민공 등을 대상으로 진행됐다.

아가 도움을 요청하거나 민주적이고 독립적인 공회 건설을 직접 요구하기 시작했다. 셋째, 농민공의 요구 변화와 집단적 저항행동 증가는 기업 공회 및 노동NGO의 변화를 추동하고 있다. 실제로 일부 기업 공회는 민주선거 제도 시행을 시작했으며, 노동자를 대표해서 자본측과 단체협상을 진행하고 있다.[71] 또한 일부 노동NGO 조직은 노동자의 변화된 특성에 기초해 자신의 활동 역할을 능동적으로 조정하기 시작했다. 즉 활동의 중심을 기존의 산업재해 권리보호나 지역사회 서비스로부터 농민공의 집단적 권리를 보호하고 연대의식을 배양하는 방향으로 전환하고 있다. 넷째, 농민공 출신의 적극적인 활동가와 노동NGO, 변호사, 학자, 대학생 등으로 구성된 사회적 지원세력 사이에는 초계급적인 연대 네트워크가 초보적이나마 형성되고 있다. 또한 이들을 중심으로 더욱 광범위한 영역에서 노동자 권리보호를 위한 저항이 조직되고 있다.

이 보고서의 결론은 신세대 노동자의 집단화 추세를 돌이킬 수 없는 사실로 인정하고, 농민공의 변화와 요구를 존중하는 것만이 노동자 권리를 보호하고 노사충돌을 예방하는 유일한 길이라는 것

·

71   물론 신세대 농민공의 저항 및 조직화 추세에 따른 노사관계 변화가 모든 지역에서 같은 방식으로 전개되는 것은 아니다. 따라서 지역별로 전개되는 변화의 동학을 면밀히 분석할 필요도 제기된다. 특히 이러한 측면에서 임금·단체협상을 중심으로 광둥성과 저장성의 노사관계 해결 모델을 비교하는 장윤미의 논문은 중요한 의미가 있다. 그에 따르면, 광둥 지역은 단체협상의 압력 수단으로 집단행동을 이용하는 '폭동에 의한 단체협상'이라고 할 수 있고, 반면 저장 지역의 경우는 현지 자본과 기업 형태, 노동자 정체성의 낮은 의식, 정부의 주도적 역할 등의 요인으로 정부가 사전에 단체협상을 이끌면서 안정적인 노동시장을 조성하는 '정부에 의한 단체협상collective bargaining by state'에 가깝다고 할 수 있다(장윤미, 2014: 43).

이다. 보고서 작성에 참여한 연구자들은 이렇게 해야만 현재 정부가 추진하는 '신형 도시화 계획'[72]을 순조롭게 진행할 수 있고, 사회의 장기적인 발전과 안정을 실현할 수 있다고 제안한다(沈原·鄭廣懷·周瀟·孟泉·汪建華 等, 2014).

물론 신노동자의 조직화 과정에서 드러난 한계도 적지 않다. 특히 지역적 차원에서 보면, 기업 공회와 노동NGO의 긍정적인 변화는 주로 연해 지역에만 집중되어 있다. 또한 규모에서도 기업 공회와 노동NGO의 활동 범위가 매우 제한적이다. 신노동자 조직화에 대한 의식이라는 측면에서 보면, 아직도 수많은 농민공이 기업 공회나 노동NGO에 대해 실용적이고 도구적인 태도를 견지한다. 특히 신노동자의 조직화 추세가 직면한 제도적 환경은 여전히 큰 변화가 없으며, 정부 당국과 상급 공회는 기층 공회와 노동NGO들을 엄격히 통제하려 한다. 그러나 '남아 있을 수 없는 도시'와 '돌아갈 수 없는 농촌' 사이에서 진퇴양난에 빠진 신세대 노동자가 노동과정의 소외, 전제적 관리방식, 도시에서의 기본적 권리 박탈, 차별적인 이등시민 신분에 어떠한 '저항의 정치'를 만들어갈지 주시할 필요가 있다. 또한 이에 대한 정부 당국의 정책 변화가 어떤 양상을 보일지도 중국

·

72 〈12차 5개년 계획〉(2010)에서 제시된 '신형 도시화' 전략을 말한다. 이 전략의 구체적인 목표는 연해 도시-내륙도시 간 제휴와 '대·중·소도시' 간 제휴를 강화하기 위한 '인프라 일체화 건설' 계획, 그리고 도시화율 제고와 농촌 인구의 도시 이동을 촉진하는 것으로 제시됐다. 중국 공산당 중앙위원회와 국무원은 이러한 '신형 도시화 계획'의 의의에 대해 '거시적·전략적·기초적 계획'이라고 규정함과 동시에 농업, 농촌, 농민문제를 해결하는 경로이자 지역의 협조 발전을 지탱하는 강력한 힘이며, 나아가 내수를 확대하고 산업 고도화를 촉진하는 중요한 실마리라고 강조한다.

노동정치의 동학을 이해하는 데 있어 중요하다.

2. 노동자 집단항쟁 사례 분석:
후난성 창더시 월마트 파업[73]

중국 노동관계의 제도화는 신세대 농민공을 주축으로 하는 신노동자의 '행동주의'에 의해 적극적으로 추동되고 있다(聞效儀, 2014). 즉 신세대 농민공의 집단적 조직화가 급증하면서 독립적인 노동자 조직발전을 촉진하고 있으며, 공회의 민주적 개혁과 임금·단체협상 제도 개선 등 정부의 노동제도 개혁을 적극적으로 추동하고 있다. 그러나 중국에서 노동관계 제도화 과정이 충돌이나 대립 없이 순조롭게 진행되는 것은 아니며, '국가(당)-자본-노동조직(공회 및 NGO)-기층 노동자'의 경합과 저항, 적응에 의해 방향과 목표가 끊임없이 변화하고 재조정되고 있다. 특히 임금체불, 저임금, 공장 이전에 따른 보상, 적법한 사회보험료 지원, 구조조정에 따른 해고 등 노동자가 집단으로 저항하는 원인이 다양해지고, 조업중단停工이나

---

73 이하의 2, 3은 세계 경제위기 흐름 속에서 빈번하게 발생하는 기업의 파산, 합병, 구조조정에 따른 노동쟁의 사례인 창더시 월마트 파업을 '안정 유지와 권리수호의 각축'이라는 시각으로 고찰한 필자의 원고(정규식·이종구 2016)를 보완해 재구성했다.

파업 등의 형식으로 분출하는 집단적 노동쟁의가 증가하고 있기 때문에 이에 대한 실증적인 분석이 더욱 중요하다.[74] 여기서는 기층 공회 주도로 집단적 노동쟁의와 파업이 전개되면서 중국 언론과 학계의 큰 주목을 받았던 후난성 창더시 월마트 분점 파업의 전개 과정과 쟁점을 분석한다. 이 사례는 집단적 노동관계를 둘러싼 법률 및 제도 해석과 적용문제, 노동분쟁 조정 및 해결기제의 한계, 현행 공회체제의 문제를 잘 보여준다는 점에서 중요한 의미가 있다.

(1) 창더시 월마트 파업의 전개 과정

2014년에 발생한 수많은 파업 가운데 후난성 창더시에서 월마트 분점 폐쇄로 발생한 파업 및 중재, 소송사건(이하 창더시 월마트 파업)은 언론을 비롯한 학계에서 특히 주목을 받았다.[75] 왜냐하면 세계

---

74 "중국에서 '집단적 노동쟁의'라는 개념은 크게 세 가지 의미로 사용된다. 첫째는 동일하거나 유사한 내용으로 노동자 10인 이상과 사용자 사이에 발생한 노동쟁의, 둘째는 단체협약 이행 및 체결 과정에서 발생하는 집단적 노동쟁의, 셋째는 조업중단, 태업, 파업 등의 단체행동을 동반하는 집단적 노동쟁의"다(정선욱·황경진, 2013: 70~71).

75 월마트는 전 세계 14개국에 약 8천 개의 분점을 가진 세계적 대형 소매 유통업체로, 세계 500대 기업의 하나다. 무노조 경영방침으로도 유명한 월마트는 중국 선전에 '월마트 중국沃爾瑪中國投資有限公司' 본부를 설립하고, 1996년 8월 베이징에 최초의 분점을 개장한 이래 2014년 현재 약 400개의 분점을 보유하며, 10만 명 이상의 노동자를 고용했다. 한편 2000년대 초반부터 중국 총공회는 월마트의 무노조 경영원칙에 맞서 아래로부터의 공회 설립을 추진하기 시작했으며, 결국 2006년 상대적으로 외자기업의 노조 설립률이 높았던 푸젠福建성 취안저우泉州시의 진장晉江 분점에 중국 최초의 월마트 노조를 설립한다. 이후 2008년 총공회의 '기업 노조 주석 선출 방법'에 따라 월마트 기업 노조 조직을 구성하고, 월마트 선양점을 필두로 중국 전체 분점에서 단체협약을 체결했다(繆爭, 2014; 王少波, 2014).

경제위기로 인한 매출 감소와 중국계 대형마트 및 온라인 쇼핑몰 활성화에 따른 경쟁 심화로 월마트를 비롯한 대형 유통업체 분점의 폐점이 증가하고, 이에 따른 정리해고와 구조조정을 둘러싼 노동분쟁이 중요한 사회적 문제가 되고 있기 때문이다.[76] 특히 창더시 분점뿐만 아니라 안후이安徽성 마안산馬鞍山시 분점, 장쑤江蘇성 옌청鹽城시 분점, 광둥성 광저우시 분점도 각각 폐점 절차를 밟고 있어 창더시 월마트 파업이 제기한 쟁점과 이후 진행 과정에 대한 분석은 중요한 의미가 있다.

창더시 월마트 파업은 2014년 3월 5일 사측이 매장 입구에 '영업 중단 공고'와 '직원 인력조정 통지'를 게시하면서 시작됐다. 공고문에 따르면, 2014년 3월 19일 자로 창더 분점은 영업을 중단하며, 〈노동법〉 규정에 따라 직원들에게 'N+1개월'(N은 근무연한)의 급여를 보상금으로 지급하고, 원하는 직원은 다른 지역 월마트 매장의 동일한 직무로 배치전환을 선택할 수 있다고 제시했다. 사측의 갑작스러운 통보에 창더 분점 공회와 노동자들은 강하게 반발했으며, 3월 5일부터 즉각 파업에 돌입하고 사용자측의 재고정리와 재산반출 시도를 저지했다. 분점 공회는 월마트 창더 분점 폐점이 100여 명에 달

---

76 왕샤오보에 따르면, 2013년 이래로 중국에서 월마트, 까르푸 등 외자 계열의 대형마트 폐점이 급증하고 있다. 예컨대 월마트의 경우 2013년에만 15개 분점이 문을 닫았고, 2014년 초 25개 분점을 추가로 폐점할 것이라고 밝혔다. 이에 따라 현재 각 지역에서 폐점 절차가 완료됐거나 진행 중이다(王少波, 2014).

하는 노동자의 실업을 초래하는 정리해고經濟性裁員[77]에 해당하며, 사측이 제시한 인력조정안도 직공대표대회 혹은 공회의 의견을 구하거나 공회와의 협상을 거치지 않았기에 〈노동계약법〉 제41조 규정을 위반한 불법 해고에 해당한다고 보았다. 따라서 분점 공회는 사측이 지급하기로 한 경제보상금의 2배를 배상금으로 지급할 것을 요구했다.[78] 그러나 사측은 이번 폐점은 정리해고가 아니므로 공회 측의 배상금 요구를 받아들일 수 없다고 대응했다. 이에 창더 분점 공회는 사측에 두 차례의 단체교섭을 요청했지만, 사측은 이를 거부했다. 또한 해당 지방정부가 공청회 자리를 마련했으나 실질적인 성과를 거두지 못하고 양자 간 대립이 지속됐다. 이후 창더시 월마트 파업의 구체적인 전개 과정은 다음과 같다.

[표20] 창더시 월마트 파업의 전개 과정

3월 7~16일	창더시 총공회, 창더시 민원국信訪局, 창더시 우링구武陵區 노동감찰대대 등이 주재한 수차례의 분쟁조정 회의가 진행됐으나 큰 소득없이 무산됨.

•

77 중국 〈노동계약법〉 제41조에 의하면, '정리해고'(경제성 감원)란 근로계약 체결 시 의거된 객관적 경제상황에 중대한 변화가 발생해 근로계약을 계속 이행할 수 없을 때, 경영활동 중 곤란한 상황에 직면하거나 기술혁신 등 고용단위가 근로자 측의 귀책사유가 아닐 때, 근로자 20명 이상 혹은 전체 근로자 중 10% 이상을 감원하는 해고다(常德沃爾瑪工會維權事件研討會, 2014).

78 중국 〈노동계약법〉 제48조와 제87조는 고용단위가 '노동계약법' 등 중국법상의 정리해고 관련 규정을 위반하여 근로자를 해고한 경우와 근로자가 근로계약의 계속 이행을 요구하는 경우 이에 따라야 하고, 근로자가 근로계약의 계속 이행을 요구하지 않거나 혹은 이행할 수 없는 경우에는 지급해야 하는 경제보상금(근무연한+1개월 급여)의 2배를 배상해야 한다고 규정하고 있다(常德沃爾瑪工會維權事件研討會, 2014).

3월 17일	우링구 노동감찰대대가 3월 17일 〈월마트 폐점에 따른 직원 인력조정 방안에 관한 조사 설명〉을 통해 사측의 인력조정 방안은 합법적이며, 노동자들의 요구는 법적 근거가 없다고 발표.
3월 18일	우링구 정부도 사측의 행위를 합법적이라고 인정하고, 노동자들의 권리 수호 행동을 지지할 수 없다고 밝힘.
3월 19일	창더시 월마트 사측은 대체인력을 투입해 창더 분점 노동자의 출입을 제한하고, 폐점에 관한 공청회를 개최하려 함.
3월 20일	창더 분점 공회와 노동자들은 사측의 일방적인 대체인력 투입과 공청회를 거부하고, 세 가지 요구사항을 중심으로 사측에 단체협상을 요구함. 첫째, 경제보상금 기준의 2배에 해당하는 배상금 지급. 둘째, 타지역 매장으로 직무 이전 시 주거비와 교육비 등 생활비 인상분을 사측이 부담. 셋째, 임금·단체협상의 임금인상률에 따라 2014년에 유보된 임금 지급.
3월 21일	사측은 창더 분점 노동자들이 공공질서를 어지럽히고, 매장을 불법점거하고 있다고 해당 공안기관에 신고. 경찰차와 구급차를 대동한 수십 명의 경찰이 출동해 강제해산 시도. 이 과정에서 두 명의 노동자가 체포됐으며, 임신 중인 여성은 바로 풀려나고, 남성은 5일 동안 구류됐다가 풀려남.
3월 24일	국제노조네트워크UNI, 미국노동총연맹산업별조합회의AFL-CIO의 지지성명 발표.
3월 25 ~ 26일	3월 25일 창더시 총공회가 창더 분점 공회 주석을 불러 국제노조네트워크와 미국노동총연맹의 지지성명에 대해 문책하고, 창더 분점 사태를 국외로 확대하지 말 것을 강요. 26일에는 창더 분점 공회에 '권리수호조직維權小組'이라는 명칭을 사용하지 말 것, 합법적인依法合規 틀에서 권익수호 활동을 전개할 것, 사건을 확대하거나 정치화하지 말 것을 지시.
3월 28일	사측은 〈노동계약 종료에 관한 공고〉를 통해 전체 직원 135명 중 끝까지 집단적 권리보호 운동을 전개하던 총 69명에 대해 노동계약 종료를 통보. 여기에 포함되지 않은 66명은 사측의 회유와 협박으로 사측 제시 보상안 수용.
3월 31일	사측에서 대형트럭을 동원해 재고정리와 재산반출 시도. 노동자들이 이를 저지하기 위해 오토바이로 막고, 상급 공회인 창더시 공회에 문의함. 그러나 공회는 사측의 재산반출을 방해하지 말 것, 이를 어겨 발생하는 모든 결과에 대한 책임이 분점 공회에 있음을 경고함.

4월 3 ~ 4일	허난河南성 등펑登封시에서 '창더 월마트 공회 권리수호 사건 토론회' 개최. 창더분점 공회 노동자들을 비롯한 학자, 언론인, 노동변호사, 노동 NGO 활동가 30여 명이 참석해 향후 창더 분점 공회의 권리수호 운동에 대한 구체적인 전략과 집단적 노동쟁의 처리 원칙에 대한 기본 합의를 위한 '쑹산 선언嵩山宣言' 발표.
4월 25일 ~ 6월 25일	4월 25일 69명의 창더시 월마트 노동자들과 분점 공회가 창더시 노동쟁의중재위원회에 2건의 노동쟁의 중재신청서를 제출했지만, 6월 25일에 모두 기각됨.
7월 21일	중재신청에 불복한 6명의 노동자가 월마트 창더 분점을 상대로 창더시 우링구 법원에 소송을 제기했지만, 역시 기각됨.

자료: "沃爾瑪工會,你真的最牛嗎?", 「中國論文網」; "'最牛工會'與沃爾瑪的戰爭 維權VS維穩",
「南方周末」; "常德沃爾瑪工會維權事件研討會",
王江松의 BLOG: "沃爾瑪常德店勞資糾紛上法庭法院駁回訴訟", 「新華網」을 토대로 재구성.

(2) 창더시 월마트 파업의 주요 쟁점[79]

2014년 4월 25일 창더시 월마트 노동자들과 분점 공회는 창더시 노동쟁의중재위원회에 2건의 노동쟁의 중재신청서를 제출했다.[80] 하나는 분점 공회 주석인 황싱궈黃興國를 대표로 한 69명의 노동자가 제출한 집단적 노동쟁의 중재신청서로, 이를 통해 노동자들은 사용자측이 '조기해산提前解散'을 이유로 노동계약을 종료한 것은 위법이므로 〈노동계약법〉 제47조 규정에 따른 경제보상금 기준의 2배에 해

---

79 이하 창더시 월마트 파업의 주요 쟁점은 다음의 자료를 토대로 정리했다. "常德沃爾瑪關店引勞資衝突 中國首屆勞動法博士對陣舌戰", 〈湖南政協新聞網〉, 2015.10.15.

80 창카이에 따르면, 창더시 월마트 파업은 중국 노동쟁의 처리 과정에서 노동자들과 기층 공회(기업 공회)가 동시에 노동쟁의 중재를 신청한 최초의 사례다(常德沃爾瑪工會維權事件研討會, 2014).

당하는 배상금을 노동자에게 지급할 것을 요구했다. 다른 하나는 분점 공회를 신청인으로 한 단체협약 이행에 관한 중재신청서다. 분점 공회는 사용자측이 제시한 인력조정안은 무효이며, 사용자측은 단체협약 이행 위반에 따른 위약책임을 져야 한다고 요구했다.

[표21] 창더시 월마트 파업의 주요 쟁점

노동계약 종료에 관한 주요 쟁점	① 창더 분점 노동계약 종료의 적법성 여부
	② 노동계약 종료의 법률절차 위반 여부
단체협약 이행 위반에 관한 주요 쟁점	③ 분점 공회의 쟁의제기 주체로서의 자격 인정 여부
	④ 단체협약이 이미 종료됐는지 여부
	⑤ 노동계약 내용을 근거로 단체협약 이행을 요구하는 쟁의의 정당성 여부

① 창더 분점 노동계약 종료의 적법성 여부

최초에 월마트 사측은 창더 분점 폐점은 〈노동계약법〉 제41조에서 규정하는 '정리해고'가 아닌 〈노동계약법〉 제44조에서 규정하는 '조기해산'에 의한 폐점이라고 주장했다. 그러나 노동자측 법률자문위원인 창카이 교수가 지적했듯이, 사측에서 주장하는 '조기해산'은 독립법인에만 해당한다. 따라서 창더 분점은 월마트 분점으로서 독립법인이 아니므로 사측의 주장은 성립되지 않으며, '조기해산'을 이유로 노동계약을 종료한 것은 명백한 불법이라는 주장이 가능하다. 그런데 흥미로운 것은 이후 사측에서 노동계약 종료의 법률적 근거를 기존의 '조기해산'에서 '기업 설립 취소企業撤銷'로 변경했다는 점이다. 이에 따라 사측은 〈노동계약법〉 제44조 5호의 규정에 따라 고용단위의 영업허가증이 취소되거나 폐쇄, 해산명령을 받은 경우 근로자와 근로계약을 종료할 수 있으므로 노동계약 종료는 적법한 행위라고 주장한다. 그러나 노동자측 법률대리인은 사측이 주장하는 '기업 설립 취소'는 '조기해산'을 근거로 노동계약을 종료한 이후인 3월 28일에 결정한 것이므로, 이미 발생한 분쟁에 대한 법률적 책임을 회피할 수 없다고 반박했다. 또한 〈노동계약법〉 제44조에서 규정하는 '설립 취소'는 행정기관에 의한 고용단위의 설립 취소를 의미하는 것이지 본사에 의한 설립 취소를 의미하는 것은 아니라고 지적했다.

② 노동계약 종료의 법률절차 위반 여부

먼저 노동자측은 창더 분점 폐점은 100여 명의 직원이 일자리를 잃는 정리해고이며, 노동자들의 이익과 직접 관련된 '중대사항'에 해당한다고 보았다. 따라서 〈노동계약법〉 제4조에 따라 사측은 인력조정 방안을 공표하기 전에 노동자들에게 미리 알리고 공회와 평등한 협상을 진행해야 했는데, 이를 이행하지 않았기에 법률적 절차를 위반했다는 것이다.[81] 그러나 사측 법률대리인은 회사 폐점은 〈노

---

81   〈노동계약법〉 제4조는 "고용단위는 임금, 노동시간, 휴가, 노동·안전·위생, 보험·복지, 직공훈련, 노동기율 및 노동목표량 관리 등 노동자들의 이익과 직접 관련된 규장제도 혹은 중대사항의 제정

동법〉에서 규정하는 정리해고가 아닌 '설립 취소'에 해당하기에 1개월 전에 고지해야 할 의무가 없으며, 폐점은 〈노동계약법〉 제4조에서 규정하는 '중대사항'에 해당하지 않으므로 사측의 폐점은 법률적 절차에 부합한다고 주장함으로써 노동자측 주장을 반박했다. 이는 월마트를 비롯한 대형 유통업체의 폐점이 점차 증가하고 있고, 이에 따른 정리해고와 구조조정을 둘러싼 노동분쟁이 중요한 사회문제로 부각되는 중국의 현실을 볼 때 앞으로 지속적인 논쟁이 될 것이다.

③ 분점 공회의 쟁의제기 주체로서의 자격 인정 여부

사측 법률대리인은 66명의 직공이 인력조정 및 보상안을 수용하고 회사와 노동계약 해지 및 종료 협의에 서명했으므로 분점 공회는 전체 직공을 대표해 중재를 신청할 권리와 자격이 없다고 주장했다. 그러나 분점 공회측 대리인은 〈공회법〉에 근거하여 공회는 법정 대표권을 가지며, 몇 명의 노동자가 끝까지 남아 권리수호 행동을 하는지는 공회의 대표권에 영향을 주지 않는다고 주장했다. 이는 노동분쟁 해결을 위한 기층 공회 개입과 권리수호 운동 전개를 둘러싼 문제와 연결되는 중요한 쟁점이라고 할 수 있다.

과 수정을 결정할 때 반드시 직공대표대회 혹은 전체 직공과 토론해야 하며, 방안과 의견을 제시하고, 공회 혹은 직공 대표와 평등한 협상을 거쳐 확정해야 한다'고 규정하고 있다(常德沃爾瑪工會維權事件研討會, 2014).

④ 단체협약이 이미 종료됐는지 여부

사측은 창더 분점과 분점 공회가 체결한 단체협약 약정에 근거하여, 회사가 3월 28일 자로 '설립 취소'됐기 때문에 회사와 공회의 단체협약도 종료됐다고 주장했다. 즉 분점 공회가 제기한 단체협약 이행에 관한 쟁의 안건은 법적 근거가 없다는 것이다. 그러나 공회측 변호사는 노자 쌍방이 체결한 〈단체협약서〉의 유효기간은 2014년 7월 17일까지이며, 공회도 사측으로부터 단체협약 종료에 관한 통지서를 받은 바 없다고 반박했다. 또한 사측에서 주장하는 '설립 취소'의 경우도 등기기관에 말소신청 후 말소가 이뤄진 이후에야 법적 효력이 있는데, 아직 창더 분점은 말소 처리가 되지 않았기에 단체협약도 아직 유효하다고 주장했다.

⑤ 노동계약 내용을 근거로 단체협약 이행을 요구하는 쟁의의 정당성 여부

사측은 이 안건이 단체협약 이행에 관한 쟁의 안건인데, 분점 공회가 주장하는 권리는 주로 노동자 개인의 권리에 해당한다고 주장했다. 따라서 이러한 권리는 노동계약과 관련된 것이지 단체협약의 내용이 아니라는 것이다. 또한 단체협약 조항에는 폐점에 따른 인력 조정에 관한 명확한 규정이 없다는 점도 지적했다. 이에 대해 공회 측 법률대리인은 공회는 노동자의 합법적인 권익을 대표하고 보호하며, 월마트 창더 분점과 분점 공회가 체결한 단체협약은 노동계약 관리와 직공 임금 등의 내용을 포함한다고 강조했다. 따라서 창더 분점 폐점으로 직원들의 부당한 노동계약 종료가 야기됐기에 이 안건은 단체협약 중에서도 노동계약 관리와 관련된 조항에 속한다고 주장했다. 이 쟁점은 노동 관련 법률체계 간의 충돌과 모순, 공백을 보여준다.

이처럼 노동계약 및 단체협약 이행과 관련된 핵심 쟁점을 제기한 창더시 월마트 파업에 대해 창더시 노동쟁의중재위원회는 5월 26일과 27일에 공개심리를 진행했지만, 6월 25일 창더 분점 공회 및 노동자들이 제기한 2건의 중재신청을 모두 기각했다. 즉 회사의 설립 취소 결정은 월마트 본사의 경영권에 속하는 사항이고, 설립 취소를 근거로 노동계약을 종료한 것은 정당한 행위이므로 '정리해고'에 해당하지 않는다고 판결한 것이다. 노동쟁의중재위원회의 기각 판결 이후 중재를 신청했던 69명의 노동자 중 대부분은 사측과 조정협의를 체결했고, 판결에 불복한 6명의 노동자와 분점 공회는 7월 10일 월마트 창더 분점을 상대로 창더시 우링구 법원에 소송을 제기했다. 그러나 법원에서도 피고소 주체인 월마트 창더 분점이 이미 말소됐기에 소송이 성립되지 않는다는 이유로 노동자들의 소송을 기각했다.

(3) 창더시 월마트 파업의 함의

창더시 월마트 파업은 중국 노동체제 법률에 대해 여러 가지 중요한 쟁점을 제기하고 있으며, 개별 작업장 차원의 분쟁이나 법정 공방을 넘어 노동정책 제도화의 방향성 논의로까지 이어졌다. 특히 이 사건을 둘러싼 '안정 유지維穩' 대 '권리수호維權'라는 의견 대립은 향후 중국 노동관계의 제도화 문제와도 긴밀하게 연결되기에 더욱 중요한 의미가 있다. 창더시 월마트 파업의 특징과 함의는 다음과 같다.

첫째, 총 48일간의 파업 진행 과정이 창더 분점 기층 공회 주석의 지도로 이뤄졌다는 점이다. 이는 현재 중국에서 발생하는 파업 대부분이 공회를 통하지 않고 노동자들의 자발적인 조직화로 이뤄지며, 공회는 그저 조력자인 '제삼자' 신분으로 개입하는 실정과 대비된다. 따라서 기층 공회 주도로 파업이 진행된 창더시 월마트 파업은 향후 공회 역할과 기능 변화, 상급 공회와의 관계를 비롯한 공회 개혁 논의와 실천 방향에도 큰 영향을 미칠 것으로 보인다.

둘째, 노사분쟁 중재 및 소송 과정에서 단순한 노사대립 구도를 넘어 법률대리인으로 참여한 노동법 학자들 간의 논쟁으로 사건이 심화했다는 점이다.[82] 언론은 이를 '중국 최초의 노동법 학자들 간의 설전舌戰'으로 주목했는데, 집단적 노동관계를 둘러싼 법률 및 제도 해석과 적용문제, 노동분쟁 조정 및 해결기제의 한계에 대한 학계의 첨예한 논쟁이 전개됐다.[83]

셋째, 창더시 월마트 파업은 노동자들의 파업 및 단체행동을 통

•

[82] 2010년에 발생한 난하이 혼다자동차 파업에서도 노동 관련 학자와 상급 공회, 지방단체들이 분쟁 조정에 참여한 바 있으며, 이러한 '다자 조정주의'에 기초한 집단적 노동쟁의 관리방식이 널리 적용되고 있다(장영석, 2011).

[83] 중국 노동법 학자들 간의 '설전'을 다룬 언론 기사로는 "沃爾瑪工會,你真的最牛嗎?", 〈中國論文網〉 "常德沃爾瑪關店引勞資沖突 中國首屆勞動法博士對陣舌戰", 〈湖南政協新聞網〉 "'最牛工會'與沃爾瑪的戰爭 維權 VS 維穩", 〈南方周末〉 등이 있다. 또한 이러한 논쟁이 본격적인 논문 형태로 개진된 것으로는 董保華·李幹(2015), 林樂峰(2015), 繆全(2014) 등을 참조할 수 있다.

한 권리수호 운동과 정부의 노동정책 법제화 및 제도화를 통한 안정적인 관리를 둘러싼 논쟁을 격화했다. 특히 노동삼권 논쟁을 다시금 제기했으며, 노동자들의 '합법적인 권리수호' 범위와 한계는 어디까지인지, 노동문제를 비롯한 사회적 모순을 제도적·법률적 틀에서 안정적으로 관리하려는 '안정 유지' 정책의 유효성과 적실성의 실태에 대한 쟁점을 제기하고 있다.

이상과 같이 창더시 월마트 파업은 기존 법제도로 해결할 수 없거나 기존의 당과 관료기구에 의한 '하향적 지도와 조정'이라는 기제가 현실에서 더는 작동하지 못하게 된 측면을 잘 보여준다.

3. 신노동자의 저항과 노동관계의 제도화:
노동삼권의 쟁점화

(1) 단결권: 공회체제의 개혁 시도와 한계

앞서 살펴본 창더시 월마트 파업은 현재 중국에서 '공회 간부의 직선제 선출'을 중심으로 진행되는 공회 개혁 시도의 한계를 드러냈다는 점에서도 중요한 의미가 있다. 주지하듯이, 2010년에 발생한 폭스콘 노동자 연쇄 투신자살과 혼다자동차 파업은 중국 노동관계에 큰 변화를 가져왔는데, 특히 공회 개혁에 대한 사회적 요구를 고조시켰다. 즉 기층 공회 조직이 노동자의 권리와 이익을 대표하지 못하는 것이 노사모순을 격화하는 근본 원인이기 때문에 기층 공회 간부에 대한 직접선거를 실시해 민주적인 공회를 조직해야 한다는 광범위한 여론이 형성됐다.

그러나 창더시 월마트 파업은 공회 간부를 직선제로 선출하려는 공회 개혁 시도의 한계를 보여주는 전형적인 사례라고 할 수 있다. 창더 분점 공회는 2013년에 민주적인 선거방식을 통해 기층 공회의 주석과 위원을 선출했고, 수십 년 만에 처음으로 기층 공회 주도로 발생한 노동쟁의였다는 점에서 더욱 주목을 받았다. 하지만 지방 총공회와 지방정부의 노동자 권리수호에 대한 태도의 모호성, 적절한 쟁의 처리 원칙 부재라는 문제가 드러남으로써 공회 개혁은 단순히 기층 공회 간부의 직선제 선출만으로 해결될 수 없음을 보여줬다. 창더 분점 공회는 〈공회법〉 규정에 따라 노동자들의 합법적인 권리를 보호하기 위해 사건 초기부터 창더시 총공회와 노동감찰대대, 관할 민원국과 공안기관에 조정과 지원을 요청했지만, 실질적인 지원이나 행동을 끌어내지 못했다.[84] 각급 기관들은 타 기관에 책임을 떠넘기기에 급급했으며, 관할구역의 노동감찰대대는 〈월마트 폐점에 따른 직원 인력조정 방안에 관한 조사 설명〉을 발표해 사측의 인력조정 방안이 합법적이며, 노동자들의 요구는 법적 근거가 없다고 주장했다. 또한 창더시 총공회도 이에 부응해 사측의 재산반출 시도를 묵인하고, 경찰의 강압적인 진압과 체포를 방조했다. 무엇보다 창더시 총공회와 관련 기관들은 사건이 정치적으로 확대되는 것을 막기 위해 시종 '안정 유지'를 강조함으로써 기층 공회의 권리수호 행동과는 상반된 입장을 보였다.[85] 이는 외부 기업과 자본을 유치하기 위한 안정적인 투자환경 조성이라는 지방정부 정책에 부합하며, 반# 관변기구인 창더시 총공회도 이러한 정부 입장에 따라 기층 공회의 권리수호 행동에 모호한 입장을 취했다고 할 수 있다

•

84 〈공회법〉 제2조는 "전총 및 각급 공회 조직은 직공의 이익을 대표하며, 직공의 합법적인 권익을 법에 따라 보호해야 한다"고 규정한다. 또한 〈공회법〉 제6조는 "직공의 합법적인 권익을 보호하는 것은 공회의 기본 임무"라고 규정한다(繆全, 2014).

85 '안정 유지'와 노동자의 권리수호 행동 등 노동체제와의 딜레마에 대해서는 5장에서 자세히 다룬다.

(繆全, 2014). 그러나 사건 전개 과정에서도 볼 수 있듯이, 이러한 '안정 유지' 정책은 오히려 사태를 악화시켰고, 기층 공회와 상급 공회 간의 괴리와 불신을 확대했다. 이러한 측면에서 창더시 월마트 파업은 현행 중국 공회체제의 한계를 넘어 독립적인 노동조합 결성, 즉 단결권 보장이라는 쟁점을 제기했다. 물론 중국 법률은 노동자가 공회를 건립하고 조직하는 유일한 주체이며, 노동자는 박탈될 수 없는 단결권을 갖는다고 규정한다(王江松, 2014).

   - 헌법 제35조: 중화인민공화국 공민은 언론, 출판, 집회, 결사, 행진, 시위의 자유가 있다.
   - 공회법 제2조: 공회는 노동자들이 자발적으로 결합한 노동계급의 군중 조직이다.
   - 공회법 제3조: 중국 영토 내의 기업, 사업단위, 기관 중 임금수입을 주요 생활수단으로 하는 육체노동자와 정신노동자는 민족, 종족, 성별, 직업, 종교, 교육정도와 상관없이 법에 근거하여 공회에 참여하고 조직할 권리가 있다. 어떠한 조직이나 개인도 이를 방해하거나 제한할 수 없다.
   - 노동법 제 7조: 노동자는 법에 근거하여 공회에 참여하고 조직할 권리가 있다.

그러나 중국의 현행 공회체제는 '전총'만을 유일한 합법적 공회로 인정하며, '전총' 이외의 다른 공회 조직을 건립하거나 조직할 수 없다. '전총'의 조직형태와 체계를 보면, 경제 개혁 이후 변화한 노동 관계 특성에 따라 이익갈등을 관리하기 위한 공회의 사회적 역할이 강조되기는 했지만, 기존의 조직체계에 큰 변화는 없었다. '전총'은 산하에 국가 행정체계와 일치하는 조직망을 갖추고 있으며, 전국적 으로 광범위하면서도 기층까지 침투해 있다. '전총'에는 각 경제 부 문에 10개의 산업별 노조 전국위원회가 있으며, 각 성과 자치구, 직 할시에 31개의 총공회가 있고, 그 산하에 시, 구, 현, 기층 노조 등 이 설립되어 있다.

[그림9] 중국 공회 조직도

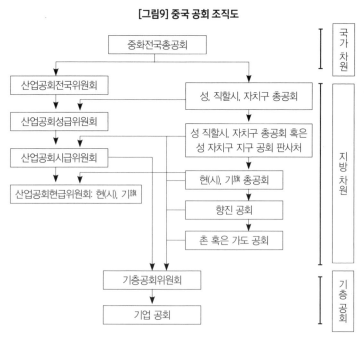

자료: 苗紅娜, 2015: 186.

[표22] 중국 공회 조직체계

본부 조직	산업별 조직(전국)	지방 조직	산하 조직
판공청/조직부 선전교육부/연구실 집단계약부/조직기반부 민주관리부/사회보장부 노동보호부/경제기술부 법률부/여직공부 재무부/국제부 경비검사위원회	교육과학문화위생노조 국방우편노조 농어업수리노조 전국철도노조 금융노조 항공노조 에너지화학노조 해원건설노조 기계야금건설노조 무역경공업연초노조	4개 직할시 총공회 5개 자치구 총공회 22개 성 총공회 시 총공회 현 총공회 기층 공회	공인일보工人日報 노동관계 대학 노조 예술단 출판사 호텔 여행사

자료: 전총, http://www.acftu.org ; 남윤복, 2011: 104에서 재인용.

중국 공회의 가장 큰 특징 중 하나는 각급 공회 조직이 그에 상응하는 지위의 당 조직 지도를 받는다는 것이다. 이는 "중국 공회는 중국 공산당이 지도하고, 직공이 자발적으로 결합한 노동자계급의 군중 조직이며, 당과 직공을 연계하는 교량이자 전달 벨트이고, 국가 정치권력을 떠받치는 중요한 사회적 기둥이며, 회원과 노동자의 권익을 대표한다"라고 규정한 〈중국공회장정中國工會章程〉의 총칙에 명확하게 제시되어 있다. 이처럼 공회는 공산당 지도를 받는 국가 조직으로서의 성격을 가지므로 공회의 이익과 국가 집권당의 이익은 밀접하게 결합해 있었다. 대다수 공회 간부를 당원이나 당 간부가 차지하고, 기업 내부에서도 당위원회 서기가 공장장까지 겸임하는 경우가 많아서 당과 기업의 이해관계는 기본적으로 일치했으며, 상호 보완적인 공존관계를 유지했다. 또한 중국의 노동관계는 대립적이지 않으며, 노동관계에서 노자 쌍방의 목표가 일치하기에 공회를 통해 노동자 권익을 별도로 보호해야 할 필요가 있는지의 문제도 지속적으로 제기됐다.

그러나 시장화 개혁에 따라 노사 간의 이익충돌이 첨예해졌고, 노동자의 저항과 파업이 수시로 발생했다. 이에 따라 사회안정 자체가 위협받으면서 노동자 권리를 수호하는 공회 역할이 다시 강조되고 있다. 2001년에 반포된 〈공회법〉 제2조는 "공회는 직공이 자발적으로 결합한 노동계급의 군중 조직이다. 전총 및 각급 공회 조직은 직공의 이익을 대표하며, 법에 따라 직공의 합법적인 권익을 보호한다"고 규정한다. 노동자 권익보호에 대한 공회의 대표 권한도 더욱 강화해 "공회는 임금, 안전·위생, 업무시간, 여직공, 아동 등에 대한 노동자의 교섭권을 대표한다. 공회는 노동계약의 합법성과 노동자의 업무 중지 및 태업이 발생할 때 대표권과 교섭권을 갖는다"라는 새로운 조항이 추가됐다. 2008년에는 공회의 대표성과 독립성을 더욱 보장하기 위해 〈기업 공회 주석 선출 방법企業工會主席産生辦法〉을 발표하고, "기업 행정책임자(부책임자 포함)와 공동대표 및 그 친족, 인력자원 부문의 책임자, 외국 국적 직공은 해당 기업 공회 주석의 후보자가 될 수 없다"고 규정했다. 또 기업의 고용주와 지방정부가 사영기업에서 공회 결성을 저지하지 못하도록 "상급 공회는 직원을 파견해 기업의 공회 조직에 협조하고 지도할 수 있으며, 어떠한 단위와 기업도 이러한 활동을 저지할 수 없다"고 규정했다. 이러한 공회의 역할 변화와 함께 공회 규모와 조직화 수준도 꾸준히 증가했다.

[표23]에서 볼 수 있듯이, 2000년에는 86만 개의 공회가 있었는데 2010년에는 197.6만 개로 2배 이상 증가했고, 공회 가입률도 90.3%에서 94.7%로 증가했다.

[표23] 중국 공회의 회원 수와 조직화율

구분	2000년	2002년	2004년	2006년	2007년	2008년	2010년
공회 수(만 개)	85.9	171.3	102.0	132.4	150.8	172.5	197.6
가입률(%)	90.3	92.6	94.8	93.6	94.5	94.3	94.7
직공 수(만 명)	11472	14461	14436	18143	20452	22487	25345

자료: 중국국가통계국; 남윤복, 2011: 105에서 재인용.

그러나 2008년 10월에 새롭게 제정된 〈중국공회장정〉은 여전히 공회를 "노동관계 안정 및 노동자 권익보호와 함께 중국 공산당의 강령과 노선을 준수하면서 공산당의 방침과 정책을 관철하는 사회단체"로 규정함으로써 '정치적 동원 조직'과 '노동자 권익보호'라는 공회의 이중적 역할 및 지위가 여전히 유지되고 있음을 보여준다. 또한 지방 공회나 전국 공회와 비교하면, 기층 공회는 관리자의 견제를 더 많이 받으며, 기업 간부도 공회 가입 자격이 있어 독립성이 없다. 따라서 기층 공회가 노동자의 이익과 관련된 각종 분쟁을 직접 처리하는 데 상당한 어려움이 있다. 이는 기업수준에서 실질적인 노동자의 권익이 제대로 보호받거나 대표될 수 없음을 의미한다.

특히 〈공회법〉 제15조에 의하면, "기층 공회, 지방 각급 공회, 전국 또는 지방 산업 공회의 결성은 상급 공회의 비준을 받아야 한다"
고 규정하기 때문에 총공회의 통제를 벗어난 독립노조 결성은 실질
적으로 허용되지 않는다(段毅, 2012). 노동쟁의 처리 과정에서도 기
층 공회는 상급 공회 및 지방정부의 지도와 행정적 도움을 받아야
하므로 종속적일 수밖에 없다. 따라서 창더시 월마트 파업에서처
럼 상급 공회와 지방정부의 '안정 유지' 강조 정책에 따라 기층 공회
의 '권리수호' 행동은 제약받을 수밖에 없기 때문에 노사 간의 평등
한 단체협상을 추진하기가 어렵다. 이에 따라 최근 상급 공회의 기
층 공회에 대한 비준권을 유연화할 필요가 있고, 노사 쌍방의 협상
기제를 원활하게 운용하기 위해 현행 공회체제를 개혁해야 한다는
주장이 지속적으로 제기되고 있다(段毅, 2012; 王江松, 2014; 王同信,
2015). 특히 노동자의 자발적인 공회 조직 권리 보장은 공민의 결사
권을 실현하는 것이며(郭於華·黃斌歡, 2014), 이러한 조직 역량이 확
보될 때 비로소 노동자의 이익 요구가 응집력과 협상력을 가질 수
있으므로 '단결권' 보장을 중심으로 한 공회 개혁 요구가 중국 노동
관계 제도화의 중요한 쟁점으로 떠오르고 있다.

이처럼 노사 간의 충돌과 분쟁이 증대하면서 공회의 역할에서 노
동자 권리수호라는 측면이 점점 중요해지고 있다. 그러나 공회는 국
가와 당의 입장을 대변하는 중간 조직이라는 정치적 성격을 여전히
지니기 때문에 당의 지도를 떠나 독립적으로 노동자를 위한 권리수
호 행동을 전개할 수 없다. 따라서 공회는 기업과 노동자 간에 민감
한 분쟁이 발생할 때 노동자의 이익을 제대로 대표할 수 없으며, 단

지 요구나 의견을 제출하거나 건의하는 형식으로 기업이나 정부와 소통하는 경우가 많다. 이에 노동자의 공회 신뢰도 점점 낮아지고 있으며, 분쟁이 발생하면 공회를 찾기보다 정부에 직접 호소하거나 노동단체와 같은 비공식적인 조직을 찾는다. 그리고 이것이 다시 공회 조직의 제도적 곤경을 초래한다. 즉 한편으로는 노동자들이 공회에 대해 권리수호 및 대표 역할을 적극적으로 수행할 것을 촉구하고, 다른 한편으로 국가도 공회가 노사 간 갈등을 조화롭게 해결해 사회안정 유지 기능을 발휘할 것을 기대한다.

(2) 단체교섭권: 집단적 노동쟁의 처리기제 확립

창더시 월마트 파업은 집단적 노동관계에 대한 노동쟁의 조정 및 해결기제를 둘러싼 논쟁도 촉발했다. 2008년부터 실시한 〈노동쟁의 조정중재법〉에 따르면, 중국 노동쟁의 처리 절차는 '세 번 조정하고, 한 번 중재하며, 두 번 소송하는' 체계로 확립됐다(莊文嘉, 2013). 이에 따라 노동자들은 노동쟁의 발생 시 일반적으로 다음의 방법으로 쟁의 해결 절차를 진행한다. 먼저 노동감찰대대에 신고한 뒤 노동쟁의중재위원회에 중재를 신청하고, 법원에 소송을 제기해 집행을 신청한다. 그러나 현실적으로 대부분 노동쟁의가 중재를 거쳐 법원 소송으로까지 이어지고 있으며, 처리 기간은 짧게는 1년 6개월에서 최장 수년까지 걸린다. 이러한 장기적인 노동쟁의 해결 과정은 경제적으로 열악한 처지의 노동자가 권리수호 행동을 지속할 수 없게 하는 요인으로 작용한다. '광둥 노동보호 변호사 사무소廣

東勞維律師事務所'된이段毅 주임에 따르면, 현재 "중국의 중재기구와 법원은 중재나 소송보다 조정을 강조하며, 일반적으로 조정은 노사 쌍방의 타협을 요구하기 때문에 상당수의 노동쟁의 조정 결과는 노동자가 자기 권익을 사측에 일정 정도 양도하는 것으로 종결"된다(段毅, 2012). 특히 '안정이 모든 것을 압도한다穩定壓倒一切'는 정책 기조가 정치, 경제, 사회 각 방면에 깊숙이 침투한 중국의 상황에서 파업과 같이 군체성 사건群體性事件으로 확대한 노동분쟁의 경우 정치적으로 민감하기 때문에 노동쟁의 중재기구나 법원은 사건을 처리할 때 '사회안정'을 유지하고 보호해야 하는 책임과 압력을 크게 받는다.

창더시 월마트 파업에서도 노동자들이 제기한 중재신청과 소송에 대한 판결 이전에 소재지 주민위원회와 지방 총공회를 통한 조정이 강조됐다. 실제로 중재를 신청한 69명의 노동자 대부분이 장기간의 쟁의 과정을 견디지 못하고 중재 판결 선고 직전에 사측의 인력조정안을 수용하는 대가로 소송 및 중재 비용 명목으로 3000위안(한화 약 54만 원)을 받았다. 또한 지방정부의 '안정 유지' 정책에 따라 '권리수호 조직'이라는 명칭을 사용할 수 없었고, 상급 공회의 지도에 따라 '합법적인 틀' 안에서 중재와 소송 절차를 진행해야 했으며, 결과적으로 창더시 분점 공회와 노동자측의 요구는 모두 기각됐다.

그러나 창더시 월마트 파업과 같은 집단적 노동쟁의와 '신세대 노동자'의 권리수호 행동이 빈번하게 발생하는 현실에서 집단적 노동쟁의 처리기제의 개혁 요구가 점차 거세지고 있다. 특히 허난성 등 펑시에서 개최된 '창더 월마트 공회 권리수호 사건 토론회'의 쟁점은 노동자 권리수호를 위한 '단체교섭권' 보장이었다. 여기서 쩡페이양 曾飛洋은 조정 및 중재, 소송을 통한 집단적 노동분쟁 처리기제는 '조직적 권리수호 행동'을 '개인적 권리수호 행동'으로 퇴보시키며, 노동자의 권리수호를 위해서는 반드시 결사권, 교섭권, 파업권을 쟁취해야 한다고 강조했다(常德沃爾瑪工會維權事件研討會, 2014). 중요한 점은 이 토론회에서 단체교섭권 보장을 중심으로 하는 집단적 노동쟁의 처리 원칙에 대한 기본적인 합의를 도출했다는 것이다. 여기서 발표한 '쑹산 선언'의 주요 내용은 다음과 같다.

(…) 우리는 노자 간의 평등한 교섭과 정부의 중립적 조정이 시장경제 체제의 기본적 법률에 근거한 노자충돌 처리와 노자관계 운용의 기본적 기제라고 생각한다. 〈노동계약법〉 제4조는 직공의 이익에 관한 중대한 사항은 반드시 직공대표대회의 토론과 노자협상을 통해 확정해야 한다는 기본 원칙을 규정한다. 즉 직공의 이익과 관련된 중대사항에 대한 직공의 알 권리와 공회의 교섭권을 확립한 것이다. 우리는 일방적으로 노동자의 교섭권을 무시한 기업의 행위, 경찰력을 동원해 노동자들을 체포한 기업에 편파적인 정부의 행위를 강력하게 규탄한다. 우리는 다음의 사항을 강력하게 요구한다. 기업은 직공의 중대한 이익에 영향을 주는 결정을 내리기 전에 반드시 성심을 다해 노동자와 교섭해야 한다. 정부는 노동사건에서 반드시 중립적이어야 하며, 경찰력의 동원을 삼가야 한다. (…) 우리는 서구 선진

국들이 수많은 투쟁을 통해 쟁취한 단체교섭권을 중국의 노동자들도 강경한 노력을 통해 쟁취할 것이라고 굳게 믿는다(常德沃爾瑪工會維權事件硏討會, 2014년 4월 5일).

이처럼 현재 중국에서 자신들의 요구를 합법적으로 제시하고 협상할 수 있는 법적 수단을 갖추지 못한 파편화된 노동자가 주도하는 권리수호 운동이 점차 증가하고 있기 때문에 '단체교섭권'의 제도적 확립이 중요한 문제로 주목받고 있다.[86] 특히 단체협상이 제대로 시행되기 위해서는 노동자들의 독립적인 단결권과 단체행동권 보장이 필수적이다. 그러나 앞서 보았듯이, 중국의 공회체계에서 독립적인 공회 결성은 불가능하며, 지방 공회와 지방정부의 지도와 조직하에서 형식적인 협상을 진행할 수밖에 없다. 또한 노동자의 권리수호 행동이 여전히 '사회 불안정 요소'로 규정되어 통제와 단속의 대상으로 여겨지는 현실에서 자본과의 평등한 단체협상 실현은 아직 요원하다.

---

86 3장에서 살펴봤듯이, 중국 정부는 단체협상과 단체교섭을 명확히 구분한다. 이에 대해 된이는 단체협상은 정부 주도, 단체교섭은 노자 주도로 진행되는 것이라고 구분하는데, 이제까지 정부의 공식 문건에서 단체교섭이 제기된 적은 없었다고 지적한다(段毅, 2012). 실제로 각 지역 공회에서 〈광동성 기업 단체협약 조례〉의 핵심 내용을 지도하는 문건을 통해 이러한 입장을 분명하게 밝히고 있다. "중국은 사회주의 국가이므로 노동관계의 특징이 자본주의 국가와는 본질적으로 구별된다. 따라서 여기서 규정하는 단체협상제도를 서구 국가들이 제기하는 노자대립에 근거한 단체교섭제도와 혼동해서는 안 된다. 즉 단체협상을 단체교섭과 동일시할 수 없으며, 더욱이 단체교섭으로 단체협상을 대체할 수 없다"고 강조한다(廣東省總工會, 2014).

(3) 단체행동권: 파업권의 제도적 규범화

현재 중국에서는 신세대 노동자가 집단적 정체성과 권리의식을 자각함으로써 집단적 노동쟁의가 빈번하게 발생하고 있다. 특히 조업중단이나 파업 등으로 분출하는 집단적 노동쟁의가 증가하면서 파업권 보장을 둘러싼 논쟁이 중국 노동문제의 중요한 쟁점이 되었다.[87] 무엇보다 현행 법률체계에는 파업에 대한 명문화된 규정이 없어 파업을 어떻게 처리하고 관리할지 명확한 방침이 없다. 이에 창더시 월마트 파업에 대해서도 합법과 불법, '안정 유지'와 '권리수호'에 근거한 첨예한 논쟁이 전개됐다.

먼저 '안정 유지'를 강조하는 측에서는 '권리수호'는 반드시 법적 제약 내에서 이뤄져야 한다고 강조한다. 이러한 법률은 사회 통치의 중요한 수단이며, 권리수호 행동의 목적과 내용, 형식을 적절히 규제하고 사회질서를 유지하기 위해서는 '안정 유지'를 최우선으로 고려해야 한다는 것이다. 따라서 점거와 연좌 방식의 창더 분점 공회 파업은 명백히 불법이고, 〈치안관리처벌법〉에 따라 생산 경영과 사회질서에 혼란을 야기한 법적 책임이 있기에 지방정부가 강행한 강제해산과 행정처분은 적절한 조치였다고 주장한다(董保華·李幹, 2015). 그러나 광둥성 선전시의 노동단체인 '춘펑 노동쟁의서비

---

87   중국에서 파업권은 1982년 헌법에서 삭제된 이후 명문화된 규정이 없다. 그러나 현실에서는 여전히 다양한 형태의 파업이 발생하고 있으며, 파업의 합법 여부가 학자들의 치열한 논쟁이 되어 왔다. 이에 대한 자세한 소개로 정선욱과 황경진의 논의(2013)를 참조할 수 있다.

스부春風勞動爭議服務部' 장즈루張治儒 총간사는 '합법적인 권리수호'의 전제
는 좋은 법良法이어야 하는데, 현재 중국의 법률체계, 특히 노동관계
법률체계는 그렇지 못하다고 지적한다. "노동관계 법률 제정 과정에
노동자의 참여가 없었고, 의견을 표현할 수단이나 방식도 제한적"이
기 때문에 노동법률 입법 과정에서 노동자의 이익이 충분히 보장되
지 않았다는 것이다(常德沃爾瑪工會維權事件硏討會, 2014). 따라서 '합
법적인 권리수호' 담론은 언제나 노동자에게 불리하고, '합법적인 방
식'을 통해 기업이 노동자를 탄압하는 수단으로 이용된다는 것이다.
그러므로 창더시 월마트 파업에서 나타났듯이, 합법적인 수단을 갖
지 못한 노동자의 권리수호 행동은 대부분 '안정 유지' 대상이 되고,
각종 죄명으로 체포되거나 공권력에 의해 묵살될 위험이 크다.

파업의 유형과 성격에 따른 허용 범위 기준에 대해서도 논쟁이 제
기됐다. 둥바오화董保華는 파업이 '집단적 이익분쟁'일 경우에만 사회
적 정당성이 부여되는데, 창더시 월마트 파업은 전체 135명의 노동
자 중 69명만 중재와 소송 절차를 진행했기에 '개별적 쟁의'이며, 구
조조정에 따른 보상금을 핵심 내용으로 하는 '권리분쟁'에 속하므로
파업이 불가한 경우라고 주장한다(董保華·李幹, 2015).[88] 그러나 앞서
보았듯이, 창더시 월마트 파업은 100여 명 노동자의 노동계약 종료
문제와 연관된 집단적 노동쟁의로 시작됐다. 여기에는 단체협약 이

•

88   노동자와 사용자의 대립으로 발생하는 집단적 노사관계 분쟁은 법령이나 단체협약·취업규칙·근
로계약 등에 의해 확정된 권리의 해석·적용·준수 등을 둘러싼 권리분쟁과 장차 노사합의를 통해

행과 관련된 '권리분쟁' 성격뿐만 아니라 노동조건 변화를 초래하는 '이익분쟁'의 성격도 포함되어 있다. 특히 창카이에 따르면, 현재 중국에서는 기존의 권리분쟁을 중심으로 한 파업뿐만 아니라 이익분쟁과 관련된 파업이 점차 증가하고 있으며, 난하이 혼다자동차 파업의 경우처럼 두 가지 성격의 분쟁이 혼합된 파업도 증가하고 있다(常凱, 2012). 따라서 창카이는 현재 발생하는 대부분 파업은 권리분쟁에 의한 것이든 이익분쟁에 의한 것이든 노사 간의 경제적 분쟁과 관련된 '사적 관계'임에 주목할 필요가 있다고 지적한다. 즉 노사 간에 발생한 집단적 노동쟁의와 파업을 정치적으로 확대할 필요가 없고, 정부 개입이나 공권력 사용을 최소화해야 하며, 파업 발생을 일부 불순세력의 '선동'이나 '국외세력 개입'에 의한 것으로 인식해 '안정 유지' 방식으로 처리하려는 행태를 경계해야 한다는 것이다(常凱, 2012).

분명한 사실은 파업권에 대한 명확한 기준이 없는 상황에서 시간이 갈수록 파업을 통한 노사갈등 분출이 일상화되고 있다는 것이다(백승욱·장영석·조문영·김판수, 2015). 따라서 중국 노동문제의 안정화를 위해서도 파업권의 제도적 규범화는 필수적인 과제다. 하지만 여전히 중국 정부는 '경제적' 성격의 파업이 정치적 성격으로 확대되는 사태를 두려워한다. 특히 최근의 파업이 도로나 정부기관 앞을 점거

권리화될 것이 기대되는 이익에 관한 분쟁, 즉 이익분쟁으로 구분된다(常凱, 2012).

하는 방식으로까지 전개되고, 국내뿐만 아니라 국외 노동조직과 여론의 주목을 받으면서 파업에 더욱 민감한 반응을 보인다. 노동자가 시작한 파업에 당정의 통제 범주에서 벗어난 노동단체가 개입하는 사례가 증가한 것도 중국 정부의 불안 요인이 되고 있다. 그러나 2014년에 발생한 위위안裕元 신발공장 파업에서 드러났듯이, 한 공장에서 발생한 파업이 다른 공장으로 이어지는 연쇄적 파업이 발생하고, 공장의 노동문제가 지역사회 문제로까지 비화하고 있다. 이러한 현실에서 파업권의 제도적 규범화를 통한 노동문제의 안정적인 해결은 중국 사회와 정부가 직면한 중요한 과제다.

창더시 월마트 파업 사례에서 나타났듯이, 지방정부는 외부의 기업과 자본을 유치하기 위한 안정적인 투자환경 조성을 위해 기업에 친화적인 태도를 보이고, 지방 총공회도 이에 부응하여 기층 공회의 권리수호 행동을 제약하고 있다. 또 기층 공회 간부 직선제에 대한 각급 지방정부의 이해관계가 서로 다르기 때문에 지방정부 상층과 하층의 정책적 일관성도 없다. 따라서 공회 개혁을 통한 기업 민주관리 실현은 단순히 기층 공회 간부의 직선제 선출만으로 해결될 수 없으며, 현행 중국 공회체계의 한계를 넘어 독립적인 노동조합을 결성할 수 있는 단결권 보장이 요구된다. 형식적인 노사 간의 단체협상이 제대로 시행되기 위해서도 노동자들의 독립적인 단결권과 단체행동권 보장은 필수적이다. 특히 시간이 갈수록 파업을 통한 노동쟁의 분출이 일상화되는 상황에서 파업권에 대한 제도적 규범화는 필수 과제다. 따라서 단결권, 단체교섭권, 단체행동권의 명확한 규범화와 합법화에 대한 요구가 중국 노동관계 제도화의 향방에 핵심 쟁점이 되고 있으며, 무엇보다 '조화로운 노동관계' 구축을 위해서도 중요한 도전이 되고 있다.

5장

제도의 재설계 :
사회치리 체제 수립과
조화로운 노동체제 구축

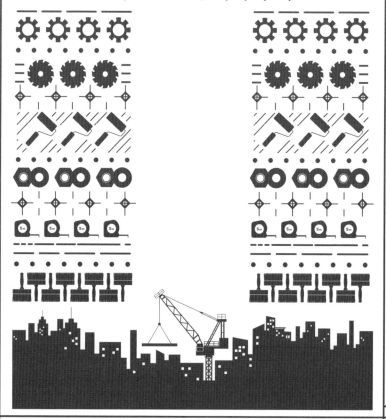

1. 사회치리 체제에서의 노동체제 개혁[89]

(1) 사회치리 체제 수립과 노동관계

이제까지 살펴봤듯이, 중국의 노동문제는 협소한 의미의 '노동'문제에 그치지 않고 국가의 통치 전략 전반을 포괄하는 광범위한 문제이며, 사회주의 시기와 개혁·개방 시기를 잇는 중요한 가교다. 무엇보다 이데올로기적으로 '노동자 국가'를 표방한 사회주의 시기의 중국 정부는 생산력의 급진적 확대를 목표로 하는 '산업주의 혹은 발전주의 과제'와 '사회주의 국가 건설'이라는 이중적 과제에 직면했다. 이를 수행하는 과정에서 중국 노동정책은 부단히 조정됐으며, 특히 2000년대부터 본격화된 신노동자의 주체성 자각에 따른 집단적 저항과 조직화로 인해 노동관계 제도를 재설계해야 한다는 요구가 높아지고 있다. 이러한 노동관계 재설계는 중국 사회 전체의 전반적인 변화와 맞물려 진행되고 있으며, '사회관리(社會管理, social management)'에서 '사회치리(社會治理, social governance)'로의 전환이

89 　이하 1, 2의 내용 중 일부는 「도시 사회관리와 노동체제 개혁의 딜레마」라는 제목으로 『도시로 읽는 현대중국 2』(역사비평사, 2017)에 수록되어 출판됐다.

라는 큰 틀의 사회 통치체계 변화에서 전개되고 있다.

중국에서 '사회관리'라는 표현이 처음 등장한 것은 1998년의 〈국무원 기구 개혁 방안에 관한 결정關於國務院機構改革方案的決定〉이라는 문건이다. 이는 개혁·개방 이후 1990년대 말부터 본격화된 국유기업 조정 과정에서 대량 발생한 실직 노동자들의 불만과 저항이 사회적 위기감으로 확대된 상황과 밀접한 관련이 있다. 이후 '사회관리' 개념과 체계, 그 필요성이 더욱 분명하게 제시된 것은 2004년 중국 공산당 제16기 4차 중앙위원회 전체회의에서 사회 건설과 관리 강화 및 '사회관리 체제 혁신, 당위원회의 지도, 정부의 책임, 사회 협조, 공중 참여'의 완전한 수립을 목표로 하는 사회관리 체계가 제시되면서부터다. 이에 기초해 〈중국 행정관리학회 과제조中國行政管理學會課題組〉(2005)의 연구 보고서는 '사회관리'를 다음과 같이 정의한다.

정부가 전문적·체계적·규범적인 사회정책과 법규 제정을 통해 사회조직과 사회 사무를 관리하고 규범화하며, 합리적인 현대 사회구조를 발전시키고, 사회 이익관계와 사회적 요구에 대한 응답 및 사회모순의 화해를 조정하며, 사회공정과 사회질서 및 사회안정을 유지하고, 이성·관용·조화·문명의 사회적 분위기를 조성하며, 경제·사회·환경이 협조적으로 발전하는 사회환경을 건설하는 것이다.

개혁·개방 이후 중국은 시장화 개혁에 따라 사회적으로 이익갈등이 더욱 복잡해지고, 노동자의 저항 및 파업을 비롯한 사회문제가 지속적으로 발생하고 있다. 이런 현실에서 정부의 중요한 역할로 강조된 것이 사회모순의 조화로운 해결과 사회질서 및 사회안정 유지였다. 이에 기초해 '사회관리'라는 개념이 부각된 것이다. 즉 "사회 안정 유지 임무가 매우 막중하고, 정치적 평가도 갈수록 엄격해지는 현실에서 많은 정부 관원이 무의식적으로 사회관리를 '안정 유지'로 이해하고 있었으며, 이것이 전통적인 사회관리"로 인식됐다(李立國, 2013). 그러나 위로부터의 통제적 성격이 강한 '사회관리' 체계로는 사회문제의 진정한 해결이 어려우며, 조화로운 사회 건설을 추진하는 데도 방해가 된다. 심지어 모순을 더욱 격화하고 사회 불안정의 근원을 은폐할 수도 있다는 지적이 각계에서 제기됐다(王思斌, 2016). 특히 사회문제가 갈수록 증가하고, 노동자를 비롯한 대중의 권리의식이 제고되며, 인터넷을 통한 권리수호 행동이 증가하는 현실에서 기존의 강제적인 '안정 유지'라는 사회통제 방식은 제대로 작동하기 힘들었다. 이에 따라 '사회관리'에서 '사회치리'로의 전환이 모색되기 시작했다.

특히 2013년 중국 공산당 제18기 3차 중앙위원회 전체회의에서 국가의 치리체계와 치리능력의 현대화가 '전면 심화 개혁'의 총괄적인 목표 중 하나로 설정됐다. 이 회의에서 통과된 〈중공 중앙 전면 심화 개혁에 관한 중대 문제 결정〉(中共中央關於全面深化改革若幹重大問題的決定, 이하 '전면 심화 결정')은 '사회치리' 체제 혁신에 관한 별도의 장을 배치해 사회치리 방식 개선, 사회조직 활력 고취, 효과적인 갈등 예방, 사회모순 체제 조정, 공공 안전체계 정비에서 사회치리 체제를 어떻게 혁신할 것인지에 대해 자세히 제시했다.

> 사회치리 혁신은 반드시 최대 범위 인민대중의 근본 이익을 옹호하는 데 주목해야 하며, 최대한 조화 요소를 증대하고, 사회 발전의 활력을 증대하며, 사회치리 수준을 높이고, 평안한 중국 건설을 전면적으로 추진하며, 국가의 안전을 지키고, 인민의 행복한 삶을 확보하며, 사회의 안정과 질서를 유지해야 한다(中共中央關於全面深化改革若干重大問題的決定, 2013; 뤄쓰치·백승욱, 2016).

이처럼 중국 공산당 창설 이후 처음으로 당의 정식 문건에서 '사회치리'라는 개념이 제기됐다. 이에 대해 왕쓰빈王思斌은 "'사회치리'라는 개념 제기는 중국에서 15년간 지속한 '사회관리' 시대의 종결을 표지하는 것이며, 이제부터 중국의 사회 건설이 '사회치리'의 시대로 정식 진입했음을 나타내는 것"이라고 말한다(王思斌, 2016). '사회관리'에서 '사회치리'로의 전환이 갖는 중요한 함의는 다원적인 주체와 민주적인 참여를 중시하기 시작했다는 점이다. '전면 심화 결정'은 체계적 치리 견지, 당위원회 지도 강화, 정부의 주도적 역할 발휘, 사회 각 방면의 참여에 대한 격려와 지지를 제기함으로써 중국의 새로운 사회관리 모델은 정부의 일원적 주도와 다자 참여 및 각 부문이 각각의 직무를 담당하는 '공동 합작형' 치리체계임을 분명히

218

제시했다. 다시 말해 정치 동원과 행정관리에 단순하게 의존했던 전통적인 모델에서 탈피해 앞으로는 정부 주도하에 다원적인 주체가 참여하는 사회치리 체제를 수립해야 하며, 이를 위해서는 당 조직뿐만 아니라 각종 사회조직, 공민 등이 사회치리의 조직자와 참여자가 되어야 한다는 점이 강조됐다. 이러한 변화에 대해 란샨樊珊과 허샤오지에何曉傑는 다음과 같이 지적한다.

> 정부의 사회 지도와 사회 서비스 및 사회관리 임무는 시간이 갈수록 막중해지고 있다. 강제적인 행정 행위의 '강한' 역할이 점차 제한받는 상황에서 비강제적인 행위에 수반한 '부드러운' 힘이 정부의 행정 과정에서 발현되고 있으며, '부드러운' 수단의 광범위한 사용이 필연적으로 되었다. 사회관리 혁신 과정에서 나타난 이념과 방식 및 관계의 변화를 보면, 전반적으로 비강제적인 행정 행위가 확산하는 시대적 징후가 확연히 드러난다. 따라서 비강제적인 새로운 정부 행위 모델에 대한 전면적이고 심화된 연구의 필요성도 더욱 절실해지고 있다(樊珊·何曉傑, 2011).

장셴밍張賢明은 사회관리 체제 혁신은 사회관리 주체를 다원화하는 것이며, 다양한 사회역량의 협력적 치리를 통해 정부가 독점하는 사회관리를 대체하는 것임을 인식할 필요가 있다고 강조한다. 그에 의하면, 정부 본위주의를 타파하는 것이 가장 중요하며, 행정적 오만을 근절해야 한다.

사회관리는 정부의 사회관리와 사회의 자기관리를 포함한다. 오늘날 중국의 사회발전은 전환기의 특수한 단계에 놓여 있고, 중국 정치발전의 기본적 특징 등의 현실을 볼 때 정부의 사회관리 직능을 강화해야 한다. 이는 반드시 '사람을 근본으로 하는' 이념이 주도해야 하며, 사회공정 준칙을 준수하고, 민주법치의 방향을 지키며, 사회 자치 논리에 순응해야 한다. 또한 다원적 주체가 사회를 관리하는 치리구조 구축과 사회관리에 참여하는 자주적인 사회역량 배양, 민생 보장과 개선을 지향하는 민생정치 건설, 정부가 시행하는 사회관리 권위 증진 등의 경로를 통해 안정적으로 추진되어야 한다(張賢明, 2012).

다원 주체 참여가 강조되는 사회치리 체제로의 전환은 사회경제적 구조 변화, 즉 지금까지 '단위'를 통해 신분을 보장받고 기본적인 사회생활을 영위했던 '단위인'이 시장화 개혁 추진에 따라 점차 '사회인'으로 전환하는 과정과 밀접한 연관이 있다. '정부(단위)-사회'라는 일원적 구조 모델을 타파하고, '정부(단위)-사회(사구)-사회인'이라는 다원적 구조를 형성해 다원적 주체가 사회치리에 참여하도록 한 것이다(張娜, 2016). 이런 측면에서 보면, 중국의 사회관리 체제는 단위체제 시기에서는 국가가 사회와 시장을 모두 포괄했으나 개혁·개방 시기부터는 정부, 기업, 사회가 분리되는 전환 과정에 적응해 변화하고 있다. 또한 '정부(단위)—사회(사구)—사회인'으로 연결되는 구조 변화에 따라 정부와 '사회인'으로서의 개인을 연결하는 플랫폼인 '사구(社區, community)' 건설이 강조된다.

앞서 3장에서 살펴봤듯이, 사회주의 시기 중국 도시 지역의 경제생활과 사회복지 및 정치적 통제는 모두 '단위체제' 안에서 이뤄졌다. 그러나 시장경제 체제로의 개혁이 가속화되면서 국유기업의 구조조정과 공유제 주택제도 폐지 및 주택 상품화로 단위체제가 실질적으로 붕괴했고, 단위에 대한 도시주민의 소속감도 약화했다. 게다가 호적제도 이완으로 농민공들이 대거 도시로 유입되면서 중국 정부는 도시 지역의 기층 사회관리 체제를 기존의 단위체제에서 '사구'를 중심으로 하는 체제로 전환했는데, 바로 이러한 '사구 건설'이 오늘날 중국 사회치리 개혁의 핵심 소재지가 된 것이다. 이와 관련해 푸청(付誠)은 다음과 같이 지적한다.

'제한적 권한 부여'와 '외생적 자치'라는 논리로 추진된 중국의 사구 건설은 시종 하향식 추진 방식과 내생적 발전 동력 결핍이라는 문제를 안고 있다. (…) 공공 관리 주체의 다원화와 공공 관리 수단의 적실화를 통해 정부기구의 권위를 분산시키고, 정부·시장·사회의 권한과 역할을 재조정해야 한다. (…) 중국의 '사구'에 기반한 사회관리 혁신사업은 반드시 행정 본위주의의 운영방식을 뛰어넘어야 한다. 행정 권위체계는 위에서 아래로 권한을 부여하고, '사구'는 아래에서 위로 권한을 확대하는 과정을 통해 참여형 관리 모델을 형성해야 한다. '제한적 권한 부여'를 '보편적 권한 부여'로, '외생적 자치'를 '내생적 자치'로 변화해야 한다. '사구'와 전체 국가의 사회생활을 하나로 통합함으로써 '사구' 건설을 통해 전체 사회의 진보를 촉진해야 한다(付城, 2011).

'사회치리' 체제 전환과 '사구 건설' 강조는 노동 영역에도 심대한 영향을 미친다. 더욱이 2000년대 들어 더 이상 전통적인 관리체제 범주에 속하지 않는, 이른바 '사회로 확장된 노동문제'가 나타나면서 노동문제의 '사회치리' 체계로의 인입이 점차 중요해지고 있다. 백승욱 등은 다음의 네 가지로 이러한 현상의 출현 배경을 설명한다. 첫째, 도시에 장기간 거주하는 농민공의 대량 출현이다. 도시산업의 주요 노동력이 된 농민공의 파업이 증가함에 따라 농민공에 대한 사회관리에서 '노동'과 '사회'는 서로 배제될 수 없는 범주가 되고 있다. 둘째, 노동자의 집단적 저항이 일상화되고 있다. 이는 노동 영역이 사회관리가 작동하지 못하는 가장 중요한 지점으로 부각됨을 보여준다. 셋째, 노동자의 집단 저항이 전개되는 양상이 달라졌다. 특히 공회를 거치지 않고 스스로 집단 저항을 조직하는 경우가 많은데, 이는 공회 계통을 통한 노동관리 시스템의 기능적 효율성이 저하됐음을 보여준다. 넷째, 당정 통제 범주에서 벗어난 노동NGO

의 출현이다(백승욱·장영석·조문영·김판수, 2015).[90] 이에 중국 공산당 중앙위원회와 국무원은 2015년 3월 22일 〈조화로운 노동관계 수립에 관한 의견〉(關於構建和諧勞動關系的意見, 이하 '조화 노동 의견')을 발표해 사회관리 차원에서 노동문제를 포괄하는 종합 정책을 제시했다.

노동관계는 생산관계의 중요한 구성요소로, 가장 기본적이고 중요한 사회관계 가운데 하나다. 노동관계가 조화로운지 아닌지는 광대한 노동자 및 기업 자체의 이익과 관련되어 있으며, 경제발전과 사회조화의 문제와도 직결된다. (…) 현재 우리나라는 사회경제적으로 격변의 시기이며, 노동관계 주체 및 그 이익의 요구가 갈수록 다원화되고 있다. 노동관계 모순도 선명하게 부각됐으며, 다양하게 발생하고 있다. 노동쟁의 안건이 계속해서 높게 발생하며, 일부 지방에서는 농민공의 임금체불 등 노동자 이익을 침해하는 현상이 여전히 발생한다. 집단적 조업중단과 '군체성 사건群體性事件'[91]이 수시로 발생하는 상황에서 조화

•

90 "중국의 노동NGO는 후진타오와 원자바오 집정 시기에 집중적으로 설립됐다. 장쯔루에 따르면, 중국 전역에 30개의 노동NGO가 있으며, 위위안 신발공장 파업 등 크고 작은 파업에 영향"을 미치며, 노동자 법률상담, 임금체불이나 산재 등 노동 현안에 대한 각종 서비스, 노동자 권리수호 행동에의 개입 등 다양한 활동을 전개하고 있다. 한편 이러한 노동NGO의 영향력이 확대되면서 공회 개혁에도 일정 정도 영향을 미치고 있으며, 공회와 지방정부에서 노동NGO들의 서비스를 구매하거나 자신의 조직 산하로 포섭하려는 시도도 나타나고 있다(백승욱·장영석·조문영·김판수, 2015).

91 사회질서에 일정한 영향력을 행사하기 위해 집단 구성원이 법적 근거 없이 동일한 행동을 취하는

로운 노동관계 수립 임무는 실로 막중하다. (…) 새로운 역사적 조건에서 중국 특색의 조화로운 노동관계를 수립하려는 노력은 사회관리를 강화하고 혁신하는 것이며, 민생을 보장하고 개선하는 중요한 내용이다. 또한 사회주의 '조화사회' 건설의 중요한 기초이며, 지속적이고 건강한 경제발전의 중요한 담보이자 당의 집정 기초를 증강하고, 당의 지위를 공고히 하는 필연적 요구다.

노동문제에 대한 '사회관리'적 접근은 앞서 말한 사회관리 체제 개혁의 핵심인 '사구 건설 체계'와 '노동분쟁 관리체계'의 통합에서 더욱 구체적으로 체현된다. 즉 '사구' 관리를 개선하고 확대하는 실험으로 '격자망화'와 '네트워크화' 관리 모델이 추진됐다. 한편 각 사구는 더 작은 단위의 격자로 나뉘고, 각 격자에는 여기에 소속되거나 유동하는 인원의 정보를 모으는 격자원網格員이 배치된다. 격자원이 자신에게 지정된 격자 구역의 정보를 입력하면 '격자-사구-가도-구-시'로 연결된 네트워크를 통해 정보를 체계화하고, 그에 따른 사회관리 틀이 종합적으로 구축된다(백승욱·장영석·조문영·김판수, 2015). '인력자원사회보장부'도 노동분쟁의 적절한 처리를 위해 노동

불법적인 집단행동을 말한다. 특히 노동자들에 의한 조업중단, 태업 등 파업을 주요 형식으로 하는 단체행동의 경우는 시장경제 국가의 집단적 이익분쟁과 구별하기 위해 '노동자 군체성 사건'(勞動者群體性事件, Collective labour incidents)이라고 표현하며, 이러한 유형을 포괄해 '집단적 노동쟁의'(集體勞動爭議, Collective labour disputes)라고 한다(정선욱·황경진, 2013).

보장 감찰기구와 사회보장, 취업, 민원, 중재 등 노동관계에 대한 각 단위와의 협조를 더욱 강화하고 있다. 즉 성, 시, 구, 가(진)의 종횡적 협조체계를 강화하고 있으며, '노동보장감찰법' 집행의 효율성을 높여 노동자의 합법적 권익과 사회조화 및 안정을 함께 보호한다는 목표를 제시한다.

특히 이에 기초해 일부 지역은 각 사구에 노동쟁의 관리 네트워크 체계를 수립하고 있다. 예컨대 지린吉林성 창춘長春시 차오양朝陽구에서는 노동분쟁 탐문조사와 조기경보 및 조절능력을 높이기 위해 '노동쟁의 격자망화 탐문조사와 조기경보 네트워크 체계勞動爭議網格化排查預警網絡體系'를 구축해 실행하고 있다. 즉 관할구역을 몇 개의 격자로 구획하고, 각 격자에 1명의 격자 순찰원과 1명의 노동쟁의 조정원을 배치했다. 이러한 격자 구획은 두 가지 원칙에 따라 이뤄진다. 첫째, 전면 포괄 원칙으로 격자 구획에 사각死角을 남기지 않는다. 둘째, 명확화의 원칙으로 격자원 간에 관할구역 경계와 관리 책임을 분명히 한다(胡哲夫, 2013). 또 관할구역에 자신의 성명과 전화번호를 공시하고, 격자 내의 기업 및 고용 상황을 순찰하며, 노동자 상담과 민원 접수도 한다. 이를 통해 노동분쟁의 징후와 조짐을 적시에 발견하고, 상부에 즉각 보고한다.

[그림10] '노동쟁의 격자망화 탐문조사와 조기경보 네트워크 체계'

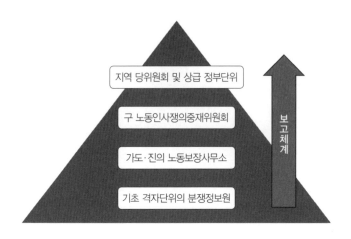

지역 당위원회 및 상급 정부단위

구 노동인사쟁의중재위원회

가도·진의 노동보장사무소

기초 격자단위의 분쟁정보원

보고체계

이 체계의 구체적인 실행 원칙은 다음과 같다. 첫째, 창춘시 차오양구 '노동인사쟁의중재위원회'가 이 체계를 전적으로 책임지며, 탐문조사 경보의 구체적인 시행 방법을 제정하고, 기본적인 공작제도를 완비하며, 평가와 상벌 방법을 제정해 지도하고 관리한다. 둘째, 가도와 진鎭의 노동보장사무소는 노동쟁의 격자망화 탐문조사의 실질적인 조직과 시행, 노동쟁의조정원과 분쟁정보원의 일상적 관리와 교육 및 평가를 담당하고, 각 격자단위로부터 올라온 모순과 분쟁을 조정한다. 셋째, 기초 격자단위의 분쟁정보원은 격자 내 모순과 분쟁의 징후를 수집해 상부에 보고한다.

한편 이 체계는 '기초 격자단위 → 가도·진의 노동보장사무소 → 구區 노동인사쟁의중재위원회 → 지역 당위원회 및 상급 정부단위'로의 보고체계를 확립하고 있다. 즉 기초 격자단위의 분쟁정보원은 노동분쟁을 발견하는 즉시 가도·진의 노동보장사무소에 보고해야 하며, 보고 내용은 분쟁 발생 시간, 장소, 관련 인원, 원인, 현황과 발전 전망 등을 포함해야 한다. 가도·진의 노동사무소는 분쟁정보원의 보고를 받은 후 분쟁의 진실성과 정확성을 조사하고, 사안의 심각성에 따라 등급을 확정해 분쟁을 분류하고 조정한다. 중대하거나 복잡한 노동모순에 대한 분쟁이 발생할 경우에는 즉각 구의 노동인사쟁의중재위원회에 보고한다. 이를 보고받은 차오양구 노동인사쟁의중재위원회는 분쟁의 성격과 심각성을 재확정하고, 분쟁을 분류해 조정한다. 중대하거나 복잡한 노동분쟁은 지역 당위원회와 정부 간부에 보고하고 성실하게 협조해야 한다(胡哲夫, 2013).

이처럼 중국 정부는 '사회치리' 체제 구축을 통해 '사회'로 확장된 노동문제를 체계적으로 관리함으로써 노동쟁의를 규범화하고 제도화하려 한다. 그러나 노동자의 단체행동권이 아직 법적으로 인정되지 않았고, 사용자와 평등하게 협상하는 중요한 주체인 공회에 대한 개혁이 미진하다. 이런 가운데 노동자의 권리수호 행동은 여전히 '사회 불안정 요소'로 규정되어 통제와 단속의 대상으로 간주하는 경우가 많다. 요컨대 '안정이 모든 것을 압도한다'는 기조가 여전히 유지되고 있으며, 노동쟁의를 비롯한 노동문제도 사회의 '안정 유지' 차원에서 접근하고 있다(정규식·이종구, 2016). 그러나 현실적으로 노동자의 파업이 공장 안을 넘어 사회 전체 문제로 확산하는 추세가 나타나고 있다. 따라서 '안정 유지'를 기조로 한 사회치리 체제로 노동문제를 관리하는 정책은 한계를 지닐 수밖에 없다.

(2) '안정 유지'와 노동체제의 딜레마

개혁 시기 중국 정부는 정치·사회 안정이 지속적인 개혁과 발전의 전제라는 인식 아래 '안정 유지'를 가장 중요한 임무로 추진했다. 즉 '안정 유지'를 국정의 가장 중요한 목표로 상정함으로써 "안정 유지가 경제성장을 위한 전제 조건이나 통치를 위한 수단을 넘어 전체 사회를 통제하고 규범화하는 하나의 이데올로기"로 작용한다(장윤미, 2013b: 109). 특히 2004년 중국 공산당 제16기 4차 중앙위원회 전체회의에서 통과된 〈당의 집정능력 건설 강화에 관한 결정中共中央關於加强黨的執政能力建設的決定〉은 '안정 유지'의 내용을 명확하게 제시하며, 안정 유지 정책의 현실화를 위한 업무 책임제 시행, 사회 상황과 민심을 반영하기 위한 소통기제 확보, 공공 안전 보장과 돌발사건에 대한 긴급 처리능력 향상, 사법기관의 갈등 조정 및 안정 유지 기능 강화, 사회 치안 종합 치리 업무기제 강화와 개선, 인민의 생명과 재산의 안전 보장 등을 규정했다. 이어 제17차 당대회에서는 안정 유지가 사회 건설 영역의 주요 업무로 편입되기 시작했으며, 제17기 4차 중앙위원회 전체회의에서는 〈새로운 정세하의 당 건설 강화와 개선에 관한 중대 문제 결정中共中央關於加强和改進新形勢下黨的建設若干重大問題的決定〉이 통과되어 "발전은 확고한 규칙이며, 안정은 확고한 임무"라고 제시됐다(장윤미, 2013b: 109).

이렇게 확립된 중국의 안정 유지 체제는 중앙의 핵심 권력 독점과 각급 지방정부의 체계적인 조직망을 통해 실행됐다. 즉 중앙수준에서 안정 유지 조직은 '중앙정법위원회'를 주체로 하고, '중앙안정 유지영도소조'를 최고 권위로 하며, 이를 기반으로 '중앙사회치안종합치리위원회'(이하 '중앙종치위')를 비롯한 각종 기관, 공안, 법원, 감찰원 등의 사법기관이 구성됐다. 중앙정부는 각 지방에서 일어나는 사건에 직접 개입하지 않으며, 각급 지방정부가 관할구역의 치안과 안정을 책임지는 구도다. 이렇게 수직적으로 통합된 안정 유지 조직망은 정법 라인을 중추로 공안, 법원, 신방信訪[92] 등의 기관까지 확장되며, 기층에는 안정 유지와 종합 치안이라는 두 거점을 설치했다. 이러한 '안정 유지' 업무 내용은 치안 관리뿐 아니라 유동인구 관리, 사회갈등 해결, 신방 총량 통제, 사회여론 유도, 돌발사건 처리 등의 업무를 포괄하며, 업무 범위가 지속적으로 확대됐다(장윤미, 2013b: 116~118).

장윤미가 지적하듯이, 상층에서 기층까지 촘촘하게 배치된 안정 유지 조직 연결망은 실제 실행 과정에서 다양한 문제점을 드러냈다. 첫째, 안정 유지 조직 운영에 과도하게 큰 비용이 소요됐다. 독립적인 법체계나 자발적인 사회조직 참여가 아닌 일종의 '정치적 하청' 방식으로 운영된 탓에 하급으로 갈수록 심각한 재정적·인적 부담이 초래됐기 때문이다. 둘째, 많은 지방정부에서 안정 유지가 간부

●

92   이해 당사자들이 '편지와 방문을 통해' 자신이 속한 정부보다 등급이 높은 정부에 자신의 요구를 호소한다는 뜻이 담긴 법률 용어로, '상방上訪'이라 부르기도 한다. 상방 행위는 불법이 아닌 중국 정부 당국이 법률로써 중국 공민에게 보장하는 공민의 권리 중 하나다. 신중국 건국 직후 중국 정부는 '결정'이나 '지시' 등의 형태로 상방 행위를 중국 공민의 민주적 권리로 인정하다가 1995년에는 '신방 조례信訪條例'를 발표함으로써 법률적 행위로 제도화했다(장영석, 2007: 117).

[그림11] '사회안정 유지' 체계 조직도

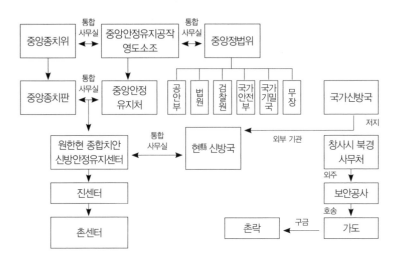

자료: 장윤미, 2013b: 121

업무를 평가하는 중요한 항목이므로 실제 집행 과정에서는 다양한 형태의 폭력적 수단이 동원되고 있다. 셋째, 안정 유지 조직망을 통해 지방 권력과 자본 간의 유착관계가 형성되기도 했다. 즉 기층 정부는 예산 부족을 이유로 '안정 유지' 업무를 '치안방위대'와 같은 자치조직에 하청주기도 하는데, 이러한 자치조직은 주로 해당 지역 기업 사장들로부터 치안유지비를 받아 운영됐다. 따라서 기층 정부는 재정 확보를 위해 더 많은 기업을 유치하려 했고, 기업의 노동법률 위반이나 노동자 착취를 용인하기도 했다. 또한 기업은 각종 노동 관련 규정을 어겨 취득한 이윤 중 일부를 다시 지방 관료에게 뇌물로 상납했다. 이런 식으로 지방 관료와 기업의 이해관계가 더욱 밀착되고 공고해진다(장윤미, 2013b: 122~125).

'안정 유지' 체제의 한계는 노동문제 처리 과정에서 더욱 극명하게 반영된다. 앞서 보았듯이, 중국 정부는 '사회치리' 체제 구축을 통해 '사회'로 확장된 노동문제를 체계적으로 관리하고자 노동쟁의를 규범화하고 제도화하려 했다. 그러나 지방정부와 자본의 유착관계로 연결된 안정 유지 체제에서 이 시도는 효과적인 영향력을 발휘하지 못했다. 지방정부는 외부기업과 자본 유치에 필요한 안정적인 투자환경 조성을 위해 기업에 한층 친화적인 태도를 보였으며, 지방 총공회도 그에 부합해 기층 공회의 권리수호 행동을 제약했기 때문이다. 또한 사회치리로 전환하는 과정에서 나타난 가장 중요한 변화가 사회조직 활성화와 규제 완화지만, 노동NGO만큼은 예외로 남아 있다. 현재까지도 대다수의 노동NGO는 자금 출처 및 운영, 안정적인 법적 지위 결여라는 문제 때문에 여전히 당국의 감시와 통제를 받고 있다. 특히 최근 언론 보도에 따르면, 2015년 12월 3일 광둥성 광저우시와 포산佛山시에 소재한 노동NGO 대표와 활동가 15명이 '업무상배임죄職務侵占罪'와 '사회질서혼란죄聚眾擾亂社會秩序罪' 등의 죄목으로 경찰에 체포되어 구류 중인 것으로 알려졌다(정규식·이종구, 2016). 즉 다수의 사회조직에 대해서는 포섭 전략을 취하면서도 정치적으로 민감하거나 경제발전에 위해가 되는 노동NGO에 대해서는 '안정 유지' 명목으로 탄압과 배제의 전략을 취하는 분할 통치가 행해지는 것이다. 이러한 한계는 '사회치리'라는 정책 목표에 따라 노동체제 개혁을 선도적으로 추진하는 광둥성 사례에서 명확히 드러난다.

2. 노동체제 개혁 실천: 광둥성의 노동 개혁 시도

(1) 광둥성 사회치리 체제와 노동체제 개혁[93]

중국 중앙정부에서 추진하는 사회 건설 방향의 '사회치리' 체계로의 전환과 '노동문제'의 '사회치리' 체계로의 인입에 대한 강조에 따라 각 지방에서도 이와 관련한 정책 및 제도를 다양하게 추진하고 있으며, 일부 지역은 중앙정부보다 앞서 이러한 정책적 개혁 시도가 전개됐다. 앞서 살펴봤듯이, 중앙정부 차원에서 사회치리 방식으로 노동문제에 접근하는 종합 정책이 2015년에 발표한 〈조화 노동 의견〉이다. 광둥성에서는 이와 동일한 기조의 〈조화로운 노동관계 수립에 관한 광둥성 성위원회 및 광둥성 정부 의견〉을 2012년 8월에

---

93 이 내용은 필자가 공동 연구로 참여한 〈시진핑 시대 중국 사회관리 정책의 변화와 기층 사회의 대응〉 연구팀에서 광저우시 텐쉰교육자문유한공사廣州市天詢教育咨詢有限公司에 위탁한 보고서를 참고했다. 특히 주로 참조한 보고서는 다음과 같다. 孔祥鴻, 2015, 「廣東省勞動政策述評」, 「廣東社會治理和勞動政策項目報告」, 「현 시기 중국 광둥성 노동정책 평가」, 「한국사회학연구」, 2016, 제7호; 高靜, 2015, 「廣州工會的職工服務社會組織: 工會工作站(或工會職工服務站)調研報告」, 「廣東社會治理和勞動政策項目報告」, 未出版; 黃巧燕, 2015, 「最新「廣東省企業集體合同條例」分析」, 〈광둥성 기업단체협약 조례〉 제정의 법률 분석」, 「한국사회학연구」, 제7호, 2016.

발표했다. 광둥성 각급 정부는 두 문건이 제기한 방향과 원칙 및 총체적 요구에 기초해 노사모순의 체계적 치리와 법에 근거한 치리, 종합 치리 및 근원적 치리를 강화할 것을 목표로 삼고 있다.

광둥성에서 조화로운 노동관계 수립에 대한 의견 및 정책적 개혁 시도가 선도적으로 출현할 수 있었던 중요한 배경은 2010년 5월 17일 광둥성 포산시 난하이 혼다자동차 부품 제조 유한공사의 파업 이후 파업 및 노동분쟁이 일상화됐기 때문이다. 쿵샹훙에 따르면, 광둥성에서 최근 몇 년간 30명 이상의 노동자가 참여한 집단적 노동쟁의는 매년 2000~3000건, 파업은 약 250~300건 발생했다. 또한 2012~2014년 동안 성 전체 노동중재기구에서 노동쟁의 중재 건수는 매년 33만~35만 건이다(孔祥鴻, 2015a). 그리고 중국의 경제구조가 '신창타이(新常態, New Normal)'[94]라는 새로운 국면에 진입함에 따라 광둥성에서도 산업구조의 고도화가 가속화됐으며, 고용불안 확대로 인한 노동관계 불안 등 새로운 문제가 출현하고 있다. 이러한 변화가 광둥성에서 노동체제 개혁을 적극적으로 추동했다. 그결과 광둥성에서는 노동 관련 사안에 대한 법치수준 전면 제고, 고용안정성 확보, 공평하고 지속 가능한 사회보장 체제 수립, 임금 및

---

94 중국의 지속 가능한 성장을 위해서는 경제구조를 새로운 상황에 맞게 개편해야 하며, 이를 위해 고속성장보다 중고속성장을 받아들여야 한다는 의미로 사용되는 용어다. 시진핑習近平 국가주석이 2014년 5월 허난성에서 "중국 경제가 개혁·개방 이후 30여 년의 고도 성장기를 끝내고 새로운 시대로 이행하고 있다"고 말하면서 처음 사용되기 시작했다. 요컨대 성장률은 예전에 못 미치지만, 지속적인 성장을 이룰 수 있도록 경제성장의 패러다임을 바꾸겠다는 중국 정부의 새로운 경제기조다.

소득분배 제도 개혁, 농민공에 대한 양질의 서비스 제공 등 '조화롭고 안정적인 노동관계 구축'을 목표로 노동체제의 전반적인 개혁을 추진하고 있다. 이하에서는 광둥성 노동체제의 개혁 시도를 크게 노동 관련 입법 실천, 노동쟁의 조정기제 개혁, 공회 개혁으로 구분해 구체적인 내용과 한계를 간략하게 검토한다.

❶ 광둥성의 노동 입법 실천

먼저 광둥성은 노동관계 안정화를 위해 집단적 노동관계를 규율하기 위한 노동 입법을 강화하고 있다. 특히 2014년 9월 25일 〈광둥성 기업 단체협약 조례〉(廣東省企業集體合同條例, 이하 '단체협약 조례')를 반포하여 단체협상의 원칙 및 내용, 절차를 명확하게 규정했으며, 단체협상을 통한 집단적 노동쟁의 처리기제를 확립했다. '단체협약 조례'는 1996년의 '광둥성 기업 단체협약 조례'를 개정한 것으로, 노동력시장 변화와 집단 조업중단 및 파업이 증가하는 새로운 현실에 대한 대응이라는 성격이 있다. 즉 단체협상 제도화에 대한 노동자들의 요구가 증대함에 따라 노사 양측의 협상과 타협을 통해 조화로운 노사관계를 정립할 필요가 있었던 것이다. 그러나 황차오옌黃巧燕에 따르면, 단체협상 제도화는 노동자보다 사용자에게 더 절실했다. 노동력 공급이 수요를 따르지 못했고, 노동자들이 자신의 필요나 요구에 맞지 않으면 다른 공장이나 지역으로 쉽게 이전하는 현상이 빈번하게 발생했기 때문이다. 또 집단 조업중단과 파업이 급증해 단체협상 및 단체교섭 제도화를 통한 노동규율 관리와 질서

구축이 시급했다(黃巧燕, 2015).

광둥성에서 노동법 제정 과정이 순탄하게 이뤄진 것은 아니다. 광둥성에서 세 차례의 노동 관련 입법 제정 시도가 있었는데, 노사의 입장 차이로 모두 좌절됐고, 최종 방안으로 제정된 것이 바로 '단체협약 조례'다. 먼저 광둥성은 2010년 난하이 혼다자동차 파업 이후 〈기업 민주관리 조례廣東省企業民主管理條例〉 제정을 시도했는데, 홍콩 기업가들의 반대로 법제화되지 못했다. 〈임금·단체협상 조례廣東省工資集體協商條例〉도 2011년에 의견 수렴본이 제출됐지만, 현실화되지 못했다. 세 번째 입법 시도는 〈기업 단체협상 및 단체협약 조례廣東省企業集體協商和集體合同條例〉다. 이 조례도 광둥성 총공회, 광둥성 인력자원사회보장부, 기업연합회 등 각계가 참여해 초안을 만들었지만 현실화되지는 못했고, 이후 최종 통과된 '단체협약 조례'의 기초가 됐다. 〈기업 단체협상 및 단체협약 조례〉 초안은 기존의 〈기업 민주관리 조례〉보다 친노동적인 색채가 옅어졌음에도 불구하고, 여전히 사용자의 거센 저항에 부딪혔다. 예컨대 노동자의 1/5 이상이 단체협상을 요구할 경우 사용자는 단체협상에 응해야 한다고 규정한 〈기업 민주관리 조례〉 내용이 이 초안에서는 '노동자의 1/3 이상이 요구할 경우'로 수정됐음에도 사용자측은 이마저 반대했다. 한편 이 초안은 "사실 날조 및 거짓 정보를 고의로 전파하거나 기타 직공 노동자를 선동, 조직, 충동, 연계, 위협, 협박하여 파업과 태업에 참여하도록 하는 행위"에 대해서는 노동계약 해지와 형사조사 및 치안법에 따른 처벌을 받을 수 있다고 규정해 노동측의 반발도 강력했다. 결국 이 초안에 대해 약 1년간 각계 의견을 재수렴했고, 2014년 9월 1일 2차 초안이 발표됐다. 여기서는 위에서 말한 노동계의 거센 반발을 초래한 규정이 삭제됐지만, 기본적으로 자본측의 요구가 더 많이 반영됐고, 이것이 최종적으로 '단체협약 조례'라는 형태로 통과됐다. '단체협약 조례'는 기존 초안보다 단체협상을 규정한 장이 새롭게 추가됐고, 단체협상(특히 임금협상)의 내용 및 절차에 대해 비교적 상세히 규정했으며, 단체협상 대표 선출 및 직책, 보호에 관한 규정을 명문화했다(黃巧燕, 2015; 장영석·백승욱, 2015).

이처럼 수차례의 각축과 논쟁을 통해 최종 통과된 '단체협약 조례'는 집단적 노동쟁의 처리 절차를 규범화했다. 특히 노동쟁의를 노사문제로 한정하지 않고, 지방정부나 인력자원사회보장부 등의 정부기구와 협력해 조정할 것을 강조했다. 예컨대 '단체협약 조례' 제33조는 쟁의 발생 시 직공은 기업이 소재한 지방 총공회에 조정을 요청할 수 있고, 지방 총공회는 직공과 기업이 법에 근거해 협상하도록 적시에 개입해야 한다고 규정했다. 제35조는 지방 총공회가 해결할 수 없는 쟁의는 현지 인력사회보장 부문이 인력을 파견하거나 단체협상 전문가 목록에 등록된 사람을 파견해 조정하도록 규정했다. 제36조는 관계된 사람의 수가 많고 영향력이 비교적 큰 단체협상의 경우에는 각급 인민정부가 인력자원사회보장부, 공안, 사법행정, 국유자산 감독관리기구 등 유관 부문 인력과 협력하여 지방 총공회 및 기업 대표와 함께 조정하도록 규정하고 있다.

그러나 '단체협약 조례'도 노동쟁의 처리 절차에서 기존의 '조정'과

'안정 유지' 중심의 노동관리 체제를 벗어나지는 못했다. 또한 노동 측 협상대표 선출 과정에서 기층 공회의 자주적인 선거방식이 적용되기보다는 '조직'에 대한 지방 총공회의 권한이 과도하게 부여됐고, 협상 기간을 최장 5개월까지 연장할 수 있도록 규정해 자본측에 더 유리하다는 비판이 제기됐다(王江松, 2014). 게다가 '단체협약 조례' 제24조는 단체협상 시 노동자가 다음 행위를 할 수 없다고 규정한다. 즉 ① 노동계약 약정을 위반해 노동 임무를 완수하지 못하는 행위, ② 노동규율을 위반하거나 각종 방식을 통해 강제로 기업의 다른 직원들로 하여금 근무지를 이탈하게 하는 행위, ③ 기업의 출입통로와 주요 교통로를 가로막거나 봉쇄하고, 사람이나 물자 등의 진입을 저지하며, 기업 설비와 공구를 파괴하거나 기업의 정상적인 생산 및 경영 질서와 공공질서를 파괴하는 행위를 금지한다(정규식·이종구, 2016). 또한 제40조는 이를 위반할 경우 〈중화인민공화국 치안관리처벌법〉에 따라 처리하며, 당사자의 형사 책임을 추궁한다고 규정하고 있어 단체협상 과정에서 노동자들의 실질적인 권리수호 행동을 제약한다. 이러한 한계는 광둥성의 노동쟁의 조정체계에도 그대로 반영됐다.

❷ 광둥성의 노동쟁의 조정체계

광둥성의 노동쟁의 조정체계 구축은 노동 입법 실천과 마찬가지로 중앙정책에 호응하는 것이었다. 즉 중앙의 〈조화 노동 의견〉에서 제시된 '두 가지 네트워크화'를 통한 노동쟁의 처리기제가 기본적으로 적용됐으며, 이를 바탕으로 노동쟁의 예방 및 경계 기제를 확립하고, '돌발사건'에 대해 응급대책 기제를 구축해야 한다고 강조한다. 좀 더 구체적으로 살펴보면 다음과 같다.

첫째, '두 가지 네트워크화'의 실현이다. 성 전체의 각 가도(진)에 '노동감찰 협조원'을 배치하고 격자망화를 실현한다. 또한 각 가도(진)에서 노동감찰을 정보화하고 성과 시의 노동감찰 부문과 연결해 네트워크화를 실현한다. 이를 통해 기업의 노동력 고용을 관리·통제하고, 노동쟁의 안건 조정과 처리를 가속한다. 둘째, 노동 관련 위법행위에 대한 엄중한 처벌이다. 최근 몇 년간 매년 32만여 기업에 대한 감찰조사가 이뤄지고 있으며, 신고와 고발 처리 건수도 약 4만 5천 건에 달하는 상황에서 일상적인 감시와 특별법 집행을 더욱 강화해야 한다. 셋째, 악의적인 임금체불이라는 범죄에 대해 행정법과 형사법을 연결해('兩法'銜接) 협조 처리하는 방법을 완비해야 하며, 임금 및 사회보험료 지원금 체불, 불법적인 아동노동 고용 등 특수한 위법행위를 중점적으로 타파해야 한다. 넷째, 기업 감원 행위 규범화와 파견노동자 고용에 대한 감독 강화. 특히 업종협회行業協會와 합작해 노동자 파견기구가 제공하는 서비스를 규범화하고, 각 기구의 등급 평가 방법을 구축하며, 파견노동자 사용 비율을 10%로 제한하여 이에 대한 감찰과 단속을 강화한다. 다섯째, 노동쟁의 중재 안건에 대한 처리방식 개혁이다. 2014년 말에 이미 광둥성 전체의 시와 현(구)에 140개의 노동쟁의중재위원회가 건립됐으며, 이보다 앞선 2012년에는 광둥성 인력자원사회보장부가 광둥성 고등법원과 함께 '노동인사쟁의 안건 심의에 관한 약간의 문제 요록'을 제출해 심의 및 중재의 표준을 통일하도록 촉구했다. 이와 동시에 '노동쟁의 조정과 지도업무 협조 사무실'을 설립해 성 전체의 노동쟁의 조정을 책임지는 조직과 제도 건설을 추진하고 있다(孔祥鴻, 2015a).

그러나 광둥성의 노동쟁의 조정체계도 중앙정부가 강조한 '대조정'과 '안정 유지'의 관리방침을 그대로 따른다는 한계가 있다. 2008년부터 시행된 〈노동쟁의 조정중재법〉에 따르면, 중국 노동쟁의 처리 절차는 '세 번 조정하고, 한 번 중재하며, 두 번 소송하는' 체계인데, 이는 노동쟁의 처리에서 '조정'의 역할이 매우 강조됨을 의미한다. 특히 중앙당정은 노동쟁의 조정을 강조하면서 '중앙사회치안종합치리위원회 판공실'을 설립했는데, 이 기구는 2010년 4월 〈모순 및 분쟁 대조사 대조정 업무의 철저한 관철에 관한 의견關於切實做好矛盾糾紛大排査大調解工作的意見〉을 발표함으로써 모든 조정기구의 권력과 자원을 종합해 사회갈등에 대응해야 한다는 '대조정' 방침을 명확하게 제시했다. 즉 사회 치안과 안정을 담당하는 '안정 유지' 기구가 집단 노동쟁의의 '대조정'을 담당한다는 것이다. 이에 호응해 광둥성도 2000년대 중반부터 집단 노동쟁의에 대한 '대조정'과 '안정 유지' 관리방식을 도입하고 있다. 광둥성 정부 각급 기구 산하에는 '종합치리신방안정유지센터綜治信訪維穩中心'가 설립됐는데, 이 조직은 당정 대리인(공안청 등), 노동중재위원회, 인민조정위원회, 법원, 공회 등이 통합된 기구로서 집단 노동쟁의가 사회적 불안요인으로 발전되지 않도록 다양한 조정방식을 집행하고 있다(장영석·백승욱, 2015).

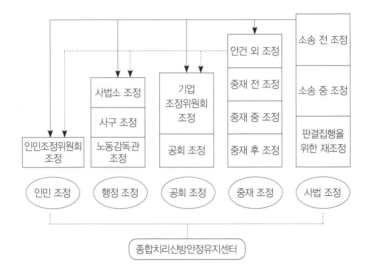

[그림12] 광둥성의 노동쟁의 '대조정'체계

자료: Wenjia zhuang & Feng Chen, 2015: 396; 장영석·백승욱, 2015에서 재인용.

이처럼 광둥성 지방정부는 중앙당정의 '격자망화 관리' 및 '네트워크화 방식'과 노동쟁의에 대한 '대조정'체계, 그리고 '안정 유지'에 기초한 관리방식을 현지 실정에 맞춰 구체적으로 전개하고 있다. 그러나 좡원자莊文嘉는 1999~2011년에 발생한 집단 노동쟁의에 대한 각 성의 패널조사 자료를 분석해 이러한 노동쟁의 조정기제가 집단 노동쟁의에 참여하는 인적 규모 감소에는 긍정적인 영향을 미쳤지만, 노동쟁의 발생 빈도 자체에는 큰 영향을 미치지 못했음을 밝혔다.

요컨대 대규모의 집단 노동쟁의는 '조정 우선'과 '대조정'의 처리기제에 따라 일정 정도 예방되지만, 소규모 집단 노동쟁의는 이 범주에 들지 않기 때문에 노동쟁의 안건 수가 감소하지 않았다는 것이다(莊文嘉, 2013; 장영석·백승욱, 2015). 특히 광둥성에서 이러한 관리체계를 벗어난 불법 노동쟁의가 더욱 빈번하게 발생하는 현실을 볼 때 광둥성 정부가 추진하는 노동쟁의 조정체계의 적실성 및 유효성에 대한 판단은 아직까지 유보적이며, 무엇보다 실질적으로 노동자 저항에 대한 관리적 성격을 크게 벗어나지 못했다고 할 수 있다.

한편 매년 노동쟁의 중재 안건과 관련된 광둥성 노동자 가운데 약 60%가 농민공이라는 사실은 농민공의 권익보호가 광둥성 노동쟁의 처리 및 예방의 핵심 쟁점임을 보여준다.[95] 이에 따라 현재 광둥성 정부는 농민공에 대한 다양한 사회 서비스 정책을 추진하고 있다. 농민공이 많이 고용된 선전, 둥관, 광저우 등의 시 및 소속 구, 가도에 전문 정부기구를 설립했으며, 농민공을 위한 각종 서비스를 제공하고 있다. 또한 2012년 광둥성은 전국에서 가장 선도적으로 '외지노동자서비스협회異地務工人員服務協會'를 설립했으며, 후난, 장시江西, 충칭, 허난, 후베이 등 농민공 유출이 많은 8개의 성과 제도

---

95 광둥성 노동력시장의 가장 큰 특징 중 하나는 농민공이 많다는 것인데, 광둥성에서 일하는 농민공이 전국의 1/8을 차지한다. 2012년 통계에 따르면, 광둥성에서 일하는 농민공은 총 2677만 명이고, 이 중 90%가 선전, 둥관, 광저우, 포산, 중산에 분포되어 있다. 또한 제2차산업 종사자 55%, 제3차산업 종사자가 42%이며, 그중 제조업 종사자 37.5%, 건축업 12.7%, 도소매 및 물류업 종사자가 13.8%다. 남성 45%, 여성 55%이며, 1980년대와 1990년대 이후 출생자가 대다수를 차지한다(孔祥鴻, 2015).

적 연결기제를 건립했다. 2014년에는 이를 12개 성으로 확장해 정보 교환과 협조, 정책 선전, 취업 서비스, 권익보호 등의 업무를 전개하고 있다. 농민공에 대한 '점수 적립 호구 부여' 정책을 시행함으로써 농민공이 도시에 융합할 수 있도록 하고 있다.[96] 농민공인 부모를 따라 도시로 이주한 농민공 자녀들의 의무교육 지원도 점차 확대하고 있으며, 농민공 직업훈련 지원도 강화하고 있다. 또한 농민공에게도 지방 의료보험 수혜를 허용하는 등 농민공에 대한 사회보험 적용범위를 확장하고 있으며, 2015년부터는 새로운 직장단위 소재지로의 산재보험 이전도 가능해졌다. 그러나 실태 조사에 따르면, 광둥성에는 사회보험 미가입 노동자가 717만 명에 달하고, 이들의 90%가 소규모 기업에서 일하는 농민공이며, 이로 인한 노동쟁의가 심각하다(孔祥鴻, 2015a). 따라서 광둥성에서 시행되는 농민공에 대한 노동 및 사회 서비스 정책의 성공 여부는 광둥성의 노동관계가 전개되는 방향에 큰 영향을 미칠 것이다.

❸ 광둥성의 공회 개혁

사회치리 체제 구축과 관련해 광둥성에서 추진되는 노동체제 개혁 시도 가운데 새롭게 주목할 만한 것은 공회 개혁 시도다. 공회

---

96   중산시는 2009년부터 광둥성에서 가장 먼저 '농민공 점수 적립 호구 부여'를 시행했으며, 2010년 부터 광저우, 선전, 둥관 등이 시행하고 있다. 2009~2011년 동안 매년 10만 명의 농민공이 광둥성에 호적을 등록했으며, 2012~2014년까지는 15만 명 이상의 농민공이 광둥성에 호적을 등록했다(孔祥鴻, 2015a).

개혁을 추동한 가장 큰 원인은 두 가지다. 하나는 공회에 대한 기층 노동자의 불신이 증폭하면서 공회를 통하지 않은 자생적인 파업이 증가했고, 다른 하나는 공회를 대신해 노동NGO가 파업 과정에서 더욱 중요한 역할을 하게 됐다는 것이다. 이러한 압박을 받아 공회 개혁이 추진되기 시작했으며, 구체적으로 '공회 간부 직선제 도입', '공회 간부 직업화', '공회 사회화'라는 시도로 전개되고 있다.

공회 간부 직선제

먼저 광둥성 정부는 공회 개혁 시도 중 하나로 공회 간부 직선제를 실험하고 있다. 이는 2012년 광둥성 당서기였던 왕양王祥이 선전시 리광理光 회사에 방문해 공회 간부의 직선제 경험을 긍정적으로 평가하면서부터 본격적으로 확산했다. 리광 회사는 공회 간부 직선제를 시행함으로써 노동자 권익을 보호해 노동쟁의가 감소하고, 노사관계도 안정되는 결과를 보였다. 따라서 공회 간부 직선제를 성 전체로 확산하는 방안이 추진됐다. 실제로 2012년 광둥성 선전시 총공회는 163개 기업 공회의 주석을 직선제로 선출함으로써 각계의 주목을 받았다(정규식·이종구, 2016). 2014년에는 광둥성 총공회가 향후 5년 이내에 성내 모든 기업에서 공회 간부의 민주적 선거를 도입할 것이라고 공표했다.[97] 직선제로 선출되는 공회 간부는 공회 회

---

97   광둥성의 기층 공회는 24만7000개이며, 그중 기업 공회는 21만2000개에 달한다. 전체 공회 회원 수는 2689만 명이며, 그중 농민공은 1481만 명이다. 또한 현재 광둥성에서 공회 주석을 직접선거로

원 대표, 공회위원회 위원, 공회 주석 및 부주석이다. 공회 간부 직선제를 도입함으로써 광둥성은 기존의 임명식 공회 간부 선출방식을 개혁했다. 이를 통해 상급 공회나 당-정의 압력을 배제하고, 기층 공회 회원들의 목소리가 반영될 가능성이 커졌다(백승욱·조문영·장영석, 2016).

그러나 원샤오이(聞效儀)가 지적하듯이, 공회 간부 직선제 실험은 여러 성과에도 불구하고 몇 가지 한계를 지닌다. 첫째, 기업 공회의 직선제 시행 여부가 기업의 자의적 결정에 과도하게 의존하고, 선거 과정 및 결과에도 기업의 영향력이 크기 때문에 기층 공회는 여전히 독립성이 없다. 둘째, 직선제에 대한 각급 지방정부의 이해관계와 동기가 달라서 지방정부 상·하층의 정책적 일관성이 없다. 셋째, 정부는 '안정'을 노동쟁의나 파업이 없는 상태로 이해하며, 직선제 시행으로 이 안정이 실현될 것으로 기대한다. 이러한 잘못된 인식 때문에 직선제 시행 이후에 노동쟁의나 파업이 발생하면, 정부가 직선제를 비판하게 되어 직선제의 제도적 안착이 어려워지고 있다(聞效儀, 2014; 정규식·이종구 2016). 특히 상급 공회나 기업이 선호하는 관리자들이 공회위원회 위원과 공회 간부로 선출될 가능성이 높고, 공회의 단체행동권도 아직은 제약이 있기 때문에 공회 간부 직선제가 이뤄지더라도 노동자의 교섭력 강화에는 큰 영향을 주지 못한다.

선출하는 기업은 약 5000개에 달한다(孔祥鴻, 2015).

실제로 2007년 선전시 '옌톈 국제 컨테이너부두 공사'(鹽田國際集裝箱碼頭公司, 이하 '옌톈 국제')는 파업을 거쳐 공회 간부 직선제를 시행했다. 그러나 2013년 공회가 주도하지 않은 파업이 발생해 공회 간부 직선제가 노동관계 안정화를 자연적으로 보장하는 것이 아님이 드러났다. '옌톈 국제' 공회도 처음에는 직접선거를 통해 기층 노동자를 공회 주석으로 선출했지만, 이후 기층 노동자의 업무 성격상 주석의 직책을 감당하기 어려워 다음 선거에서는 기층 노동자들이 기업 관리자를 공회 주석으로 선출했다. 즉 공회 간부 직선제는 공회 기능 전환 및 기층 노동자 참여가 전제돼야만 본연의 취지와 목적을 실현할 수 있고, 제도 안착과 노동자 역량 강화에도 기여할 수 있을 것이다.

공회 간부의 직업화

공회 간부의 직업화란 각급 총공회가 공회 간부를 사회에서 초빙해 기층 공회에 필요한 업무를 담당하게 하는 것을 말한다. 이러한 공회 간부는 총공회 조직 편제에 포함되지 않으며, 기업에 직접 파견되거나 각 가도, 사구, 업종 공회로 파견된다. 2015년 7월 현재 광둥성 공회에는 직업화 간부가 1000여 명쯤 있으며, 그중 선전에 400명, 광저우에 250명, 포산에 200명 정도가 배치되어 있다. 공회 계통은 중앙 행정조직의 관리방식에 따라 인원 편제가 규정된다. 이렇게 배정된 '편제 내 인원'은 안정적인 공무원 신분을 보장받았다. 그러나 이 때문에 중국 공회는 당-정의 관리 계통에서 벗어나기 힘들었으며, 특히 기층 공회의 독립성에 상당한 제약을 받는다는 문제점이 있었다. 직업적 공회 간부를 충원하려는 시도는 이같은 한계를 극복하기 위한 노력이었다. 이는 노동NGO 활동을 참조하는 방식이었으며, 노동NGO를 공회 내부로 포섭하려는 적극적인 전략도 함께 추진됐다. 예를 들어 2011년 광둥성 총공회는 조직의 산하 기구로 노동NGO가 참여하는 '광둥성 직공서비스 사회조직연합회廣東省職工服務類社會組織聯合會'를 설치했다. 여기에는 300여 개의 노동 관련 사회단체가 가입해 있으며, 광둥성 총공회 부주석이 회장 직무를 수행한다. 또한 노동자 밀집 지역에서는 지역 총공회가 정부와 노동NGO를 중개해 정부에 서비스 구매購買服務를 촉구하기도 한다(장영석·백승욱, 2015).

그러나 공회 간부의 직업화 시도 역시 몇 가지 한계가 있다. 첫째, 공회 간부로 채용된 인원은 '편제 외부'에 존재하므로 활동의 독립성이 어느 정도 보장되지만, 신분이 불안정해 활동을 지속하기 어렵다. 특히 선전시 총공회의 경우, 공회 간부의 직업화를 촉진하기 위해 '3년 계약제' 방식으로 공회 간부를 채용하고 있다. 이러한 단기계약의 특성상 장기적인 직업 전망을 갖기 어려우며, 고용 계약상의 분쟁 발생 가능성도 있다(백승욱·조문영·장영석, 2016). 둘째, 단기계약직으로 채용된 공회 간부들은 재계약을 해야 하므로 상급 간부의 눈치를 볼 수밖에 없으며, 노동자 권익수호보다 문화나 복지 서비스 제공에 치중하고 있다. 셋째, 공회의 노동NGO 포섭 전략은 내재적 위험성이 있다. 즉 체제 내부로 포섭된 노동NGO들은 합법적인 지위를 획득할 수 있지만, 그렇지 않은 NGO들은 불법화되거나 탄압과 배제의 대상으로 전락할 가능성이 크다.

공회의 사회화

마지막으로 광둥성 공회는 '사회공작(社會工作, social work)'[98]에 직접 참여해 노동자 지원 및 노동관계 안정화를 담당함으로써 활동 영역을 '사회'로 확장해가고 있다. 이처럼 공회가 '사회공작' 업무로 영향력을 확대하려는 이유는 기존 조직 계통으로 노동관계 문제를 해결하는 데 한계가 있기 때문이다. 특히 노동력시장에서 농민공이 차지하는 비중이 큰 광둥성의 경우, 이 한계가 훨씬 심각하게 나타났다. 다시 말해 농촌을 떠나 도시로 나온 농민공, 즉 '신노동자'는 기업수준에서 단체협상을 통해 임금을 인상하거나 기본 권리를 보호받는 것도 중요하지만, 주거·기술훈련·결혼·재교육 등과 같은 일상생활에 필요한 사안을 해결하는 것도 중요한 과제였으므로 이에 대해 적절히 대응할 필요가 있었다(백승욱·조문영·장영석, 2016). '공회의 사회화' 개혁은 중국의 사회 건설 및 사회관리 체제 혁신이라는 더 큰 틀에서 추진되는 정책 과제이며, 특히 '사회조직' 관리 및 협조체계 구축과 밀접한 관련이 있다.

•

98　한국에서는 주로 '사회복지'로 번역된다. 중국의 '사회공작'은 구미歐美나 홍콩의 영향을 많이 받았지만, 당-정부와 긴밀한 관계를 맺으며 제도화하고 있다. 따라서 중국의 '사회공작'은 정부 바깥의 독립적·전문적 서비스 영역으로 인식되는 '사회복지'와는 차이가 있다(백승욱·장영석·조문영·김판수, 2015).

먼저 2007년 중국 공산당 17차 당대회에서 "공회, 공청단, 부련 (중화전국여성연합) 등 인민단체의 법률 및 각각의 정관에 근거한 업무 시행, 사회관리와 공공서비스 참여, 대중의 합법적 권익보호에 대한 참여를 지지한다"고 제시했다. 이후 전총도 "공회가 사회관리 참여 및 강화, 혁신 등에서 충분히 역할을 발휘하고, 나아가 새로운 정세 아래 노동자 대중사업을 잘 해나갈 것"임을 공식 발표했다. 이러한 중앙 및 전총의 정책 목표에 호응해 광둥성도 공회가 "거점 형 사회조직 사업체계 구축 과정에서 주체적 작용을 충분히 발휘하도록 하며, 광둥성 공회와 실질적으로 결합해 사회관리와 서비스의 거점형 조직에 능동적으로 참여하도록 전력을 다할 것"을 목표로 제시했다. 이러한 '거점형 사회조직 사업체계' 구축은 사회조직 관리 업무가 직면한 새로운 정세 대응으로 인식됐으며, 특히 이 과정에서 공회가 주도적인 역할을 할 것이 요구됐다. 왜냐하면 "공회는 당과 노동자 대중을 연결하는 교량으로서 비교적 완전한 조직체계가 있고, 장기간 육성되고 발전된 기술 교류, 문화체육, 상호 지원활동에 종사하는 대중조직도 있으며, 자연스럽게 사회조직을 단결하고 선도할 수 있는 장점이 있다"고 판단했기 때문이다. 이에 따라 공회는 "노동자 지원 영역의 사회조직이 발전적으로 선순환하는 궤도에 진입하도록 인도하며, '노동자 사회 서비스 네트워크'를 완벽하게 건립하고, 사회주의 시장경제와 호응하는 '작은 정부, 큰 사회'라는 사회치리 모델 형성을 촉진할 능력이 있으며, 나아가 이에 대한 책임이 있다"고 강조했다. 이러한 시도는 "공회가 전체 사회역량을 최대한 응집해 광대한 사회조직과 노동자 대중이 사회 건설에 참여하도록 적극성과 창조성을 고취하는 데 도움이 되며, 공회 조직의 응집력과 영향력을 증강하는 데에도 큰 도움이 될 것"으로 인식했다(高靜, 2015).

이러한 정책 목표와 현실 인식에 따라 광둥성은 광둥성 총공회 주도로 '광둥성 직공서비스 사회조직연합회'를 설립했으며, 이를 모델로 각급 시도 '광둥성 직공서비스 사회조직연합회 지방사무처'를 설립했다. 광둥성 총공회는 이 체계를 통해 현지 노동자를 지원하는 사회조직 간에 플랫폼 역할을 할 것으로 기대되며, 실제로 현지 정부가 이전·위탁한 사회 공공서비스를 담당하게 되었다. 즉 '공회의 사회화' 개혁을 통해 "공회가 적극 지지하고, 민간 역량이 창건하고, 전문 단체가 관리하며, 노동자 대중이 혜택을 받는 사회조직 육성 모델"을 모색했으며, 가도, 사구 등 기층 영역에서 공회 업무와 관련있고, 노동자 대중과 밀접하며, 조화로운 노동관계를 발전시킬 일련의 노동자 서비스 사회조직을 중점 지원할 것을 결정했다. 또한 "광둥성 공회의 '노동자 서비스센터'로의 전환을 가속하기 위해 총령은 '성급 노동자 서비스센터', 골간은 '시급 노동자 서비스센터', 지주는 '현(구)급 서비스센터', 기초는 '향진(가도)과 촌(사구) 및 기업 서비스사무소服務站와 서비스지점服務點으로 하는 4단계의 노동자 사회 서비스 네트워크가 구축"됐다. 이를 통해 공회가 제공하는 사회 서비스의 범위와 표준을 지속적으로 조정하고, 생계곤란 지원, 권리 보호, 노동쟁의 조정, 법률 지원, 의료 공제 등이 일체화된 서비스

모델을 모색함으로써 노동자 지원활동 정상화와 장기적인 효율성을 실현할 것이 강조됐다. 그에 따라 2014년 11월까지 광저우시 공회는 270개 이상의 '직공사회서비스조직망職工社會服務組織網點'을 건설했으며, 소재 관할구역의 공회 회원뿐만 아니라 비非공회 회원에게도 교육훈련, 문화레저, 신체검사 및 요양, 법률 지원 서비스를 제공하고 있다. 특히 광저우시 '공회공작사무소工會工作站'는 노동관계 조정 및 권리보호 기능을 강화하기 위해 노동자 법률 지원 및 자문, 임금·단체협상, 조화로운 노동관계 수립 등에 관한 사회 서비스를 확대하고자 노력하고 있다(高靜, 2015).

하지만 '공회의 사회화' 과정에서 드러난 문제점도 많다. 먼저 기층에 설립된 '공회직공서비스사무소' 운영방식의 적절성과 실효성이 지적된다. 대부분의 사무소 개방시간은 노동자의 근무시간과 같아 노동자가 서비스를 이용하기가 쉽지 않다. 제공되는 서비스도 휴식과 오락 위주여서 법률교육이나 기능훈련 같은 프로그램이 적다. 게다가 서비스 항목 중에 노동쟁의 조정이나 노동자 권리보호 등 노동관계와 직접 관련된 서비스가 적어 노동자들이 '공회직공서비스사무소'를 노동문제 해결의 통로로 인식하지 않는다. 이는 다양한 사조직을 통해 사회 서비스 및 노동관계 안정화를 실현한다는 '공회의 사회화' 전략의 실효성이 근본적으로 흔들리고 있음을 의미한다. 또한 노동자 지원사업 경비를 상급 공회의 재정 지원에 전적으로 의존해 사업의 지속성이 불투명하며, 공회 자체의 역량 강화로 이어질 가능성도 불분명하다.

그럼에도 광둥성에서 진행되는 공회 개혁 시도는 사회치리 체계 구축과 연동된 거시적인 정책 실험으로 전개되기에 지속적인 관심과 연구가 요청된다. 특히 공회에 대한 노동자들의 불신을 해소하고, 파업 과정에서 주도적 역할을 맡기 위한 노력이 다양하게 전개되고 있다. 아래에서는 둥관시 '위위안 파업' 분석을 통해 광둥성 공회 개혁의 쟁점을 구체적으로 살펴본다.

(2) 광둥성 공회 개혁의 가능성과 한계: 둥관시 위위안 파업

❶ 파업 전개 과정

광둥성에서 노동체제 개혁이 적극적으로 추진되는 가장 큰 원인은 파업의 일상화 때문인데, 임금인상, 사회보험료 지원, 기업 폐쇄 및 이전, 임금체불 등과 관련된 노동쟁의 및 파업이 많이 발생했다. 특히 2014년 4월 둥관시 위위안 신발공장에서 4만여 명의 노동자가 참여한 건국 이래 최대 규모의 파업이 발생했다. 이 파업은 열흘 이상 지속했으며, 광둥성 사회보장제도의 한계를 폭로함으로써 사회적 파급력이 상당했다.[99] 그에 따라 노동자들의 사회보험 문제를 적절히 해

---

99 위위안 신발공장은 홍콩 위위안 국제유한공사가 1989년 중국 광둥성 둥관시 가오부高埗진에 투자해 설립한 가공형 운동화 제조기업으로, 모회사는 타이완의 바오청寶成그룹이다. 바오청그룹은 전 세계에 500개 이상의 운동화 생산라인을 보유하고 49만 명의 노동자를 고용하고 있는데, 그중 중국에만 200개 이상의 생산라인이 있다. 바오청그룹의 전 세계 시장 점유율은 약 20%이며, 나이키, 아디다스, 리복, 푸마 등 유명 브랜드 운동화를 생산한다. 중국 진출 후 20여 년의 발전을 거쳐 현재 둥관시 가오부진에는 위위안 계열의 9개 법인기업과 17개 공장이 있으며, 전체 직공 수는 4만여

결하는 것이 광둥성 노동체제 개혁의 핵심 쟁점으로 떠올랐다.

2014년 4월 14일 오후부터 시작한 파업은 같은 달 25일까지 지속했으며, 위위안 전체 기업과 공장으로 확장되어 생산이 전면 중단됐다. 퇴직을 앞두고 있던 관리층 노동자가 3월 10일 퇴직 후 사회보장 대우에 관한 자문을 사회보험국에 구했는데, 매월 겨우 683위안의 퇴직 연금이 지급된다는 통지를 받은 일이 파업의 도화선이 됐다. 사회보험국 기록에는 회사가 매달 정기적으로 노동자 몫으로 내야 하는 사회보험금을 납부하지 않았고, 해당 노동자의 사회보험 가입 신분이 임시공으로 등록되어 있었기 때문이다. 이에 100여 명의 퇴직 예정 노동자가 사회보험국에 문제를 제기했고, 또 다른 100여 명의 노동자도 기업이 노동자를 위한 '주택공적금'을 내지 않은 것을 문제삼았다.[100] 이처럼 사회보장 문제로 발생한 위위안 파업은 광둥성에서 사회보험 적용범위를 확대하는 과정에서 발생한 일련의 문제를 폭로하는 것이었다.[101]

명에 달한다.

100   1998년 〈광둥성 사회양로보험조례〉 시행 이후 광둥성의 양로보험금 납부 기준은 직공이 임금 총액의 8%를 납부하고, 기업이 직공 임금 총액의 14%를 납부하도록 했다. 이 두 기금은 직공의 개인계좌와 통합계좌로 입금된다. 납부 만기는 15년이고, 직공이 퇴직할 때 양로금을 수령할 수 있다. 주택공적금은 기업이 직공 임금 총액의 5%를 납부하며, 직공이 이직할 때 자유롭게 인출할 수 있다(黃岩·劉劍, 2016).

[표24] 위위안 파업 진행 과정

진행 단계	시점	내용
1단계	3월 중순~4월 14일: 파업 전단계	- 3월 중순: 노동자들의 노동 민원 - 3월 28일: 노자 간 첫 대화 결렬 - 4월 5일: 친수이(親水)공원 집회 및 도로 봉쇄
2단계	4월 14~25일: 파업단계	- 사측에서 3건의 공고를 발표해 노동자 의견을 청취하려 했으나 실패 - SNS를 통해 전 공장으로 파업 확산, 5대 요구 제기 - 노동NGO가 파업에 적극적으로 개입하기 시작했고, 광둥성 총공회도 공작조를 파견해 노동자들의 합법적인 권익보호를 지지함 - 노자 간 대화와 소통 재개
3단계	파업 종료 및 수습단계	성 공회에서 파견된 공작조의 사태 수습: 기업과 정부의 약속 이행 촉구, 사회보험료 보조금 지급문제 해결, 위위안 기업 공회 재건

자료: 黃岩·劉劍, 2016에서 재구성.

2014년 3월 28일 오후 위위안 기업은 사회보험 및 노동 관련 지방정부 부처 관계자를 초청해 노동자들과 대화하고, 인력자원 관리 부서 간부를 파견해 노동자들의 임시공 신분 및 노동계약 형태, 사회보험료 납부문제 등에 대한 설명회를 열었다. 노동자들은 사측과 사회보험 당국에 사측의 위법행위를 인정할 것을 요구했지만, 사측은 이를 거부하고 법적 절차를 통해 문제를 해결하겠다고 통지했다.

•

101 이에 따라 광둥성은 2015~2016년 동안 약 717개 기업 노동자의 사회보험 가입문제를 해결하고, 150만 명의 불안정 취업 인원의 사회보험 가입을 점진적으로 추진함으로써 사회보험 가입률 95%를 달성한다는 목표를 제시한 바 있다(林應武, 2015년 광둥성 인력자원사회보장부 공작회의에서의 강화: 孔祥鴻, 2015a).

사측이 이러한 태도를 보인 이유는 크게 세 가지다. 첫째, 위위안은 둥관시에서 사업을 시작한 지 20여 년이 넘어서 지방정부와 친밀한 관계였고, 이전에 일어난 유사한 형태의 파업도 잘 해결했으니 이번 파업도 문제없다는 믿음이 있었다. 둘째, 사측은 이번 사건을 심각한 위법행위가 아닌 단순한 사회보험료 납부 위반으로 봤고, 이 정도는 지방정부에서 암묵적으로 양해해줬었다. 또한 기업의 체불된 사회보험료 납부 의무 소급적용 기간이 2년에 불과하므로 사측은 최후의 수단으로 문제를 제기한 노동자들의 체불된 2년치 사회보험료를 내면 해결될 문제로 봤다.[102] 셋째, 분쟁 해결을 위한 법률절차가 상당히 복잡하기 때문에 노동자들이 파업 및 소송을 이어가지 못하고 쉽게 분열할 것으로 생각했다.

3월 28일 회의에서 사측으로부터 긍정적인 확답을 받지 못한 노동자들은 사측이 사건을 지연해 노동자들을 분열하려 한다고 의심했다. 이후 일부 노동자가 SNS 메신저 QQ를 통해 4월 5일 청명절 휴일에 친수이공원에서 집회를 열기로 기획했다. 비록 정부 공안의 엄격한 통제로 대규모 집회가 성사되지는 못했지만, 100여 명이 넘는 노동자가 '가오부교高步橋'를 점거하고, 가오부진에서 둥관시로 통

102　특히 이와 관련해 2015년 6월 9일 선전시의 한 지방법원에서도 노동자와 선전시 사회보장국 간에 소송이 있었는데, 법원은 노동자의 패소를 판정했다. 판결 근거는 선전시에서 시행하던 정책 때문이었다. 즉 기업이 직공의 사회보험을 가입하지 않은 경우, 노동자가 자기 권익이 손해를 입은 것을 알게 된 날로부터 최대 2년까지만 기업이 보험료 납부를 보조할 수 있다는 정책인데, 이미 2년이라는 시효가 지났기 때문에 사회보험 보조 책임이 없다는 것이다(孔祥鴻, 2015a).

하는 도로를 봉쇄했다. 빠르게 언론의 주목을 받은 이 사건을 계기로 사태는 점점 악화했다. 선전시 노동단체인 '춘펑 노동쟁의서비스부' 장즈루 총간사도 이를 계기로 위위안 파업에 개입했다. 이후 장즈루는 다년간의 노동쟁의 경험으로 위위안 노동자의 신임을 얻었고, 성공적으로 노동자들을 동원해 4월 14일까지 사측이 노동자들의 요구에 만족할만한 답변을 하지 않으면 파업에 돌입할 것을 결의하게 했다.

이때 제시된 노동자들의 주요 요구사항은 다섯 가지다. 첫째, 전체 노동자에게 입사 이래 미납된 사회보험금 차액을 추가 납부할 것. 둘째, 이번 달부터 전체 노동자에게 법정 정액의 5대보험과 주택공적금(五險一金, 양로보험, 의료보험, 실업보험, 공상보험, 출산보험, 주택공적금)을 실제 임금에 기반해 지급할 것. 셋째, 이번 달부터 모든 위위안 그룹의 노동자 임금을 30% 이상 인상할 것. 넷째, 전체 노동자의 선거로 선출된 노동자 대표와 위위안 그룹의 최종 협상 결과에 따라 단체협약에 서명하고, 협상에 참여한 노동자 대표에게 보복하지 않을 것. 단체협약 중에 약정한 임금은 매년 15% 이상 인상하거나 매년 1회 노동자와 단체협상을 할 것. 다섯째, 위위안 그룹 공회를 개편하고, 공회 회원의 직접선거로 공회 주석을 선출할 것 등이다.

4월 14일 오후 1시에 위위안 그룹은 공고문을 통해 입장을 발표했는데, 여전히 사회보험료 납부문제는 승인하지 않았다. 단지 2014년 5월부터 정액 납부하고, 2015년 말까지 전체 노동자에 대해 정액 납부할 계획이라고 밝혔다. 이에 파업이 시작되어 25일까지 지속했고, 모든 공장의 생산을 전면 중단했다. 동시에 경찰 및 관리 간부들과 노동자의 산발적인 충돌이 발생했으며, 수십 명의 노동자가 가두시위를 벌이다가 체포됐다. 4월 18일 장즈루는 SNS를 통해 체포된 노동자들에게 응원의 메시지를 전하고, "모든 노동자가 용감하게 항쟁에 나설 것"을 호소했다(張治儒, 2015). 4월 21일에는 다른 민간단체와 연합해 '위위안 공장 권리수호 지원 소조'를 조직하고, 공장 내 노동자와 면담하기도 했다. 그러나 다음 날 장즈루를 포함한 '지원 소조'의 주요 인사들이 공안 당국에 구금됐다.

마침내 4월 21일, 사측은 5월 1일부터 법에 근거한 정액의 사회보험료를 납부할 것과 추가 납부 수속에 착수할 것을 수락했다. 또한 5월 1일부터 매월 230위안의 임금인상을 약속했다. 사측이 전향적 태도를 보인 것은 세 가지 이유 때문이다. 첫째, 사측의 예상과 달리 노동자들은 쉽게 분열되지 않고 파업이 장기화됐으며, SNS를 통한 노동자 조직화가 갈수록 방대해졌다. 또한 SNS에서 노동자들의 위협적인 언어가 표출되기 시작하면서 파업 분위기가 고조되고, 심지어 타이완의 고위층 간부들은 파업이 폭력사태로 변질될 것을 우려해 타이완 출신 간부와 가족의 철수를 고려하기도 했다. 둘째, 지방정부의 태도가 변화하기 시작했다. 지방정부는 파업 참여 인원의 방대함과 심각한 사회적 영향력을 인식하고, 기존 방식대로 기업의 이익만 고려하거나 무력으로 사태를 진압할 수 없음을 깨달았다. 셋째, '춘펑 노동쟁의서비스부' 등 노동NGO 개입이 파업 초기부터 중요한 영향력을 행사했다. 특히 장즈루는 노동자는 파업을 통해 정당한 이익을 쟁취할 수 있으며, 어떻게 파업해야 승리할 수 있는지 지속적으로 교육했다. 그러나 무엇보다 광둥성 총공회가 파견한 '공회공작조工會工作組' 역할이 컸는데, 이는 '상급 공회'가 '하급 공회'를 대신해 단체협상부터 분쟁조정에 이르기까지 전반적인 노동관계에 관여하는 중국의 특성을 잘 보여준다. 이는 공회 개혁의 가능성과 한계를 동시에 보여주는 것이기도 하다.

❷ 공회 개혁의 가능성과 한계: '공회공작조'의 개입

사측과 지방정부는 처음부터 파업 해결 능력이 없었으며, 광둥성 총공회의 적시 개입이 파업 해결에 결정적인 역할을 했다. 당시 공회체계를 보면, 둥관시 총공회와 가오부진 공회는 모두 지방정부에 의존했고, 주요 업무는 지방정부 경제 건설 보조에 머물러 있었다. 대규모 파업에 개입할 능력과 자원도 없고 경험도 부족했기에 노동자의 신뢰도 받지 못했다. 이처럼 시와 진급의 공회는 단지 허수아비에 불과한 실정이었다. 이런 상황에서 파업 발생 다음 날인 4월 15일부터 광둥성 총공회가 자체 인력을 파견해 사태를 파악했다. 그리하여 18일에 위위안 노동자들의 합법적인 권리수호 행동을 적극 지지하겠다고 공표하면서 성, 시, 진 3급 공회에서 20여 명의 '공작조'를 조직해 공장으로 파견했다. 이후 '공작조'는 각종 좌담회를 통해 노동자들의 의견을 수집하고, 정부 각 부문과 소통했다. '공작조' 파견은 사측과 지방정부, 노동자, 노동단체 등 각 이해 당사자의 곤

란한 상황을 잘 조정했다고 평가된다(黃岩·劉劍, 2016). 앞서 말했듯이, 노동자들은 사측과 기업 공회·지방 공회, 지방정부를 신뢰하지 않았다. 한편 노동단체는 노동자들의 신뢰는 받았지만, 기업과 지방정부·지방공회의 신임을 얻지는 못했다. 사측은 노동단체가 노동자들의 파업을 부추기고 불합리한 요구를 제기하게 한다고 여겼다. 지방정부도 노동단체를 분란 유발자 정도로 생각했으며, 심지어 국외 세력과 결탁한 불순세력으로 치부했다. 지방 공회는 노동단체의 역할을 일정 부분 인정했지만, 다른 한편으로는 노동단체가 자신들의 지위를 침범하는 것을 경계했다.

이러한 상황에서 파견된 '공회공작조'의 주요 업무는 파업 위기 완화, 노동자 사회보험 권익 실현, 위위안 기업 공회 재건 등이다. '공회공작조'는 파업 종결 후에도 사업장에서 철수하지 않고 후속 업무와 공회 재건을 이어갔다. 즉 위위안 공장에 사회보험 지급 업무를 맡는 사무실을 만들고, 지방정부 해당 부처가 신속하게 사회보험 업무를 추진하도록 재촉했다. 이를 통해 2014년 12월까지 노동자 1만 2000명의 양로보험료 추가 납부 수속을 완료했고, 사측 부담금은 1억 위안이 넘었다. 또한 노동자 1만7000명의 주택공적금 납부 수속도 완료했으며, 이에 대한 사측 부담금은 2억 위안이 넘었다. 공회 조직 재건 업무도 괄목할 만한 성과를 이루었다. 위위안 공장 노동자는 4만 명이 넘는데, 기존 공회 회원은 2300여 명에 불과했다. 그러나 '공회공작조'의 적극적인 조직화 사업을 통해 2014년 12월 현재 공회 가입률이 68%에 달했다. 위위안 공장 이외 지역에서도 기층 공회 건설에 주력해 가오부진의 500인 이상 사업장 33개에 기층 공회 건설을 추진했다(黃岩·劉劍, 2016).

이처럼 위위안 파업에서 광둥성 총공회는 '공회공작조'를 파견해 허수아비에 불과했던 시와 진급 공회를 위로부터 조직화해 파업을 원만하게 해결했으며, 노동자의 사회보험 문제와 공회 재건 업무도 순조롭게 추진했다고 평가된다. 이러한 측면에서 위위안 사례는 전환기의 도전에 직면한 공회 개혁 방향에 중요한 함의를 갖는다.

먼저 광둥성 총공회는 공회 개혁을 적극적으로 추진했으며, 공회의 권리수호 역량 강화를 위해 노력했다. 2010년 6월에도 광둥성 총공회는 난하이 혼다자동차 파업에 적극적으로 개입했으며, 임금·단체협상을 추진해 노동자의 합법적인 권익보호를 위해 노력했다. 특히 이번 위위안 파업에서 봤듯이, 기층 공회 재건과 역량 강화를 중점적으로 추진함으로써 현행 공회체계에서 가능한 개혁의 출로를 적극적으로 탐색하고 있다. 둘째, 최근 광둥성에서는 세계 경제위기, 산업구조 고도화, 신세대 농민공 조직화의 영향으로 노동관계에 심각한 변화가 발생했다. 즉 기업의 파산과 부도, 임금체불, 사회보험료 및 주택공적금 체불로 인한 집단적 노동쟁의가 증가한 것이다. 그러나 위위안 파업에서 나타났듯이, 지방정부는 노동쟁의를 '사회질서 유지' 측면에서만 접근하며, 공권력 투입을 통해 문제를 해결하려 함으로써 사태를 더욱 악화시켰다. 셋째, 경제의 양적 성장을 중점으로 한 '지방정부의 기업화'라는 큰 배경에서 지방 총공회의 역량은 상당히 취약하다. 그러나 기업의 임금 및 사회보험료 체불 등 각종 위법행위가 지방정부의 묵인하에 자행되던 관행이 도전받고 있으며, '친기업 정책'의 사회적 기초도 정당성을 상실하는 추세다. 넷째, 노동자의 권리보호를 위해 공회와 노동단체의 협업 가능성을 모색할 필요성이 증대되고 있다. 공회는 행정적 권한이 있지만, 기층 노동자와 괴리되어 있다는 문제가 있다. 반면 노동단체 활동가는 대부분 현장 노동자 출신으로 지역사회에서 노동자 지원활동을 오랫동안 했기 때문에 노동자의 요구를 잘 이해하고, 노동자의 신뢰를 쉽게 확보할 수 있다. 그러나 정부의 허가와 공식적인 지위를 확보하기는 어려운 실정이다. 따라서 공회는 노동단체 활동을 학습하고, 노동단체는 공회의 조직화 업무를 지원함으로써 노동분쟁의 원만한 해결과 조화로운 노동관계 구축을 위한 협업 모델을 고민할 필요가 있다(黃岩·劉劍, 2016). 공회 개혁을 통한 기업의 민주적 관리 실현 과제는 단순히 상급 공회를 통한 조직화만으로 해결될 수 없으며, 더욱이 조화로운 노동관계 구축을 위해서는 기층 공회를 비롯한 아래로부터의 주체적 역량이 더욱 강화되어야 하기 때문이다.

3. '13.5 규획' 시기 '조화로운 노동관계' 구축의 가능성과 전망

(1) '13.5 규획' 시기 노동관계의 주요 변화와 도전

2016년 3월 제12기 4차 전국인민대표대회에서 리커창李克强 총리는 2016년 거시경제 운용 방향을 발표하고, '13차 5개년 규획(이하 '13.5 규획')'을 심의·확정했다. 즉 중국 정부는 세계 경기 부진, 국제 금융 및 상품시장 불안 등 대외 여건 악화 속에서 성장 감속, 구조 조정, 성장 동력 전환 등으로 2016년에도 경기 하락 압박이 강해지고 있다고 평가했다. 이에 2016년에는 '합리적 구간'에서 경제를 안정시키고, 공급 측 구조 개혁에 중점을 둔다는 기본 방침 아래 안정적 성장, 경제구조의 질적 개선, 물가 안정, 민생과 복지 증진, 국제 수지 균형 등의 5대 목표를 제시했다. 특히 '안정적 성장'과 2020년 '전면 샤오캉小康 사회'(모든 인민의 기본적인 의식주 해결을 넘어 풍요로운 생활을 영위하는 것을 의미) 건설을 위한 장기적 목표, 구조 개혁에 따른 성장 둔화, 고용 확대 필요성 등을 고려해 2016년 경제성장률 목표를 6.5~7.0%(2015년 목표는 7.0%였고, 실제 실적은 6.9%)로 설정했다

(임호열·양평섭 외, 2016).[103]

[표25] '13.5 규획'의 원칙·목표·발전 이념

구 분	주요 내용
6대 원칙	경제·사회 발전 과정에서 반드시 견지해야 할 6대 원칙: 인민 주체 지위 견지, 과학 발전 견지, 심화 개혁 견지, 의법 치국 견지, 국내외 통합 견지, 당의 리더십 견지
7대 목표	'전면 샤오캉 사회' 실현을 위해 향후 5년간 달성해야 할 7대 목표: 중고속 성장 유지, 혁신 주도 발전, 균형 발전 강화, 민생수준 제고, 국민 소양 함양 및 사회문명 수준 제고, 생태환경의 총체적 개선, 제도 성숙화 및 정형화
5대 발전 이념	13.5 규획 기간 경제·사회 발전 과정에서 준수해야 할 발전 이념: 혁신, 균형, 녹색, 개방, 공동 향유共享

자료: 「국민경제와 사회발전 제13차 5개년 규획 강요 초안」, 임호열·양평섭 외, 2016에서 재인용.

'13.5 규획'은 기본적으로 중국 경제가 '신창타이' 국면에 접어들었다는 판단에 기초한 것이다. '신창타이'는 2014년 시진핑 국가주석이 처음 사용한 이후 2015년 1월 중앙경제공작회의에서 자세히 설명됐다. 즉 경제 하락 압력이 커지고, 구조조정 진통이 나타나며, 기업의 생산 경영난이 가중되고, 경제적 위험이 출현한다는 것이다.[104] 이러한 인식하에 제기된 중국 경제의 '신창타이'는 다음과 같은 특징

•

103 2017년 중국 국내 총생산은 82만7122억 위안으로 전년 대비 6.9% 증가했다. 그중 1차산업 총생산액이 6만5468억 위안으로 전년 대비 3.9% 증가했고, 2차산업 총생산액이 33만4623억 위안으로 전년 대비 6.1% 증가했으며, 3차산업 총생산액은 42만7032억 위안으로 전년 대비 8.0% 증가했다 (人力資源和社會保障部, 2018).

104 2015年中央經濟工作會議, 人民網, 2015年12月.

이 있다. 첫째, 고속성장에서 중고속성장으로의 전환이다. 둘째, 경제구조의 최적화와 업그레이드, 도농 간 지역 격차의 점진적 축소, 주민 소득 비율 상승으로 더 많은 대중에게 발전 성과를 환원해 혜택을 주는 것이다. 셋째, 생산요소 및 투자에 의존한 성장 촉진으로부터 혁신에 의한 성장 촉진으로의 전환이다. 전반적으로 볼 때, 경제의 '신창타이' 국면에서 산업 구조조정의 영향을 받아 실물경제는 지속적으로 하락할 것이며, 일부 기업의 경영난이 가속화되며, 과잉생산 및 도태되고 낙후한 기업 퇴출이 본격화되면서 구조조정 압력도 심화할 전망이다. 이에 따라 필연적으로 노동관계의 불안정성도 커질 것이고, 적절한 대책을 수립하지 못하면 사회적 모순이 더욱 격화할 것으로 예측된다(張冬梅, 2016).

특히 '신창타이'라는 경제 국면에서 중국의 노동관계는 재조정의 도전에 직면했다. 즉 경제 '신창타이'의 배경 아래 중국 노동력의 취업 규모는 지속적으로 확대되고 있고, 고용시장의 불확실성이 커졌으며, 임금은 상승했지만 임금체불이 상시화되고 있다. 이에 따라 노사분쟁 발생률이 증가했고, 집단 노동쟁의는 사상 최대 규모를 기록하고 있다. 또한 인구 노령화 추세와 빈곤문제도 심각해지고 있다.[105] 2015년 10월 중국 공산당 제18기 5차 중앙위원회 전체

---

105   인력자원사회보장부와 국가통계국의 자료에 따르면, 2017년 말 현재 전국 총 취업자 수는 7억7640만 명으로 작년 말 대비 37만 명 증가했다. 그중 도시 취업자 수는 4억2462만 명으로 작년 말 대비 1034만 명 증가했다. 또한 2017년 전국 농민공 수는 2억8652만 명으로, 작년 대비 481만 명 증가했으며, 2017년 말 도시 지역 등록 실업자는 972만 명, 등록 실업률은 3.90%다. 최저임금과 관련

회의에서 통과된 〈중공 중앙 국민경제와 사회발전 제13차 5개년 규획 제정에 관한 건의中共中央關於制定國民經濟和社會發展第十三個五年規劃的建議〉는 노동관계 변화에 대한 대응적인 성격을 포함한다. 먼저 취업과 노동관계 협조 측면에서 '13.5 규획'은 취업과 창업 촉진, 취업 우선 전략 견지, 노동력의 자질과 노동 참여율 및 노동생산성 제고, 노동력 시장의 유연성 증대를 강조했다. 또한 이 문건은 소득분배 측면에서 소득격차 축소, 저소득 노동자 소득의 명확한 인상, 중등 소득자 비중 확대를 강조했다. 과학적인 임금수준 결정 및 정상적인 임금인상 기제 완비, '기업 임금·단체협상 제도' 추진, 공평하고 지속 가능한 사회보장제도 건립, 법정 인원에 대한 사회보험 전면 적용의 기본적 실현, 보험 정산 균형 견지, 자금 조달 기제 완비, 정부·기업 및 개인 책임의 명확한 구분을 제시했다. '12.5 규획'과 '13.5 규획' 시기의 정책 변화를 비교하면 [표26]과 같다.

해서는 2017년 10월 말 현재 전국 총 17개 지역이 최저임금을 조정했고, 평균 조정 비율은 10.4%로 전년 대비 0.3%p 감소했다. 그중 월 최저임금이 가장 높은 곳은 상하이로 2300위안이고, 시간당 최저임금이 가장 높은 곳은 베이징으로 22위안이다. 임금체불과 관련해서는, 2016년 임금이 체불된 농민공 수가 236만9000명으로, 전년 대비 38만9000명(14.1%) 감소했다. 임금체불 농민공 비중은 0.84%로, 전년 대비 0.15%p 줄었다. 그러나 임금체불 농민공 1인당 체불임금은 1만1433위안으로 전년 대비 1645위안(16.8%) 늘었고, 2016년 체불임금 총액은 0.9억 위안(0.3%) 늘어난 270.9억 위안을 기록했다(國家統計局, 2018; 人力資源和社會保障部, 2018).

[표26] '12.5 규획'과 '13.5 규획'의 주요 내용

구분	'12.5' 규획의 주요 내용	'13.5 규획'의 주요 내용
지도사상	민생 개선과 보장을 위해 힘쓰고, 정부 보장능력을 높이며, 기본적인 공공서비스 체계 구축 강조	경제성장률 둔화를 인식하고, 실리적인 사고방식과 민생 보장에 역점을 두는 '효율' 원칙 강조
노동관련	조화로운 노동관계 구축, 노동 관련 법률 집행 강화, 노동분쟁 처리 시스템 완비, 노동자 권익보호를 통해 기업과 노동자가 이익을 공유할 수 있는 시스템 구축 강조	창업과 취업 우선 전략 견지, 노동력의 질과 노동생산성 제고, 노동시장 유연성 확대와 규제 완화 강조
소득분배	가계 소득이 국민 소득에서 차지하는 비중을 높이고, 점진적인 최저임금 인상 강조	가계 소득 증대와 경제성장, 노동생산성 제고, 최저임금 인상 시스템 완비 등 효율 우선 원칙 강조

자료: 차오젠, 2016에서 재구성.

　노동관계와 관련된 '13.5 규획'의 주요 내용은 ① 전면적인 '두 자녀 허용' 정책 실시, ② 점진적인 정년 연장 방안 제출, ③ 공평하고 지속 가능한 사회보장제도 설립, ④ 적극적인 취업정책 실시, ⑤ 최저임금 기준 및 최저생활 보장 기준의 안정적 제고, ⑥ 공회 역할 강화로 구분할 수 있다. 먼저 2015년 10월 제18기 5차 중앙위원회 전체회의에서 부부가 두 명의 자녀를 출산할 수 있도록 하는 '두 자녀 허용' 정책 시행이 결정됐다.[106] 이것은 1980년부터 시작된 '한 자녀' 정책의 실질적인 종결을 의미하는 것으로, 현재 중국의 출산율을

106　2014년 1월에 '부부 중 한쪽이 독자일 경우 두 자녀를 낳을 수 있는' 정책이 시행됐지만, 출생률 개선에 큰 효과가 없었다. '전면적인 두 자녀 허용' 정책 시행 이후 이 조건에 부합하는 가임 연령 여성은 5000만 명 이상으로, '부부 중 한쪽이 독자일 경우 두 자녀를 낳을 수 있는' 정책에 비해 출생률 개선에 훨씬 더 큰 영향을 미칠 것으로 추정된다(차오젠, 2016).

높여 미래의 노동력 자원을 적정 수준으로 유지함으로써 노령화에 따른 노동력 자원의 급속한 축소가 경제발전에 미치는 부정적 영향을 회피하기 위함이다.

두 번째로, 인력자원의 효율적인 이용과 사회보장제도의 공평하고 지속 가능한 발전을 보증하기 위해 인력자원사회보장부는 2016년 말 '점진적인 정년퇴직 연령 연장' 방안을 제출하겠다고 표명했다. 이 방안의 특징은 다음과 같다. 첫째, 점진적으로 목표에 도달한다. 매년 몇 개월씩 연장 속도를 견지해 장기적으로 목표 연령에 도달한다. 둘째, 차등적 대우와 단계적 실시다. 동시에 모든 사회집단의 퇴직을 연장하는 것이 아니라 현재 퇴직 연령이 상대적으로 낮은 집단을 선택해 점진적으로 시행한다. 셋째, 사전 공고와 완벽한 공시다. 퇴직 연령 정책은 노동자의 이익과 밀접하게 연관된 문제로, 광범위하고 충분하게 각계 의견을 청취할 필요가 있으며, 가급적 민지民智를 모아 공감대를 응집해야 한다(차오젠, 2016). 이렇게 제출된 '점진적인 정년퇴직 연령 연장' 방안은 5년의 과도기를 거쳐 2022년 정식 시행을 목표로 한다.

세 번째는 적극적인 고용정책 실시다. 특히 2015년 4월 27일 국무원이 발표한 〈새로운 형세하 취업 및 창업 업무 개선 방안에 관한 의견國務院關於進一步做好新形勢下就業創業工作的意見〉은 "고용 우선 전략 실시를 심화해야 하고, 반드시 대중 창업과 만민 혁신의 새로운 엔진 육성에 진력해야 하며, 더 적극적인 고용정책을 시행해야 한다. 창업과 취업을 결합해 창업·혁신으로 취업을 선도하며, 경제와 사회발전의 신동력을 촉진하고, 민생 개선과 경제 구조조정 및 사회조화·안정에 새로운 에너지를 제공해야 한다"고 지적했다. 인력자원사회보장부 사업발전 '13.5' 규획人力資源和社會保障事業發展"十三五"規劃)도 "구조적인 고용문제 해결, 취업의 질과 양 제고를 중심으로 적극적으로 취업정책을 완비해야 한다. 노동자의 자발적인 취업 모색과 자주적인 창업을 지지하고, 기업의 중점 집단 취업 수용을 지지하며, 정책의 적실성과 유효성을 제고해야 한다"고 강조했다(牛玲·喬健, 2016). 이러한 기초 아래 인력자원사회보장부는 13.5 규획 기간에 '대학 졸업생 고용 촉진과 창업 선도 계획', '재취업 지원 행동', '직업 안정 서비스 발전 추진 계획', '노동자 소질 향상 행동', '농민공 직업기능 훈련 계획' 등을 시행한다. 또한 실업 모니터링 기제, 전국 인력자원 시장 수요·공급 모니터링 및 발표 제도 건설을 강화하고 있다. 동시에 생산 과잉 제거 과정에서 적절한 인력 배치를 위해 국무원은 여러 문건을 발표하고, 직공의 적절한 배치 공작에 대해 명확한 요구를 제시했다. 특히 2016년 〈철강 업종 과잉생산 제거 및 발전에 관한 국무원 의견國務院關於鋼鐵行業化解過剩産能實現脫困發展的意見〉에서 "직공의 적절한 배치를 과잉생산 제거의 핵심으로 놓고, 기업의 주체적 경영방침과 사회보장을 결합해 다양한 조치를 동시에 추진함으로써 노동자를 적절히 배치해야 한다. 배치 계획이 불완전하거나 자금이 부족하고, 직공대표대회 혹은 전체 노동자의 토론을 거치지 않은 노동자 배치 방안은 시행되어선 안 된다"고 명확하게 요구한다(牛玲·喬健, 2016).

네 번째는 공평하고 지속 가능한 사회보장제도 건설이다. 〈인력자원사회보장부 사업발전 '13.5' 규획〉은 "전 국민 적용, 적절한 보장, 권한과 책임의 명확화, 고효율 운영으로 사회보장의 총괄적 차원과 수준을 안정적으로 향상한다. 공평성 증강, 유동성 적응, 지속 가능성 보장을 중심으로 더욱 공평하고 지속 가능한 사회보장제도를 건립 완비"할 것을 제기했다.[107] 또한 '13.5 규획'은 '법정 인원의 전면 적용, 사회보험 개선, 합리적인 대우의 조정기제 건립' 등의 실현 외에도 일부 새로운 시도의 필요성을 제기했다. 예컨대 "사회의 상호 부조로 자금을 조성해 노동능력 상실자에 대한 장기적인 기초생활 보호, 의료 및 간병을 위해 기금이나 서비스를 보장하는 사회보험제도 건설"을 모색하고 있다. 국무원의 사회보험료 납부 비율의 단계적 인하에 관한 총체적 배치에 따라 2016년 4월 인력자원사회보장부는 재정부와 함께 기업 노동자 양로보험에 대한 기업 납부 비율과 실업보험료 비율의 단계적 인하에 관한 문건을 발표했다.

다섯 번째는 최저임금 기준과 최저생활 보장 기준의 안정적이고 신중한 제고다. 〈인력자원사회보장부 사업발전 '13.5' 규획〉은 "최저임금 인상 기제 개선 및 평가 기제 설립"을 제기했다.[108] 이에 따라

---

107   人力資源和社會保障部, '2016年第二季度新聞發布會', 人力資源與社會保障部網站, 2016.7.22

108   특히 상하이와 선전은 월 최저임금 기준이 각각 2190위안과 2020위안으로 전국 최고다. 상하이는 시간당 최저임금 기준이 19위안에 달해 시간당 최저임금 기준이 가장 높다. 한편 2015년 말 전국의 최저생활 보호 대상은 1701만1000명이었고, 도시 최저생활 보호 평균 기준은 월 451.1위안으로 전년 대비 9.5% 증가했다. 2016년 각 지역의 최저생활 보호 기준이 잇따라 상승했으며, 가장 많이

2016년 상반기에 전국 6개 성에서 최저임금 기준을 안정적으로 상향 조정했으며, 최저생활 보호 기준도 지속적으로 상승했다.

여섯 번째는 공회의 역할 강화다. 2015년 1월 중국 공산당 중앙위원회는 〈당의 대중단체 사업 강화와 개선에 관한 의견關於加强和改進黨的群團工作的意見〉을 발표했고, 이에 호응해 2015년 11월 '중앙 전면 심화 개혁 영도 소조'는 제18차 회의에서 〈전국 총공회 개혁 시범 방안全國總工會改革試點方案〉을 심의해 통과시켰다. 이 방안은 노동자 권익보호 제도 및 기제 개선을 구체적으로 배치했고, 노동자의 기본 권익보호 강조, 노사협상에 대한 민주적 참여 기제 정비, 농민공의 공회 가입과 지원 업무 향상, 공회 자산을 이용한 노동자 지원 기능 강화, 효율적인 노동자 지원체계 구축을 제기했다. 이에 따라 공회가 각종 지원 기능 제고를 통해 노동관계 조정에서 더 큰 역할을 할 것으로 기대되고 있다. 특히 노동자를 위한 법률정책 서비스 제공과 재취업을 위한 직업훈련, 빈곤한 노동자 자녀 지원 등 사회보장 서비스를 제공하는 공회 역할을 더욱 강화할 것이 요구된다. 또한 농민공 및 정리해고·직무전환·대기발령 노동자를 위한 권리수호와 임금체불 문제 등 노동자 이익 침해에 대한 감독과 단속을 강화할 것이 요구됐다. 취업 정보 플랫폼 건립 등 노동자를 위한 노동 관련 정보 서

상승한 지역은 상하이(월 880위안), 베이징(월 800위안), 텐진(월 780위안)이다. 최저생활 보호 기준이 가장 낮은 곳은 신장으로, 월 357위안이다. 자료: 民政部, "2016年6月最低生活保障標准", 民政部 網站, 2016.7.28.

비스 제공과 의료·법률 지원, 기능훈련 및 문화오락 등의 복지 서비스 확대가 적극적으로 추진되고 있다.

이처럼 '13.5 규획' 시기에 중국 노동관계는 새로운 전환기를 맞을 것으로 보이며, 공평하고 지속 가능한 사회보장제도 설립, 적극적인 취업정책 실시, 최저임금 기준 및 최저생활 보장수준의 안정적 향상, 공회 역할 강화 등 노동관계 안정화 정책을 추진하고 있다. 그러나 전반적으로 볼 때, '13.5 규획' 시기 중국 노동관계 변화는 '시장 규제 완화'와 '노동 유연화'라는 큰 방향에서 추동되고 있다. 즉 중국 정부는 지속적인 경기 둔화로 인해 규제 완화와 노동시장 유연화가 시급하므로 '효율성' 중시, 노동의 질과 생산성 향상을 '13.5 규획'의 가장 중요한 원칙으로 제시하고 있다. 최근에는 '공급측 개혁'과 '국유기업 개혁안'을 적극적으로 추진하면서 기업의 효율성을 높이기 위한 강력한 구조조정을 시행 중이다. 특히 철강과 석탄 등 과잉 설비 산업과 경쟁력이 낮은 분야에서 국유기업 인수·합병과 퇴출이 적극적으로 시행되면서 약 180만 명의 실직자가 발생할 것으로 전망하며, 이에 따른 노동자 저항과 노동쟁의도 더욱 심화하고 있다. 물론 정부도 그 대책으로 적절한 일자리 재배치와 실업 대책 기금 조성 등의 방안을 마련하지만, 노동시장 유연화와 규제 완화로 노동자 권익이 위협받는 상황이 늘면서 향후 '정부-기업-노동자' 간에 더욱 치열한 각축이 전개될 것으로 예상된다.

(2) 조화로운 '국가–기업–노동' 관계 구축의 가능성과 전망

현재 중국은 '사회로 확장한 노동문제' 출현에 따라 '노동문제'의 '사회치리' 체계로의 인입이 중요해졌다. 이에 대한 대응으로 중국 공산당 중앙위원회와 국무원은 〈조화 노동 의견〉을 발표해 사회관리 차원에서 노동문제를 포괄하는 종합정책을 제시한 바 있다. 〈조화 노동 의견〉은 노동보장에 관한 법률과 법규 완비, 법에 근거한 기업의 고용의식 강화, 법에 근거한 노동자 권리보호 능력 제고, 노동보장에 관한 법 집행 감독과 노동분쟁 조정 강화, 법에 근거한 노동관계 모순 처리 등 노동관계 수립·운영·감독·조정의 전체 과정을 법제화의 궤도에 올려놓을 것을 명확히 제시했다. 또한 고용의 규범화, 합리적인 임금인상, 지속적인 노동조건 개선, 노동자 안전과 건강의 실질적인 보장, 사회보험의 전면 적용, 인간에 대한 존중과 배려 강화, 노동관계 모순에 대한 유효한 예방과 화해를 실현함으로써 질서와 규율이 있고, 공정하고 합리적이며, 상호 이익을 실현하는 조화롭고 안정적인 노동관계를 수립할 것을 핵심 목표로 상정하고 있다. 무엇보다 조화로운 노동관계 수립의 법적 보장을 강화하기 위해 노동법과 노동계약법, 노동쟁의 조정중재법, 사회보험법, 직업병 예방 치료법 등 일련의 법규와 규정, 정책을 보완할 필요가 있음을 강조한다. 또한 근로기준 규범화, 단체협상·단체협약의 전면 실시, 기업 임금 표준화와 실질적 보장, '노동보장 감찰제도' 실시, 기업의 민주관리 실현, 노동관계 조정을 위한 '3자 기제' 수립 등 제도적·정책적 개선을 통해 노동보장을 위한 법률체계를 점진적으로 완비해가려 한다.[109] 지역별·업종별 공회연합회와 현(시, 구), 향진(가도), 촌(사구), 공업단지의 공회 조직 건설을 깊이 있게 추진하며, '산업 공회 조직(산업별 노조)' 체계 완비 계획도 수립하고 있다. 특히 기층 공회 주석의 민주적 선출 기제를 보완하고, 기층 공회 간부의 직업화 방법을 모색해 합법적 권익보호 제도를 완비하고자 한다. 또한 현급 이상의 정부와 동급 총공회의 연석회의 제도를 수립해 공회가 조화로운 노동관계 건설에 적극적으로 참여하도록 지원하는 정책을 추진하고 있다.

특히 이러한 〈조화 노동 의견〉의 구현을 통해 '중국 특색의 조화로운 노동관계'를 수립하고 발전시킴으로써 지속적이고 건강한 경제 발전 및 사회 조화와 안정을 촉진하겠다는 목표를 제시하고 있다. 궁극적으로 이를 통해 '두 개의 백 년'[110]이라는 목표와 중화민족의 위대한 부흥이라는 중국의 꿈을 실현하겠다는 원대한 비전을 제시했다. 그러나 차오젠에 따르면, '중국 특색의 조화로운 노동관계'는 다음의 세 가지 조건에 부합해야 한다. 첫째, 대립이 아닌 화합과 협

•

109 여기서 "노동관계 조정을 위한 '3자 기제'란 인력자원사회보장부, 공회(노동조합), 기업연합회와 공상연합회 등의 기업 대표 조직으로 구성된 '노동관계조정 3자위원회'를 의미하며, '3자 기제'의 기능과 역할을 완전하게 하고, 시행제도를 완비해 정부, 공회, 기업 대표 조직이 노동관계에 관한 중대한 문제를 공동으로 연구하고 해결하는 데 충분한 역량을 발휘하도록 제도적 틀을 마련"하고자 한다(정규식·이종구, 2016).

110 2021년 공산당 창당 100주년, 2049년 중화민주공화국 건국 100주년을 일컫는다. 2021년까지 전면적인 '샤오캉 사회'를 건설하고, 2049년까지 현대화된 사회주의 국가를 건설해 '대동大同 사회'를 이룩한다는 목표로 제시됐다.

력의 방식으로 노동관계를 조정하며, 파업권을 포기하고 사회안정을 유지한다. 둘째, 노동관계 조정 업무의 참여 주체는 반드시 합법적이고 정치적 신뢰도가 높아야 하며, '이데올로기 지향적, 노동자 권익보장 지향적'인 노동단체는 배제해야 한다. 셋째, 노동관계 주체의 독립을 추진하고, 조정 과정을 강화하며, 제도의 효율성을 높이고, 중국 특유의 톱-다운top-down식 시스템을 모색한다(차오젠, 2016). 요컨대 〈조화 노동 의견〉의 구체적인 실행에서는 여전히 '안정 유지'와 '위로부터의 관리', '정치적 성격의 사회조직 배제'라는 원칙이 견지된다.

더욱이 앞서 본 것처럼, '13.5 규획'을 통해 '시장 규제 완화'와 '노동 유연화'가 강조되면서 〈조화 노동 의견〉의 실행 가능성 및 실효성은 더욱 위협받고 있다. 이러한 상황은 최근 발생한 〈노동계약법〉 재개정 논란에서 구체적으로 드러난다. 주지하듯이, 〈노동계약법〉은 2007년 공개 의견 청취가 시작된 이후부터 줄곧 격렬한 논쟁이 있었는데, 주로 '일방보호(單保護, 노동자의 합법적의 권익보호)'와 '쌍방보호(雙保護, 노동자와 고용단위의 합법적인 권익보호)'라는 상반되는 관점을 형성하며 진행됐다. 2008년 〈노동계약법〉 시행 이후에도 〈노동계약법〉으로 인해 기업의 고용비용이 상승해 기업의 해외 이전을 초래한다는 비판이 끊임없이 제기됐다. 이후 2012년에 노동자 파견 문제가 심각해져 〈노동계약법〉 개정이 진행되면서 각계의 치열한 각축이 있었다. 그럼에도 기본적으로 〈노동계약법〉은 노동자의 권리보호 수준을 높이는 방향으로 발전했다고 평가받았다. 그런데 최근 다시 〈노동계약법〉 재개정 목소리가 각계에서 나오고 있다. 특히 현행 〈노동계약법〉은 노동자 보호가 과도하고, 기업의 고용비용을 확대해 노동시장을 경직시키며, 기업의 유연적인 고용환경에 불리하다는 의견이 제시되고 있다.[111] 이러한 의견 대부분은 노동 유연화와 시장 조절 기제 강조를 주장하며, 노동시장 통제권을 기업에 돌려주고 정부는 최소한의 관리만 해야 한다는 의견을 표명한다.

특히 둥바오화董保華는 노동관계에 대한 〈노동계약법〉의 10가지 불균형 문제를 지적하며, 개정을 위한 구체적인 정책을 제시한다. 〈노동계약법〉은 과도한 통제와 제한으로 노동관계에 10가지 불균형 문제를 초래했는데, 즉 노동력시장의 유연성 부족, 기업의 고용비용 상승, 입법의 과도한 노동자 보호로 '조화로운 노동관계' 구축에 악영향을 미쳤다는 것이다.

---

111   로우지웨이樓繼偉로 대표되는 일부 정계 인사와 장우창張五常으로 대표되는 경제학계 인사, 차오바오화曹寶華와 후주리우胡祖六로 대표되는 기업계 인사, 둥바오화로 대표되는 학계 많은 인사가 이러한 입장에 기초해 〈노동계약법〉을 수정해야 한다는 목소리를 내고 있다(張冬梅, 2016).

[표27] <노동계약법>에 대한 10대 불균형 지적 및 수정 건의

분류		현행 노동계약법 문제	수정 건의
노동력 시장의 유연성 부족	고용단위의 해고 제한 권리와 노동자 퇴직의 과도한 자유 간의 불균형	한편으로 고용단위의 해고 권리를 엄격하게 제한하며, 다른 한편으로 노동자의 퇴직 자유는 과도하게 방임함으로써 양자 간에 불균형 존재	노동자의 고정 기한 없는 노동계약 체결에 대한 일방적인 권리를 취소해야 한다. 고용단위와 노동자가 연속 두 번 계약할 경우, 재계약은 반드시 고정 기한 없는 계약을 체결해야 한다는 법률 규정을 취소해야 한다. 기업이 법률 법규 및 공공질서를 위반하지 않는 한 고용단위와 노동자의 노동계약 해지 조건 약정을 허가해야 한다. 고정 기한 있는 노동계약을 체결한 노동자의 임의 조기 퇴직에 대한 위약책임을 명확히 한다.
	노동계약 서면화와 고용단위이 동태적 인력자원 관리 불균형	〈노동계약법〉은 고용단위에 규장제도와 노동계약 정립, 이행, 변경, 종료, 해지 등의 행정 사무에 대한 전면적인 서면화를 요구하는데, 이는 고용단위의 인력자원 관리에 적합하지 않다.	법률 법규와 국가정책 및 공공질서를 위반하지 않는 한 고용단위와 노동자의 구두 계약 및 암묵적인 계약 등 다양한 계약 형태를 승인해야 한다. 규장제도 이외에 고용단위의 공인된 업종 규칙 및 직업 도덕 혹은 노동기율에 따른 노동자 관리와 처벌, 해고의 정당성을 인정해야 한다. 기업에 대한 행정적인 간섭을 약화해야 한다.
	표준적 노동관계와 비표준적 노동관계 불균형	국제적으로 유연한 고용 형식이 다양해지는 추세에 반해 중국에서 합법적으로 승인된 유연한 고용 형식은 노무파견과 비전일제 밖에 없다.	노무파견 등 비표준적 고용방식이 노동자에게 불리한 것만은 아니다. 비표준적 고용은 취업이 어려운 집단의 취업문제를 해결할 뿐만 아니라, 일부 노동자의 유연한 취업과 임금 상승에도 부합할 수 있다. 따라서 노동법률은 노동력시장의 유연한 고용을 존중해야 한다.

기업의 고용 비용 상승	노동력 비용의 시장 조절과 정부 통제 불균형	노동력 비용은 시장에 의해 결정되는 것이 합리적이다. 정부의 과도한 행정수단을 통한 임금 상승이 시장기제와 괴리된 것이 문제다.	국가는 맹목적인 임금인상에 관여해서는 안 되며, 임금인상은 노동생산율 수준과 인력자원시장 수요·공급 및 기업의 경제적 수익에 따라 결정해야 한다.
	노동관계 조정 과정에서의 경영비용과 충돌 비용 불균형	기업의 경영비용 중 고용 위험이나 노동분쟁 예방 및 조정 경비의 중요성이 커지고 있는데, 이러한 비용 상승은 기업의 정상적인 생산과 노동관계 조화에 불리하다.	기업에 대한 징벌성 배상의 적용범위를 대폭 축소해야 하며, 징벌성 배상은 고용단위의 주관적인 실책이나 노동자 권익을 고의로 침범해 실질적인 손실을 초래한 경우로만 제한해야 한다.
	고용단위와 노동자 쟁의 조정 비용 불균형	2008년에 〈노동계약법〉과 함께 반포된 〈노동쟁의 조정중재법〉은 고용단위에 더 많은 증거 제시 책임을 부여했으며, 고용단위의 기소권을 제한하고 노동자의 쟁의 조정 경비 부담을 없앴다.	노동쟁의 중재비용 징수제도를 회복해야 하고, 노동쟁의 소송비용을 인상해야 한다. 이를 통해 중재 소송 안건 수를 조절하고, 소송 권한 남용을 방지해야 한다. 노동쟁의 시효제도를 조정해 '한 번 중재, 최종 판결' 제도를 다시 취소해야 한다.

입법의 과도한 노동자 보호	노동자 보호 의무와 노동자의 성실 의무 불균형	고용단위의 노동자 보호 의무와 노동자의 성실 의무는 대응관계인데, 〈노동계약법〉은 노동자 보호에만 과도하게 치중되어 있다.	국무원의 〈조화 노동 의견〉은 '상호 이익과 상생'을 노동관계 조화의 주요 내용으로 한다. 따라서 노동 입법은 고용단위에 대한 불합리한 보호 의무를 철회하고, 노동자의 성실 의무를 강화해야 한다.
	노동자 격려 기제와 처벌 기제 불균형	노동법률의 노동자 보호는 낙후하거나 나태한 사람을 보호하는 것이 아니며, 특히 '보호'라는 명목으로 꼴찌의 도태나 경쟁 등 현대적인 인력자원 관리 수단을 부정해서는 안 된다.	사회주의 시장경제의 활력을 보장하고, 기업의 경쟁을 증진하기 위해 법률 법규 및 공공질서를 위반하지 않는 한 고용단위의 노동자에 대한 장려 기제와 징계 관리의 합법성과 합리성을 승인해야 한다. 또한 노동자의 권리를 적절하게 보호하면서 시장 규율에 부합하는 직무 배치 및 퇴출 기제를 형성해야 한다.
	일률적인 법률 보호 적용 불균형	노동법률은 모든 고용단위와 노동자에 대해 일률적으로 적용됨으로써 법률이 적실성이 없다.	고용단위를 분류해 소형 기업에 대한 노동법률 면책제도를 건립해야 한다. 노동자에 대한 규정을 명확하게 하고, 법정 대표자나 고급 관리인은 노동자가 아님을 명확히 해야 한다.
	강성剛性 조정과 탄력적彈性 지도 불균형	〈노동계약법〉은 일종의 '계약법'으로, 반드시 임의적인 규범 위주여야 하는데, 강제적인 규범이 과도하게 많다.	강제 규범을 축소하고, 임의 규범 및 탄력적이고 지도적인 규범을 늘려야 한다.

위와 같은 둥바오화의 〈노동계약법〉 재개정 건의안은 '13.5 규획'에서 강조한 '시장 규제 완화'와 '노동 유연화'를 구체화한 것이다. 이 요구안은 〈조화 노동 의견〉에서 제시한 정책과 상당 부분 상충한

다. 특히 노동자에 대한 고정 기한 없는 노동계약 체결 규정 철회, 노사 간의 구두 계약 승인, 노무파견 등 비표준적 고용방식 허용, 시장기제를 통한 임금 결정, 기업의 배상 범위 축소, 노동쟁의 중재 비용의 노동자 부담 재실시, 노동쟁의 조정기제에서 '한 번 중재, 최종 판결' 제도 철회, 시장 상황에 따른 기업의 노동자 직무 배치 및 퇴출 권한 허용, 소기업에 대한 노동법률 면책제도 시행 등은 노동자의 고용불안정을 더욱 강화할 것이며, 노동자의 권익보호를 위한 기존 정책 퇴행을 초래할 가능성이 크다.

실제로 '13.5 규획' 발표 이후 기존의 노동자 권익보호 정책 및 제도가 상당 부분 축소되거나 삭제되는 사례가 있었다. 예컨대 2016년 1월 '인력자원사회보장부'는 최저임금 조정에 관한 문건을 발표해 기존 최저임금을 평균임금과 연계했던 것에서 기초생활 수준에 맞추는 것으로 수정했으며, 2016년 이후 중국 7개 성에서 연금, 병원비 등 기업의 사회보험료 납부 비율을 하향 조정하는 정책이 시행됐다. 그리고 광둥성은 향후 2년간의 최저임금 기준을 동결하는 정책을 통과시켰다(차오젠, 2016). 이처럼 거시적인 국가정책 및 전략 변화에 따라 중국 노동관계는 새로운 전환기를 맞았으며, '국가-기업-노동' 간의 제도 재설계를 둘러싼 각축도 새로운 양상을 보이고 있다.

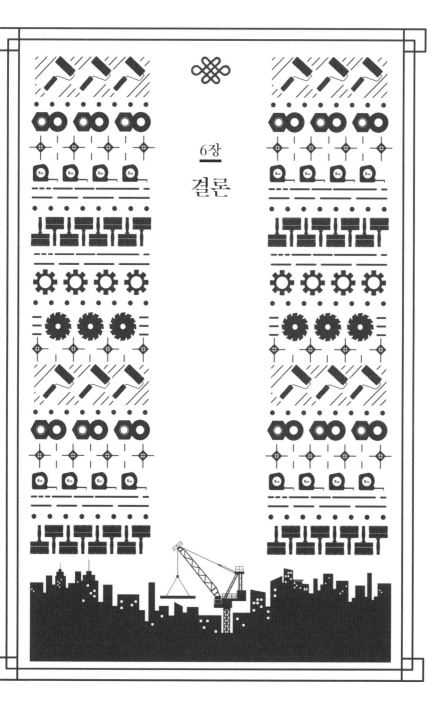

6장

결론

이제까지 사회주의와 개혁·개방 시기의 중국 노동관계 구조화 과정에서 나타난 제도의 재생산 및 변화 과정을 중국 노동체제 특성과 노동정치를 중심으로 분석했다. 1949년 중화인민공화국 성립 이후 무수한 역사적 변곡점을 거치면서 굴절되고 변용되며 형성된 제도적 진화 과정과 이를 둘러싼 다양한 집단의 실천적 개입은 '노동'이라는 쟁점을 둘러싼 현실문제의 중요성을 부각하고 있다. 특히 중국 공산당이 자국을 사회주의로 규정하는 근거로 제시한 공유제의 우위, 공산당의 지도, 공동부유의 현실적 토대는 이미 붕괴했거나 퇴색했다. 이러한 이데올로기적 토대 와해는 실질적으로 중국 노동체제 변화와 연동되어 있으며, 이에 대응하는 노동계급 변용 및 재구성으로 이어지고 있다. 주지하듯이, 중국은 사회주의 혁명으로 국가 성립 후 약 30년간의 사회주의 시기와 1978년 개혁·개방 이후 '사회주의적 시장경제'를 표방하고 자본주의 세계체제에 재편입한 시기가 중첩되어 있다. 더욱이 신자유주의적 노동체제의 일반적 특징인 노동계층 내부 분화(정규직/비정규직 등) 외에도 중국 특유의 국가 통제 시스템 및 지방정부와 기업의 유착, 노동시장의 분절적 구조, 노동자의 세대교체로 인한 가치관의 다양화는 중국 노동운동 전망을 더욱 복잡하게 만들고 있다.

따라서 이 책에서는 중국 노동시장 형성 과정에서 나타난 '국가 (당)-자본-노동조직-기층 노동자'의 정치적 경합을 노동정책 변천, 고용관리 방식 변화, 공회(노동조합)의 기능과 역할 변화, 노동법 규정 변천, 사회보장제도 변화, 노동운동 등을 통해 종합적으로 분석했다. 또한 행위자를 역사의 객체뿐만 아니라 역사의 주체로 개념화할 필요가 있음을 제기하고, '운동 주체'인 노동자 분석을 제도 분석과 접목했다. 중국에서 개혁의 심화가 초래한 제도적 변화는 노동자의 행동에도 변화를 가져왔기 때문이다. 즉 원래 '국가의 주인공'으로서 국가 및 기업에 순응했던 노동자들이 시장화 개혁 과정에서 이익을 침해당하면서 노동분쟁에 참여하거나 저항행동에 나서는 방향으로 행위 양식이 변했고, 이것이 정부에 지속적인 압력으로 작용했다. 이처럼 노동자의 집단행동은 진공상태에서 발생하지 않으며, 거시적인 정치제도와 국가 이데올로기 변화, 노동정책과 사회보장 제도의 변천 등과 관련된다. 동시에 국가는 변혁 과정에서 새로운 제도 개혁을 통해 부단히 증가하는 노동쟁의 악화를 방지하고자 노력한다. 그러나 법 제도를 비롯한 제도적 설계와 집행은 불완전할 수밖에 없으며, 지속적으로 심각한 노동문제를 야기하고 있다. 따라서 중국 노동체제의 변화 과정과 이를 둘러싼 다양한 행위자의 정치적 경합 과정을 '제도의 진화와 변동'이라는 관점에서 분석함으로써 중국 노동체제의 제도적 특성과 노동자 저항의 정치적 동학을 이해하고자 했다. 즉 중국 노동시장에서 도시-농촌 간 이원적 고용

구조와 도시 내부의 분절적 노동시장이 형성된 역사적 배경을 검토하고, 체제 전환 과정에서 정부의 노동정책 및 다양한 행위자의 경합과 저항, 적응에 의해 중국 노동체제와 관련된 제도가 어떻게 변화하고 재생산됐는지 살펴봤다. 또한 중국의 노동시장 및 노동정책 변화가 노동자계급 형성 및 변용에 어떠한 영향을 미쳤는지 구체적인 사례를 통해 알아봤다. '사회치리 체제' 수립 및 '조화로운 노동체제' 구축이라는 거시적인 사회 통치체계 변화의 맥락에서 중국 노동체제의 전망도 검토했다. 이 책이 갖는 함의와 한계, 향후 과제는 크게 세 가지로 제시할 수 있다.

먼저 방법론적으로 '역사적 제도주의' 관점을 활용했다. '역사적 제도주의' 시각에서 제도는 행위자에 의한 구체적인 시간적 과정과 정치투쟁의 산물이다. 따라서 행위자를 역사의 객체뿐만 아니라 역사의 주체로 정립했으며, '운동 주체'로서의 노동자 분석을 제도 분석과 접목했다. 역사적으로 형성된 거시적인 제도적 구조가 행위자의 이해와 능력을 형성하고 제약할 뿐만 아니라, 각 행위자의 선택과 행위에 의해 제도가 변화하기 때문이다. 이러한 측면에서 이 책에서는 제도의 진화와 변천, '제도-행위' 관계에 대한 통합적 분석틀의 필요성을 제기했다. 이제까지 중국 노동자의 저항을 분석하는 대부분 연구는 중국의 체제 전환 과정에서 나타난 권력이나 자원, 이익을 둘러싼 이익집단 간의 재분배 과정에 주로 주목했다. 즉 구조적인 시각에서 노동자의 저항은 기존 단위체제나 사회주의 문화의 영향에서 비롯한 것으로 분석하거나 자원 동원력의 보유 여부를 강조하는 시각에서 사회 구성원 간의 네트워크를 파악하고 집단 행동의 원인과 촉발을 분석하는 데 치중했다. 그러나 이 책에서 살펴봤듯이, 2000년대에 접어들면서 농민공의 세대구성이 전환하기 시작하고, '신노동자'가 중국 노동운동의 주체로 자리매김하면서 이들의 집단 저항과 조직화 방식은 훨씬 복잡하고 다양하게 전개되고 있다. 무엇보다 중국 신노동자는 자신들이 개혁·개방 과정에서 새롭게 형성된 노동자임을 자각하고 있으며, 기존의 농민공이라는 '이중적 신분 정체성'을 거부하고 스스로 '신노동자'로 호명하면서 정체성을 확립해가고 있다. 특히 중국 신노동자가 권리 주체로서 자각하고 있다는 사실은 노동자계급의 형성 및 주체화라는 문제와 관련해 더욱 중요한 의미를 지닌다. 따라서 노동자의 계급의식 형성, 저항 및 주체화 연구는 노동자의 일상생활에서의 실천과 경험에 대한 분석으로 확장해야 하며, 이를 통해 중국 노동자 저항의 정치적 동학을 더욱 풍부하게 드러낼 수 있다.

다음으로 중국 노동문제를 단순하게 '노동'에 대한 영역으로 한정하지 않고, 거시적인 측면에서 중국 '당−국가' 정책과의 상호작용 및 이에 따른 정책 변화를 중심으로 분석했다. 왜냐하면 중국 노동문제는 협소한 의미의 '노동' 영역에 머무는 것이 아니라, 중국의 통치 전략 전반을 포괄하기 때문이다. 따라서 국가가 사회와 시장을 모두 포괄하던 단위체제 시기로부터 개혁·개방 시기의 정부, 기업, 사회가 분리되는 전환 과정, 최근의 '사회관리'에서 '사회치리'로의 통치 전략 전환 과정에 따른 중국 노동체제 변화를 탐색하고자 했다.

또한 국가적 차원에서 제도의 재설계를 진행하는 '사회치리 체제' 수립 및 '조화로운 노동체제' 구축과 관련해 중국 노동체제의 전망을 제시했다. 노동문제에 대한 '사회치리'적 접근은 사회 관리체계 개혁의 핵심인 '사구 건설체계'와 '노동분쟁 관리체계'의 통합에서 구체적으로 나타난다. 그러나 이에 대한 실증적인 분석은 아직 미흡하다. 이는 한편으로 중국 상층에서 진행되는 제도 설계의 모순 및 갈등과 관련이 있으며, 다른 한편으로 상층의 설계 의도와 달리 기층에서 실질적으로 전개되는 상황에 대한 구체적인 사례가 부족함에 기인한다. 그러나 중국 노동체제 변화는 중국 사회 전체의 전반적인 변화와 맞물려 진행되며, '사회관리'에서 '사회치리'로의 전환이라는 큰 틀에서의 사회 통치체계 변화 맥락에서 전개되고 있음은 분명하다. 따라서 '사회치리' 체제 구축을 통해 '사회'로 확장된 노동문제를 체계적으로 관리하려는 중국 정부의 시도가 구체적으로 어떻게 실현될지에 대한 지속적인 관심과 분석이 필요하다.

마지막으로 '중국에 대한 환상과 환멸'이라는 역사 인식을 넘어 '역사적 사회주의'로서 중국 노동체제를 문제화하고자 했다. '중국에 대한 환상과 환멸'이라는 인식 구조에서는 무수한 역사적 변곡점을 경유하면서 굴절되고 변용되며 형성된 제도적 진화 과정과 이를 둘러싼 다양한 집단의 행위적 실천은 간단히 사상되어 버린다. 특히 이러한 인식론적 한계는 오늘날 중국의 현실적 모순이 가장 첨예하게 드러나는 '노동'문제를 이해하는 데 큰 어려움을 준다. 중국 노동문제는 사회주의 시기 유산과 개혁·개방 이후에 변화한 '노동-자본'

의 관계가 중첩되면서 더욱 복잡한 궤적을 그리고 있다. 따라서 역사적으로 축적되어 굳어진 중국 노동체제의 특성과 노동시장의 분절적 구조, 노동자의 세대교체와 이에 따른 계급의식 변화는 중국 노동문제를 이해하는 데 여전히 중요한 요소다. 물론 새로운 노동계급이 변혁을 주도할 가능성은 미지수이지만, 모리스 마이스너가 지적했듯이 사회주의 국가 중국에서 저항 주체로서의 노동계급 출현은 그 자체로 상당히 중요하다.

> 분명한 것은 정치권력 독점으로 많은 이익을 얻고 있는 공산당 지도자들에게 가장 심각한 위협이 되는 존재가 바로 도시의 노동계급이라는 사실이다. 아마도 공산당 지도자들은 젊었을 때 읽은, 자본주의는 자신의 무덤을 팔 사람들을 근대 프롤레타리아트라는 형태로 창조한다는 카를 마르크스의 예언을 희미하게 기억할지 모른다. 이제는 시대에 뒤떨어지고 이미 반쯤 잊힌 듯 보이는 이 예언이 서양의 자본주의 국가가 아닌 중국에서, 그것도 근대 산업 노동계급의 이익, 열망, 역사적 사명을 구현한다고 주장하며 통치하는 공산당에 반대하는 가운데 실현된다면 그야말로 엄청난 아이러니가 아닐 수 없다(마이스너, 2004: 752).

이러한 역사적이고 현실적인 중국 상황에 대한 이해는 오늘날 전 지구적으로 심화하는 '노동의 위기'에 직면해 중국의 경험이 우리에게 던지는 이론적·실천적 함의가 무엇인지 고찰하는 데도 중요한 참조가 된다. 즉 '현실 사회주의' 몰락이라고 일컬어지는 박제화된 사회주의가 아니라, 현실에 대한 체계적 진단과 비판에 기초한 실행 가능한 대안으로서의 사회주의 전략과 이론적 토대가 무엇인지 모색할 필요를 제기한다. 특히 자본주의의 구조적 모순으로 인해 반복되는 금융위기와 생태적 위기에 직면해 '자본주의 이후'를 고민하는 현시점에서 '역사적 사회주의'로서의 중국이 자본주의 세계체제에 던지는 함의를 좀 더 비판적으로 검토해야 한다. 물론 이것이 중국의 자본주의화가 노동계급의 투쟁을 심화하고, 나아가 계급투쟁의 지구화를 촉진함으로써 자본주의의 종말을 가져올 것이라는 단순한 논리로 전개되어서는 현실의 복합성을 제대로 알기 어려우며, 오히려 가능한 대안의 상상도 제약하는 결과를 초래할 것이다. 이점에서도 사회주의 시기 유산과 자본주의체제 재편입 이후의 변화가 중첩되어 형성된 중국 노동체제의 특성과 신노동자 저항의 정치적 동학에 대한 다층적인 분석은 중요한 의미가 있다. 또한 이를 토대로 현 시기 '노동 없는 민주주의'와 '산업주의 및 생산성 중심주의'에 정박한 '노동'의 문제를 다시 제기해 자본주의 이후의 대안적 '노동 패러다임'을 모색하는 것이 지속적인 연구과제다.

추천의 글

장영석 | 성공회대학교 중어중국학과 교수

저자로부터 추천의 글을 써달라는 부탁을 받고 많이 망설였다. 2001년 「중국 국유기업의 개혁과 노동관계의 변화」라는 제목으로 박사학위를 받은 후부터 지금까지 약 20년 동안 중국의 노동문제를 연구하고는 있지만, 아직까지 중국의 노동에 대해 모르는 것이 대단히 많다고 느끼기 때문이다. 그럼에도 불구하고 추천의 글을 쓰게 된 것은 저자와 맺게 된 인연이 소중하다고 판단했기 때문이다.

4년 전의 일이다. 당시 박사학위 논문을 준비하던 저자는 논문 구성과 관련해 상의할 일이 있다며 연구실을 찾아왔다. 중국의 노동문제를 연구하는 소장 학자가 드물었던 때였으므로 참으로 반가워서 적지 않은 이야기를 나눴고, 저자의 박사학위 논문 심사에도 참여하게 됐다.

서론에 나와 있듯이, 이 책은 크게 3가지 부분으로 구성되어 있다. 중국 노동체제의 특징, 노동자 저항의 정치적 동학, 중국 당국의 사회관리 정책이 그것이다. 이들 주제의 연결고리는 '노동'보다

'자본'을 더 중시해온 중국 당국의 개혁·개방 정책이다. 현 중국 노동체제의 특징은 사회주의 계획경제 체제의 개혁정책에서 비롯됐고, 노동자 저항의 정치적 동학은 노동체제의 특징과 연결된 주제이며, 중국 당국의 사회관리 정책은 '사회문제'로 확산되는 중국의 '노동문제'와 연결된 주제다. 이 책 2장이 중국의 경제 개혁정책과 중국의 발전 모델을 검토하고, 3장이 도시와 농촌으로 분할된 노동시장과 도시 내부에서 분할된 노동시장을 검토하는 것은 바로 중국 '노동체제'의 구조와 특징을 설명하기 위해서다.

저자는 현 중국 노동체제의 구조와 특징을 설명하면서 사회주의 시기의 '유산'에 주목한다. 이는 국가가 경제발전을 우선적으로 고려하고, 노동자의 지위와 역할 문제는 부수적으로 고려한다는 유산이다. 저자는 이 유산이 개혁·개방 시기에도 그대로 관철되고 있다고 지적한다. 이 관점은 논쟁을 불러올 수도 있다. 중국 당국이 선전하는 중국 노동자의 '주인공主人翁' 지위는 허상이었던가? 만약 허상이 아니라고 한다면, 주인공의 지위를 보장하기 위한 제도적 장치는 무엇이었던가?

위 의문에 대한 실마리를 찾기 위해서는 1949년 신중국 성립 이후 중국 노동자가 정치 무대에 전면적으로 등장한 문화대혁명 시기로 되돌아가야 한다. 문화대혁명이 학교에서 공장으로 확대되면서 문화대혁명의 성격은 확연하게 바뀌게 되었다. 사상과 관념의 영역에서 진행된 문화대혁명으로부터 경제와 노동의 영역에서 진행된 문화대혁명으로 그 성격이 전환된 것이다. 과거와 다른 어떤 '대안'

을 찾고자 했던 문화대혁명은 참담한 실패로 끝났지만, 그 참담한 실패가 중국 노동자가 정치 전면에 등장했다는 사실과 그들이 모색한 '대안'이 존재했다는 사실 및 그 대안의 의미를 완전히 덮을 수는 없다.

개혁·개방 시기 중국의 눈부신 경제발전에 가려 잘 보이지 않았던 중국의 노동문제가 세계의 주목을 끌게 된 것은 2010년 전후로 발생한 폭스콘 노동자의 연쇄 자살 사건과 난하이 혼다자동차 부품 공장 노동자의 장기간 파업을 통해서였다. 중국과 세계의 많은 언론 및 학계가 '피와 땀血汗'으로 얼룩진 중국의 공장과 노동자, '바닥을 향한 경주가 이루어지는race to the bottom' 중국의 공장과 노동자를 집중 조명하면서 노동자의 권리 옹호를 주장하는 목소리를 내기 시작했다. 저자가 번역한 『중국 신노동자의 형성』, 『중국 신노동자의 미래』도 사실 이 두 사건을 계기로 집필됐다고 할 수 있다. 개혁·개방 시기 중국 노동자는 다시 중국의 정치 무대에 등장해 자신의 목소리를 내기 시작했다. 이 책 4장은 중국 노동자의 다양한 요구와 방향을 담고 있다.

5장은 저자가 추천인과 함께 '중국 사회관리' 프로젝트를 수행하면서 쓴 것이다. 중국의 광둥성과 동북지역을 대상으로 조사를 진행했는데, 이 두 지역은 미국의 '선 벨트sun belt', '러스트 벨트rust belt'와 비교되는, 중국에서는 상징성이 매우 큰 지역이다. 광둥성은 자본주의적 경제 요소가 가장 많이 침투해 있는 발전된 지역이고, 동북지역은 사회주의적 경제 요소가 가장 많이 온존해 있는 낙후된 지역이다. 5장에서는 광둥성의 사회관리 방식을 사례 연구로 검토했는데, 그것은 파업이 일상화되어 있고, 노동문제가 사회문제로 확산되고 있는 광둥성에서 다른 어떤 지역보다 다양한 '노동관리' 실험이 '사회관리'라는 더 큰 틀에서 활발하게 입안되고 실천되기 때문이다. 독자들이 이 책 5장을 통해 중국 당국의 노동관리 정책의 효과를 가늠할 수 있는 몇 가지 잣대를 갖게 되길 기대한다.

한국의 중국학에서 중국 노동문제에 대한 연구는 아직 초보적인 단계에 머물러 있다고 해도 과언이 아니다. 몇 가지 이유가 있다. 무엇보다 중국의 노동문제를 연구하는 연구자가 많지 않고, 연구자의 연구 역량도 그 원인이 되겠다. 다음으로, 중국에서는 노동문제가 민감한 사안이어서 조사·연구가 쉽지 않다는 점을 들 수 있다. 이처럼 중국은 '세계의 공장'이 되었고, 수많은 한국 기업이 중국에 진출한 것이 현실이지만, 중국의 '노동'과 관련된 연구 성과는 '자본'과 관련된 연구 성과에 비해 현저히 적다. 이 책이 중국의 노동에 대한 관심을 불러일으키고, 향후 중국의 노동을 이해하고자 하는 사람들에게 길잡이 역할을 할 수 있길 바란다.

2019년 8월 12일

항동에서

최근 중국 광동성 선전시에 소재한 제이식 과기유한공사(佳士科技股份有限公司, Jasic Technology) 노동자들의 투쟁과 이들을 지원하는 대학생들의 연대활동, 그리고 이에 대한 중국 정부의 탄압 소식이 전해지면서 국내에서도 중국 노동문제에 대한 관심이 높아졌다. 특히 노동자와 연대했던 학생들이 주로 북경대학교, 인민대학교, 남경대학교, 중산대학교 등 주요 대학의 '마르크스연구회' 소속 학생들이었고, 이들이 노동현실 비판의 근거로 삼은 것이 '사회주의 사상'이었다는 점에서 단순한 노동문제를 넘어 중국 사회체제에 관한 관심으로 이어졌다. 그런데 흥미로운 것은 최근 중국 정부도 지속적으로 '사회주의 사상'을 강조하고 있다는 사실이다. 특히 2017년 10월 제19차 당대회에서 중국 공산당은 〈신시대 중국 특색의 사회주의 사상〉을 발표하고, 2050년까지의 국가 발전 로드맵을 제시했다.

이처럼 오늘날 중국에서는 '사회주의'에 대한 서로 다른 기억과 열망을 바탕으로 아래로부터의 요구와 위로부터의 정책이 충돌하고 있다. 이러한 측면에서 중국 노동문제는 사회주의 시기와 개혁·개방 이후 중국의 변화를 읽는 중요한 통로다. 일상적으로 발생하는 중국 노동자들의 저항에서 사회주의 시기의 기억과 담론들이 소환되며, 정부 정책도 이에 따라 계속 변화하기 때문이다. 즉 '노동'을 매개로 사회주의 시기와 개혁·개방 이후에 대한 '기억의 정치'가 전개되고 있으며, 이것이 중국 사회 변화의 향방에 중요한 영향을 미치는 현실이다. 무엇보다 중국에서 노동문제는 사회주의 시기의 유산과 개혁·개방 이후에 변화된 '노동-자본' 관계가 중첩되면서 더욱 복잡한 궤적을 그리고 있다. 따라서 역사적으로 축적되어 고착화된 중국 노동체제의 특성과 노동시장의 분절적 구조, 노동자의 세대교체와 이에 따른 계급의식 변화는 중국 노동문제를 이해하는 데 여전히 중요한 요소다. 이러한 측면에서도 사회주의 시기의 유산과 자본주의 체제 편입 이후의 과정이 중첩되어 형성된 중국 노동체제의 특성, 그리고 이에 따른 노동자 저항에 대한 다층적 분석은 매우 중요한 의미를 지닌다.

따라서 이 책에서는 중국 노동정책의 변화 과정과 이를 둘러싼 다양한 행위자의 정치적 경합과정을 살펴봄으로써, 중국 노동체제의 제도적 특성과 노동자 저항의 정치적 동학을 분석하고자 했다. 즉 중국에서 도시-농촌 간 이원적 노동관계와 도시 내부의 분절적 노동시장이 형성된 역사적 배경을 검토하고, 정부의 노동정책 및 다양한 행위자의 경합과 저항, 적응에 의해 중국 노동체제와 관련된 제도가 어떻게 변화되고 재생산됐는지 살펴봤다. 또한 중국 노동제도와 정책의 변화가 노동자 계급의 형성 및 변용에 어떠한 영향을 미쳤는지 '신노동자' 집단의 저항과 조직화 과정을 중심으로 알아봤다. '사회치리' 체제 수립 및 '조화로운 노동관계' 구축이라는 거시적인 사회통치 체계의 맥락에서 중국 정부는 어떻게 노동체제를 제도적으로 재설계하고 있으며, 그 한계 및 과제는 무엇인지 분석했다.

물론 이 책에서 오늘날 사회주의 시기의 유산과 개혁·개방 이후의 변화 과정이 응축되어 발현되고 있는 중국 노동문제의 복잡성을 모두 드러냈다고 할 수는 없다. 다만 사회주의 시기와 개혁·개방을 거쳐 형성된 중국 사회에서 '노동'은 과연 어떤 의미를 지니며, '노동자'는 어떤 위치에 놓여 있는지 질문하고, 그 답을 찾아가는 과정이었다. 이 책에서 제기된 질문과 문제의식, 그리고 분석이 중국 노동문제에 관심 있는 이들에게 작은 기여라도 할 수 있기를 바란다.

아직은 서툴고 여전히 비틀거리며 나아갈 나의 학문적 여정에 문을 열어주고, 길을 내어주신 고마운 분들에게 인사드리는 것으로 글을 맺으려 한다. 처음 중국노동 문제 연구를 시작하고, 이 책의 출판으로 작은 결실을 맺기까지의 과정은 그야말로 소중한 인연과 우연의 연속이었다. 먼저 성공회대학교에서 석사학위를 마치고 진로를 고민하던 내게 처음으로 '중국 연구'를 제안하신 분이 바로 현재 서울시교육감인 조희연 선생님이다. 2009년 여름 중국으로 첫 어학연수를 떠날 때, 중국어학습용 카세트테이프를 검은 봉지에 담아 공부에 활용하라며 전해주시던 선생님 모습이 아직도 생생하다. 대학원 과정에서부터 지금까지 늘 따뜻한 격려로 힘을 주시는 선생님께 이 자리를 빌어 감사의 인사를 올린다. 그리고 중국 노동체제와 노동자에 관한 이 연구가 '중국 특수성'에 매몰되지 않고, 사회과학계에서 논의될 수 있는 개념적 엄밀성을 갖추도록 세심하게 박사논문을 지도해주신 이종구 교수님께 감사드린다. 특히 교수님이 소장으로 계셨던 '성공회대 노동사연구소'의 지원으로 1년 간 중국 연수를 다녀왔으며, 연구에 필요한 자료 수집과 집필 구상을 마무리할 수 있었다. 다시 한번 이종구 교수님과 '노동사연구소' 선생님들께 진심으로 감사드린다.

오랫동안 '비판적 중국연구'의 토대를 마련하고, 연구 결과를 축적해 오신 여러 연구자 및 선생님을 만나게 된 것은 그야말로 큰 행운이었다. 먼저 장영석, 백승욱, 장윤미, 조문영 선생님은 공동연구 프로젝트의 일환으로 함께 중국 현지조사를 수행할 기회를 마련해주셨으며, 왜 중국을 연구하는지 어떻게 접근할 것인지 끊임없이 고민하도록 이끌어주셨다. 또한 백원담 교수님은 신진 연구자들이 모여 '중국'에 관한 열린 토론과 학습을 진행할 수 있도록 장을 열어주셨으며, 이 과정에서 만난 연광석, 하남석, 황경진, 김판수, 윤종석 선생님과의 교류를 통해 문제의식을 더 세밀하게 가다듬을 수 있었다. '중국 신노동자'의 삶과 저항을 일깨워준 뤼투에게는 더욱 각별한 마음이다. 그녀의 연구와 활동을 통해 중국 노동문제를 바라보는 시각을 새롭게 정립할 수 있었으며, 이론과 실천이 현실에서 어떻게 접합되는지 배울 수 있었다. 앞으로도 계속될 중국 '신노동자 집단'의 삶을 위한 투쟁에 미리 연대의 인사를 전한다.

이 책이 출판될 수 있도록 지원과 배려를 아끼지 않으신 '원광대학교 동북아시아인문사회연구소'의 염승준 소장님을 비롯한 여러 교수님께도 감사드린다. 2018년 5월부터 이곳에서 연구교수로 재직하면서 '동북아 공동번영을 위한 동북아시아다이멘션 토대구축: 역사, 문화 그리고 도시'라는 연구 과제를 '여럿이 함께' 수행하고 있다. 다양한 전공자들과의 공동연구와 협업을 통해 함께 성장하는 '학문공동체'의 소중함을 깨달았다. 번역서인 『중국 신노동자의 형성』과 『중국 신노동자의 미래』에 이어 이번 책까지 출판할 수 있도록 애써준 나름북스 동료들에게도 감사드린다. 어려운 출판 환경에서도 늘 우직하게 '세상을 보는 다른 눈'을 소개하기 위해 정진하는 나름북스의 존재에 언제나 큰 힘을 얻는다.

마지막으로 그 누구보다 더 미영에게 감사의 마음을 전한다.

2019년 8월 18일

함께 저녁 산책을 마치고

정규식

참고 문헌

1. 국내 문헌

간유란, 「중국 노사관계와 노동조합」, 『노동사회』 5월호, 2004

강진아, 「역사적 관점에서 본 중국의 개혁·개방」, 세교연구소심포지엄, 2013

김경환·이중희, 「중국 신세대 농민공의 사회경제적 특징」, 『동북아문화연구』 제26호, 2011

김동춘, 『한국 사회 노동자 연구』, 역사비평사, 1995

김병철, 「중국 비정규직 현황: 농민공을 중심으로」, 『국제노동브리프』 9월호, 2010

김영진, 『중국의 시장화와 노동정치』, 오름, 1998

_____, 『중국의 도시 노동시장과 사회』, 한울, 2002

김인, 「중국 도농 불평등 구조와 농민공의 변화」, 『중소연구』 제36권 4호, 2013

김인춘·김학노 외, 『세계화와 노동개혁』, 백산서당, 2005

김재관, 「중국 노동자 저항운동의 원인과 국가의 대응」, 『國際地域硏究』 제12권 제3호, 2003

김혁래, 「중국 사회주의 시장경제 전환과 경제지배구조의 변화」, 『비교사회』 1997년 제1호, 1997

김흥원·정지현, 「광둥성의 호구제도 개혁 실험: '점수적립제'의 도입과 향후 전망」, 『KIEP』 중국 상별 동향 브리핑, Vol.2 No.19, 2011

김흥규, 『중국의 정책결정과 중앙-지방관계』, 폴리테이아, 2007

남윤복, 「중국의 시장화와 노동의 법제화」, 국민대학교 박사학위논문, 2011

노병호, 「중국에 있어서 근로자 파견」, 『勞動法論叢』 제24輯, 2012

노중기, 『국가의 노동통제와 민주노조운동 1987-1992』, 한국학술정보, 2007

동아시아브리프 편, 「최근 중국연구 동향」, 『동아시아브리프』 통권19호, 2011

뤼쓰치 · 백승욱, 「'사회치리'로 방향전환을 모색하는 광둥성의 사회관리 정책」, 『현대중국연구』 제17집 2호, 2016

문진영 · 김병철, 「중국 국유기업 개혁의 내용과 그 한계점」, 『국제노동브리프』 3월호, 2012

박기철, 「중국 현대화와 '사회주의 시장경제론' 연구」, 『평택대학교 논문집』 제10집 제2호, 1998

박언기, 「중국 사회발전과 소유제 변화」, 고려대학교 석사논문, 2014

박철현, 「중국에서 도시민이 된다는 것: 위계적 시민권과 서열화」, 『도시로 읽는 현대중국 2』, 역사비평사, 2017

배규식 · 황경진, 「2010년 중국 노사관계 변화의 배경, 영향 그리고 전망」, 『국제노동브리프』 9월호, 2010

백승욱, 『중국의 노동자와 노동정책: '단위체제'의 해체』, 문학과지성사, 2001

_____, 『세계화의 경계에 선 중국』, 창비, 2008a

_____, 「마르크스주의와 국제주의, 그리고 노동자운동」, 『마르크스주의 연구』 제5권 제3호, 2008b

_____, 「중국 문화대혁명을 다시 사고한다」, 『문화과학』 가을호, 2011a

_____, 「중국 지식인은 '중국굴기'를 어떻게 말하는가」, 『황해문화』 가을호, 2011b

_____, 「세계 경제위기와 '노동계약법'의 결합효과로서 중국 파견노동의 증가」, 『산업노동연구』, 19권 1호, 2013

백승욱 편, 『중국 노동자의 기억의 정치』, 폴리테이아, 2007

백승욱 · 김판수 · 정규식, 「중국 동북지역 사회관리 정책에서 나타나는 당 · 정 주도성」, 『현대중국연구』 제19집 2호, 2017

백승욱 · 장영석 · 조문영 · 김판수, 「시진핑 시대 중국 사회건설과 사회관리」, 『현대중국연구』 제17집 1호, 2015

백승욱 · 조문영 · 장영석, 「'사회'로 확장되는 중국 공회(노동조합): 광둥성 공회의 체제 개혁을 중심으로」, 『한국사회학』 제51집 제1호, 2016

백원담, 「아시아에서 1960~70년대 비동맹: 제3세계 운동과 민족 · 민중 개념의 창신」, 성공회대 동아시아연구소 편, 『냉전 아시아의 문화풍경2』, 2009

_____, 「G2시대와 다원평등한 세계재편의 향도」, 『황해문화』 여름호, 2011

성근제, 「중국은 어디로 가는가?」, 『역사비평』 통권 97호, 2011

신광영, 「E. P. 톰슨과 사회사」, 『노동계급 형성이론과 한국사회』, 한국사회사연구회 논문
집 제19집, 1990

_____, 『동아시아의 산업화와 민주화』, 문학과 지성사, 1999

안병진, 「'G2s'의 형성과 미국의 위상변화 및 전망」, 『황해문화』 여름호, 2011

오승렬, 「중국농민공 '회류' 및 '민공황' 병존현상의 경제적함의」, 『중소연구』 35(3), 2011

윤종석, 「급속한 도시화의 아이콘, 선전」, 『도시로 읽는 현대중국 2』, 역사비평사, 2017

은종학, 「중국의 고도성장과 세계경제체제의 진화」, 『중국의 부상: 동아시아 및 한중관계
의 함의』, 오름, 2009

이남주, 「G2시대와 한반도」, 『황해문화』 2011년 여름호

이민자, 『중국 농민공과 국가-사회관계』, 나남, 2001

이수인, 「노동계급 형성론에 대한 일연구」, 『노동계급 형성이론과 한국사회』, 한국사회사
연구회 논문집 제19집, 1990

이정훈, 「중국의 미래, 중국이라는 미래」, 『역사비평』 통권 97호, 2011

이종구 외, 『1960-70년대 한국 노동자의 계급문화와 정체성』, 한울, 2006

_____, 『1950년대 한국 노동자의 생활세계』, 한울아카데미, 2010

이창휘, 「중국 노사관계의 현황과 도전 -조합주의적 징후들과 그 한계」, 『국제노동브리
핑』 Vol.3, No.3(8월), 2005

이창휘·박민희 편, 『중국을 인터뷰하다』, 창비, 2013

이홍규·연광석 편, 『전리군과의 대화: 중국의 사회주의, 자본주의 그리고 민주주의』, 한
울, 2014

이희옥, 『중국의 새로운 사회주의 탐색』, 창비, 2004

이희옥·장윤미 편, 『중국의 민주주의는 어떻게 가능한가』, 성균관대학교출판부, 2013

이홍규, 「중국식 사회주의 3.0은 가능한가?: 시진핑 집권 2기의 중국의 발전모델 전망」,
『인차이나브리프』, Vol.351, 2017

임호열·양평섭 외, 「중국의 2016년 경제운용 방향 평가와 한국의 대응」, 『KIEP 오늘의 세
계경제』, Vol.16, No.10, 2016

장경섭, 『현대 중국사회의 이해』, 사회문제연구소, 1993

장영석, 「중국 국유기업 개혁과 노동관계 변화」, 『한국사회학』 제36집 3호, 2002

_____, 「'비조직화된 독재'에서 '노동보호정책'으로: 중국 근로계약법(초안) 제정의 충격」, 『국제노동브리프』, 2006

_____, 「지구화시대 중국의 노동관계」, 폴리테이아, 2007

_____, 「개혁·개방 이후 중국 노동정책의 변화」, 『마르크스주의연구』 제6권 제3호, 2009

_____, 「난하이 혼다 파업과 중국 노동운동에 대한 함의」, 『중소연구』 제35권 제3호, 2011

장영석·백승욱, 「노동자 집단적 저항의 일상화와 중국의 노동정책 변화」, 현대중국학회 추계학술대회 발표문, 2015

장윤미, 「개혁시기 중국의 노조모델: 구조와 역학 변화를 중심으로」, 『한국정치학회보』 38집 3호, 2004

_____, 「중국 노동시장의 특징과 노동관계의 변화」, 『세계화와 노동개혁』, 백산서당, 2005

_____, 「개혁·개방에 관한 비교사회주의 연구: 중국과 러시아의 체제 전환」, 『한국과 국제정치』, 제23권 4호, 2007

_____, 「중국식 민주로 구축되는 신국가권위주의 체제: 비교사회주의 관점에서 본 중국의 정치체제 전환」, 『세계지역연구연총』 제27집 1호, 2009

_____, 「중국모델에 대한 담론 연구」, 『현대중국연구』 13집 1호, 2011

_____, 「'농민공'에서 '노동자'로: 중국 신노동자의 정체성 형성과 자각」, 『현대중국연구』 제14집 1호, 2012a

_____, 「중국 노동운동의 역사와 유산: 문혁 전흥총 투쟁」, 『동아연구』 제31권 1호, 2012b

_____, 「89운동과 독립노조: 베이징 노동자자치연합회를 중심으로」, 『중소연구』, 제36권 2호, 2012c

_____, 「정치적 진화 통한 '중국모델 3.0' 가능한가?」, 『이코노미21』 10월호, 2013a

_____, 「중국 '안정유지'의 정치와 딜레마」, 『동아연구』 제64권, 2013b

_____, 「중국 노동정치의 변화와 임금단체협상제도: 쟁점과 한계」, 『중소연구』 제38권 2호, 2014

장호준, 「중국의 비공식경제론과 그 사회정치적 함의」, 『국제지역연구』 20권 3호, 2011

전성흥, 「중국모델의 등장과 의미」, 전성흥 편, 『중국모델론: 개혁과 발전의 비교역사적 탐구』, 부키, 2008

정규식, 「두 근대의 마주침, '급진 민주주의'와 '중국 특색의 민주주의」, 『민주사회와 정책연구』, 통권 22호, 2012

_____, 「중국 노동정책의 제도적 특성과 노동자 저항의 정치」, 『동아시아의 산업변동과 생활세계』, 한국학술정보, 2015

_____, 「중국 노동체제의 제도적 특성과 노동자 저항의 정치적 동학」, 성공회대학교 박사학위논문, 2017

_____, 「도시 사회관리와 노동체제 개혁의 딜레마」, 『도시로 읽는 현대중국2』, 역사비평사, 2017

정규식·이종구, 「중국 노동관계 제도화에 대한 안정유지와 권리수호의 각축: 창더시 월마트 파업사건을 중심으로」, 『한중사회과학연구』 통권 38호, 2016

정근식·씨에리종 편, 『한국과 중국의 사회변동 비교연구』, 나남, 2013

정선욱, 「중국 폭스콘 고용관행 보고서 분석: 노동법 준수, 인간적 대우, 기업의 사회적 책임 요구」, 『국제노동브리프』 2월호, 2011

정선욱·황경진, 「중국 파업에 대한 최근 논의 분석 및 파업사례 연구」, 『산업관계연구』 제23권 4호, 2013

정이환, 『한국 고용체제론』, 후마니타스, 2013

조돈문·이수봉 외, 『민주노조 운동 20년 -쟁점과 과제』, 후마니타스, 2008

조문영, 「'신세대 농민공'의 자원봉사 활동을 통해 본 국가주도 윤리적 시민권의 성격과 함의」, 『현대중국연구』, 제16집 1호, 2014

_____, 「혼종, 효용, 균열: 중국 광둥 지역 국가 주도 사회건설에서 사회공작(사회복지)의 역할과 함의」, 『중소연구』 제39권 제3호, 2015

_____, 「도시의 '사회적' 불평등 속 농촌 출신 청년 노동자의 삶」, 『도시로 읽는 현대중국 2』, 역사비평사, 2017

조영남, 『21세기 중국이 가는길』, 나남, 2009

조영남·안치영·구자선, 『중국의 민주주의, 공산당의 당내민주 연구』, 나남, 2011

조윤영·정종필, 「중국 호구제도 개혁의 한계: 외자기업부문 농민공 집단저항을 중심으로」, 『동서연구』 제24권 4호, 2012

조희연, 「개혁·개방 이후 중국 당-국가 체제의 위기와 '중국 특색의 민주주의'」, 『민주사회와 정책연구』 통권 21호, 2012

차문석, 『반노동의 유토피아』, 박종철출판사, 2001

최은진, 「중국모델론을 통해 본 중국사상계의 지식지형」, 『중국근현대사연구』 제50집, 2011

최장집, 『한국의 노동운동과 국가』, 나남, 1997

하연섭, 『제도분석 이론과 쟁점』, 다산출판사, 2011

하현수, 「중국의 노동쟁의 현황 및 처리제도에 관한 연구」, 『仲裁研究』 제20권 제3호 한국 고등교육재단 편, 2015, 『중국, 새로운 패러다임』, 한울, 2010

황경진, 「중국 폭스콘 노동자 연쇄 투신자살과 혼다자동차 파업의 경과 및 주요쟁점」, 『국제노동브리프』 8월호, 2010a

_____, 「중국 신세대농민공의 기본현황과 특징」, 『국제노동브리프』 12월호, 2010b

_____, 「중국 2011년 노동시장 현황분석 및 2012년 전망」, 『국제노동브리프』 2월호, 2012

_____, 「중국 파견노동 고용제도: '노동계약법' 개정 내용을 중심으로」, 『국제노동브리프』 1월호, 2013a

_____, 「중국 '파견노동 약간규정'(의견수렴안): 입법배경 및 주요내용을 중심으로」, 『국제노동브리프』 12월호, 2013b

_____, 「중국의 최근 노동정책 변화와 그 영향」, 『국제노동브리프』 6월호, 2014

_____, 「중국 비정규 고용에 관한 연구: 발전 과정, 현황 및 법적 규제를 중심으로」, 『중국연구』 제4권, 2015

2. 국외 번역 문헌

나카가네 카츠지, 『중국 경제발전론』, 이일영·양문수 역, 나남, 2001

데이비드 하비, 『신자유주의: 간략한 역사』, 최병두 역, 한울, 2007

려도(뤼투), 『중국 신노동자의 형성: 도시와 농촌 사이에서 길을 찾는 사람들』, 정규식·연광석·정성조·박다짐 역, 나름북스, 2017

려도(뤼투), 『중국 신노동자의 미래: 변화하는 농민공의 문화와 운명』, 정규식·연광석·정성조·박다짐 역, 나름북스, 2018

류아이위, 「도시화 과정에서의 농민공 '시민화'를 둘러싼 논쟁」, 정근식·씨에리종 편, 『한

국과 중국의 사회변동 비교연구』, 나남, 2013

리민치, 『중국의 부상과 자본주의 세계경제의 종말』, 류현 역, 돌베개, 2010

리처드 P. 애플봄, 「대중화권의 거대 하청업체: 파트너십을 넘어 권력 역전을 넘보다」, 홍호펑·조반니 아리기 외, 『중국, 자본주의를 바꾸다』, 하남석 외 역, 미지북스, 2012

마이클 부라보이, 『생산의 정치』, 정범진 역, 박종철출판사, 1999

마이클 리보위츠, 『자본론을 넘어서』, 홍기빈 역, 백의출판사, 1999

모리스 마이스너, 『마오의 중국과 그 이후 1·2』, 김수영 역, 이산, 2004

미조구치 유조, 『중국의 충격』, 서광덕 외 역, 소명출판사, 2009

배리 노턴, 『중국경제: 시장으로의 이행과 성장』, 이정구·전용복 역, 서울경제경영, 2010

브루노 보스틸스, 『공산주의의 현실성』, 염인수 역, 갈무리, 2014

비벌리 J. 실버, 『노동의 힘』, 백승욱 외 역, 그린비, 2005

비벌리 J. 실버 & 장루, 「세계 노동 소요의 진원지로 떠오르는 중국」, 홍호펑·조반니 아리기 외, 『중국, 자본주의를 바꾸다』, 하남석 외 역, 미지북스, 2012

쉬잔느 드 브뤼노프, 『국가와 자본』, 신현준 역, 새길, 1992

스테파니 루스 & 에드나 보나시치, 「중국과 미국의 노동운동」, 홍호펑·조반니 아리기 외, 2012, 『중국, 자본주의를 바꾸다』, 하남석 외 역, 미지북스, 2012

아리프 딜릭, 『포스트모더니티의 역사들』, 황동연 역, 창비, 2005

_____, "톈안문은 잊어라, 중국인들의 감정을 상하게 해서 새로운 '신중국'과의 거래를 놓치고 싶지 않으니까!", 문주이 역, 中國近現代史硏究 第6輯, 2014

앨빈 Y. 소, 「중국의 경제기적과 그 궤적」, 2012, 홍호펑·조반니 아리기 외, 『중국, 자본주의를 바꾸다』, 하남석 외 역, 미지북스, 2012

야마시타 이사오, 「중국 '사회주의 시장경제'를 파악하는 관점: '개혁개방' 30여년이 지난 중국 '사회주의'의 변모 」, 임덕영 역, 『노동사회과학』Vol. No.5, 2012

얀샨핑, 『중국의 도시화와 농민공』, 백계문 역, 한울, 2014

에드워드 파머 톰슨, 『영국 노동계급의 형성 상·하』, 나종일 역, 창비, 2000

왕칸, 「중국 노동자의 의식변화와 단체행동: 2010년 자동차산업의 파업 및 그 영향력」, 『국제노동브리프』 9월호, 2010

왕후이, 「중국굴기의 경험과 도전」, 『황해문화』, 2011년 여름

_____, 『탈정치 시대의 정치』, 성근제·김진공·이현정 역, 돌베개, 2014

왕후이 외, 『고뇌하는 중국』, 장영석·안치영 역, 길, 2006

원톄쥔, 『백년의 급진』, 김진공 역, 돌베개, 2013

이매뉴얼 월러스틴 외, 『자본주의는 미래가 있는가』, 성백용 역, 창비, 2014

자크 비데 & 제라르 뒤메닐, 『대안마르크스주의』, 김덕민 역, 그린비, 2014

조반니 아리기, 『베이징의 애덤 스미스』, 강진아 역, 길, 2009

_____, 「장기적인 관점으로 본 중국의 시장 경제」, 훙호펑·조반니 아리기 외,
2012, 『중국, 자본주의를 바꾸다』, 하남석 외 역, 미지북스, 2012

조반니 아리기 외, 『체계론으로 보는 세계사』, 최홍주 역, 모티브북, 2008

중국국무원발전연구센터·중국사회과학원 공편, 『중국사회주의 시장경제론』, 유희문 역,
진명문화사, 1995

차오젠, 「제13차 5개년 계획 기간의 노동관계 현황 및 전망」, 한국노동연구원, "변화하는
중국의 고용관계" 포럼 발표문, 2016

차오젠·류샤오첸, 「새 시대를 향한 중국 노동관계: 2017년 중국 노동관계 현황 분석」,
『국제노동브리프』, 2018년 2월호

첸리천, 「중국 국내문제의 냉전시대적 배경: 중화주의와 국가주의에 대한 성찰」, 『창작과
비평』 2011년 봄

_____, 『망각을 거부하라』, 길정행·신동순·안영은 역, 그린비, 2012

_____, 『마오쩌둥 시대와 포스트 마오쩌둥 시대 1949~2009 상·하』, 연광석 역, 한울,
2012

캐쓸린 씰렌, 『제도는 어떻게 진화하는가』, 신원철 역, 모티브북, 2011

케네스 리버살, 『거버닝 차이나』, 김재관·차창훈 역, 심산문화, 2013

크리스 틸리·찰스 틸리, 『자본주의의 노동세계』, 이병훈 외 역, 한울, 2006

쿵샹훙, 「광둥성 노동관계에 관한 고찰」, 한국노동연구원, "변화하는 중국의 고용관계"
포럼 발표문, 2016

웅낑런, 「중국노동법의 특징과 노사관계 현안」, 『국제노동브리프』, 2012년 10월호

판웨이, 『중국이라는 새로운 국가모델론』, 김갑수 역, 에버리치홀딩스, 2010

해리 브레이버맨, 『노동과 독점자본』, 이한주·강남훈 역, 까치, 1987

황런위, 『자본주의 역사와 중국의 21세기』, 이재정 역, 이산, 2001

홍호펑, 「중국은 미국의 집사인가: 지구적 위기 속에서의 중국의 딜레마」, 『뉴레프트리뷰 3』, 길, 2011

홍호펑·조반니 아리기 외, 『중국, 자본주의를 바꾸다』, 하남석 외 역, 미지북스, 2012

3. 국외 문헌

高瑾, 「集體勞動爭議調整機制之路徑選擇: 勞資矛盾引發的群體性事件帶來的法律思考」, 『社會科學研究』, 2011.5

高靜, 「廣州工會的職工服務社會組織: 工會工作站(或工會職工服務站)調研報告」, 『廣東社會治理和勞動政策項目報告』, 未出版, 2015

廣東省人民代表大會常務委員會, 2014, 「廣東省企業集體合同條例」, 廣東省第十二屆人民代表大會常務委員會第21號公告, 廣東人大網, 2014.9.28

廣東省總工會, 「健全依法維權和化解糾紛機制 促進企業集體協商走向法治化」, 『廣東省企業集體合同條例』專題輔導, 2014

賈玉嬌, 「國家與社會: "構建何種治理秩序?」, 『社會科學』, 2014年 第4期, 2014

郭宇强, 〈中國産業工人職業技能素質現狀,政策及工會的作用〉, 제22차 소셜아시아포럼 (SAF) 발표문, 2018

郭於華·黃斌歡, 「世界工廠的"中國特色"—新時期工人狀況的社會學鳥瞰」, 『社會』, 2014年 第4期

郭於華等, 「當代農民工的抗爭與中國勞資關系轉型」, 『二十一世紀』, 總第124期, 2011

國家統計局, "2017年農民工監測調查報告", 國家統計局官網, 2018.4.27

國家統計局, 『2015年農民工監測調查報告』, 中國政府網, 2016

國家統計局住戶調查辦公室, 『2015中國農村貧困監測報告』, 中國統計出版社, 2015.12

國家統計局人口和就業統計司, 「2015中國人口和就業統計年鑒」[M], 北京: 中國統計出版社, 2015.11

國家統計局住戶調查辦公室, 「2015中國農村貧困監測報告」[M], 北京: 中國統計出版社, 2015.12

國務院, "關於做好當前和今後一個時期促進就業工作的若幹意見", 中國政府網, 2018.12.5

牛玲·喬健, 「中國工會在勞動力年齡, 性別, 貧困面臨的多重挑戰(미발표), 2016

董保華, 「『勞動合同法』的十大失衡問題」, 『探索與爭鳴』, 2016.4

董保華·李幹, 「依法治國須超越"維權"VS "維穩"」, 『探索與爭鳴』, 2015年 第1期

段毅, 「集體談判: 一種解決行動型集體勞動爭議的非訴訟途徑」, 「中國工人」, 2012.10

賴德勝·李長安·孟大虎·劉帆 等, 「2015中國勞動力市場發展報告—經濟新常態背景下的創業與就業」[M], 北京: 北京師範大學出版社, 2015.11

樂珊·何曉傑, 「非強制: 社會管理創新中 政府行爲模式的新變」, 理論探討, 2011年 第5期

盧漢龍, "勞動市場的形成和就業渠道的轉變:從求職過程看職工市場化變化的特征", 「社會學研究」第4期, 1996

劉燕斌, 中國勞動保障發展報告2015[M], 北京: 社會科學文獻出版社, 2015

劉建洲, 「農民工的抗爭行動及其對階級形成的意義: 一個類型學的分析」, 「青年研究」, 2011.1

苗紅娜, 「制度變遷與工人行動選擇: 中國轉型期'國家−企業−工人'關系研究」, 江蘇人民出版社, 2015

北京工友之家, 「打工者居住狀況和未來發展調查報告」, 北京工友之家所做的調研報告(미출간), 2009

曆家鼎, 「中國勞動力市場分割及其成因分析」, 復旦大學碩士學位論文, 2009

李立國, "創新社會治理體制", 〈中國社會報〉, 2013.12.16

李相萬, 「中國社會主義現代化政治經濟:"資本"和"市場"的二重性」, 「韓中社會科學研究」第8권 제1호(통권 16호), 2010

李強, 「農民工與中國社會分層」, 社會科學文獻出版社, 2004

李鈞鵬, 「帝利的曆史社會科學:從結構還原論到關系實在論」, 「社會學研究」, 2014.5

李培林, 「社會改革與社會治理」, 社會科學文獻出版社, 2014

李靜君, "中國工人階級的轉型政治", 「當代中國社會分層:理論與實證」, 北京: 社會科學文獻出版社, 2006

李昌徽·威廉·布朗·閔效儀, 「集體談判在中國」, 「重磅理論」, 2015.5.29

人力資源和社會保障部, "2017年國民經濟和社會發展統計公報", 國家統計局網站.

2018.12.6

林樂峰, 「以何維權-常德沃爾瑪閉店事件評析」, 「中國工人」, 2015.2

林毅夫·李培林, 「地方保护和市场分割: 从发展战略的角度考察」, 北京大学中国经济研究中心 No. C2004015, 2004

羅斯琦, 「持續中的改變: 廣東省社會管理情況概述」, 「廣東社會治理和勞動政策項目報告」, 未出版, 2015

孟捷·李怡樂, 「改革以來勞動力商品化和雇傭關系的發展」, 「開放時代」, 2013年 第5期

繆全, 「團結的延續-以常德沃爾瑪集體勞動爭議爲例」, 「中國人力資源開發」, 2014年 14期

布洛維(Burawoy, M), 「從波蘭尼到盲目樂觀: 全球勞工研究中的虛假樂觀主義」, 劉建州 譯, 「開放時代」, 2011年 第10期, 英文出處: Burawoy, M, 2010, "From polanyi to pollyanna: the false optimism of global labor studies", Global Labour Journal, 2010, 1(2): 7

城鎮企業下崗職工再就業狀況調查課題組, "困境與出路: 關於我國城鎮企業下崗職工再就業調查", 「社會學研究」第6期, 1997

喜佳, 「二元結構下農民工勞動權之一元法律保護: 從身份到契約」, 「中國法學」, 2010年 第2期

許輝, 「從個體維權到集體談判: 珠三角地區勞工集體行動情勢報告(2013-2014)」, 打工時代, 2014.10.29

許曉軍, 「對中國工會性質特征與核心職能的學術辨析——基於國家體制框架內工會社會行爲的視角」, 「倫社會結構轉型中的中國工會」, 光明日報出版社, 2015

陽和平, 「社會主義時期工人階級和其政黨關系的探析」, 「China Left Review」第五期, 2012

楊繼繩, 「中國當代社會階層分析」, 江西高校出版社, 2011

楊濤, 「廣州企業工會選舉案例調查報告」, 「廣東社會治理和勞動政策項目報告」, 未出版, 2015

楊友仁, 「社會疏離與勞動體制: 深圳富士康新生代農民工的都市狀態初探」, 「台灣社會研究季刊」第九十五期, 2014.6

聞效儀, 「工會直選: 廣東實踐的經驗與教訓」, 「開放時代」, 2014年 第5期

_____, 「集體協商的"黨政模式": 沈陽市集體協商調研報告」(미출간), 2016

王少波, 「大型超市企業關閉門店過程中的員工安置問題探討—以沃爾瑪公司關閉湖南常

德水星樓門店引起的集體勞資沖突爲例」,『中國人力資源開發』, 2014年 15期

_____, 「從自在到自爲：廣州番禺勝美達工會選舉案例系列研究」,『集體談判制度研究』No.11, 2014

王紹光, 「對民主制度的反思」,『China Left Review』第五期, 2012

王紹光, "重慶經驗與中國社會主義3.0版本," http://www.caogen.com/blog/index. aspx?ID=152

王思斌, "構建聯動機制, 促進社區服務和社區建設", 中國社會報, 2016.2.29

汪建華, 「新工人的生活與抗爭政治─基於珠三角集體抗爭案例的分析」,『清華社會學評論』第6輯, 社會科學文獻出版社, 2012

汪建華·孟泉, 「新生代農民工的集體抗爭模式─從生產政治到生活政治」,『清華社會學評論』第7輯, 社會科學文獻出版社, 2013

王江松, 「廣東省勞動關系地方立法應該,可以,如何走在全國的前列」, 首屆珠三角勞動關系研討會參會論文,『新公民運動』, 2014

王春光, 「新生代農村流動人口的社會認同與城市融合的關系」,『社會學研究』第3期, 2001

王同信, 「集體協商的成長與困惑──以鹽田國際爲例(上)」,『深圳工運』, 2015年 第二期

王飛, 「我國勞動力市場分割問題研究」, 西南大學碩士學位論文, 2006

汪暉, 「我有自己的名字」, 呂途,『中國新工人:迷失與崛起』的序言, 2012

_____, 「兩種新窮人及其未來─階級政治的衰落,再形成與新窮人的尊嚴政治」,『開放時代』, 2014年 第6期

嶽經綸·莊文嘉, 「轉型中的當代中國勞動監察體制：基於治理視角的一項整體性研究」,『公共行政評論』, 2009年 第5期

嶽經綸·莊文嘉·方麗卿, 「城市化,社會政策創新與地域社會公民身份建構：基於東莞市的案例研究」,『國際社會科學雜志: 中文版』, 2013年 4期

_____, 國家調解能力建設：中國勞動爭議"大調解"體系的有效性與創新性, 管理世界, 2014年 第8期

周春梅, 「構建和諧勞動關系的困境與對策」,『南京社會科學』第6期, 2011

張娜,「社會治理背景下遼寧省社會工作發展情況概述,〈시진핑 시대 중국 사회관리 정책의 변화와 기층사회의 대응〉 연구프로젝트, 중국 동북지역 조사보고서(미출간), 2016

張冬梅,「2015-2016: 中國勞動關系的現狀與挑戰」(미발표), 2016

張允美, 「改革時期的中國勞工運動」,『21世紀』, 2003.4

張允美,「市場化改革時期中國的勞動政治: 以國家的勞動控制戰略和工會的功能性雙重主義爲中心」, 北京大學博士學位論文, 2004

張昭時,「中國勞動力市場的城鄉分割: 形式,程度與影響」, 浙江大學博士學位論文, 2009

張霽雪,「吉林省社會管理體制創新研究」,〈시진핑 시대 중국 사회관리 정책의 변화와 기층사회의 대응〉연구프로젝트, 중국 동북지역 조사보고서(미출간), 2016

張緊跟·莊文嘉, 「非正式政治:一個草根NGO的行動策略――以廣州業主委員會聯誼會籌備委員會爲例」,『社會學研究』, 2008年 第2期

張賢明,「強化政府社會管理職能的基本依據, 觀念定位與路徑選擇」,『行政論壇』, 2012年 第4期

莊文嘉,「調解優先'能緩解集體性勞動爭議嗎?: 其於1999-2011年省際面板數據的實證檢驗」,『社會學研究』5, 2013

全國總工會保障工作部, "失業職工、企業下崗待業人員及其再就業狀況的調查與建議",『經濟研究參考』第18期, 1996

全國總工會新生代農民工問題課題組,「關於新生代農民工問題的研究報告」, 2010.6

鄭永年,『中國模式: 經驗與困局』, 浙江人民出版社, 2010

中共中央國務院,「關於構建和諧勞動關系的意見」, 來源:人民網-人民日報, 2015.4.9

中國國務院研究室課題組,『中國農民工調查報告』, 中國言實出版社, 2006

中國城市發展報告編委會,『中國城市發展報告2011』, 中國城市出版社, 2012

中國行政管理學會課題組,〈加快我國社會管理和公共服務改革的研究報告〉,『中國行政管理』, 2005(2): 10, 2005

沈原·鄭廣懷·周瀟·孟泉·汪建華 等,「新生代農民工的組織化趨勢」, 清華大學社會學系和中國青少年發展基金會, 2014

建安,「勞工集體維權機制探析」,『當代法學』, 2011年 第4期

蔡禾, 「從'底線型'利益到'增長型'利益―農民工利益訴求的轉變與勞資關系秩序」,『開放時代』, 2010年 第9期

_____,「中國勞動力動態調查: 2015年報告」[M], 北京: 社會科學文獻出版社, 2015.11

蔡昉,『中國人口與勞動問題報告 No.9』, 社會科學文獻出版社, 2008

曹浩瀚,「列寧、蘇維埃與無產階級專政」,「China Left Review」第五期, 2012

常凱, "公有制企業中女職工的失業及再就業問題的調查與研究", 「社會學研究」第3期, 1995

_____,「關於勞動合同法立法的幾個問題」,「當代法學」, 2006年 第6期

_____,「關於罷工的合法性及其法律規制」,「當代法學」2012年 第5期

_____,「勞動關系的集體化轉型與政府勞工政策的完善」,「中國社會科學」第6期, 2013

常凱 編,「勞動關系, 勞動者, 勞權: 當代中國的勞動問題」, 中國勞動出版社, 1995

陳志柔,「中國威權政體下的集體抗議:台資廠大罷工的案例分析」,「台灣社會學」, 第30期, 2015

清華社會學系課題組,「困境與行動—新生代農民工與'農民工生產體制' 的碰撞」,「清華社會學評論」, 第6輯, 社會科學文獻出版社, 2012

孔祥鴻,「廣東省勞動政策述評」,「廣東社會治理和勞動政策項目報告」, 未出版, 2015a

_____,「案例分析:廣東省佛山市南海本田罷工事件」,「廣東社會治理和勞動政策項目報告」, 未出版, 2015b

_____,「案例分析:廣東東莞裕元鞋廠罷工事件」,「廣東社會治理和勞動政策項目報告」, 未出版, 2015c

唐鵬·陳國慶,「建黨以來中國共產黨黨員構成的變化狀況及其啟示」,「中州學刊」, 2011年9月 第5期(總第185期)

田毅鵬,「城市社會管理網格化模式的定位及其未來」,「學習與探索」, 2012年 第2期

潘毅,「中國女工: 新興打工者主體的形成」, 任焰 譯, 九州出版社, 2010

_____,「社會主義國家發展經濟的初衷是什麼--煤礦工人話語權及主體性消逝的憂思」, 「人民論壇·學術前沿」, 2014年1月上

潘毅·盧暉臨,「農民工:未完成的無產階級化」,「開放時代」第6期, 2009

潘毅·盧暉臨·張慧鵬,「階級的形成:建築工地上的勞動控制與建築工人的集體抗爭」, 「開放時代」, 2010年 第5期

潘毅 等,「富士康輝煌背後的連環跳」, 香港, 商務印書館, 2011

潘毅·吳瓊文倩:「一紙勞動合同的建築民工夢—2013年建築工人勞動合同狀況調查」, 載 「南風窗」, 2014年 第3期 第57頁

潘維·主編,「中國模式: 解讀人民共和國的60年」, 中央編譯出版社, 2009

付城, 「新公共管理視角下的社區社會管理創新研究」, 「社會科學戰線」, 2011年 第11期

馮仁可·李林晉, 「中國勞工維權NGO的困境」, 「FT中文網」, 2015.

馮同慶主編, 「中國經驗: 轉型社會的企業治理與職工民主參與」, 社會科學文獻出版社, 2005

胡鞍鋼·趙黎, 「我國轉型期城鎮非正規就業與非正規經濟」, 「清華大學學報」21(3), 2006

胡哲夫, 「建立勞動爭議網格化排查預警網絡體系: 吉林省長春市朝陽區勞動人事爭議仲裁工作創新舉措」, 「勞動保障世界」, 2013(9): 26~27

黃德北, 「當代中國僱傭工人之研究」, 台北: 韋伯文化國際出版有限公司, 2008

黃岩, 「全球化與中國勞動政治的轉型: 來自華南地區的觀察」, 上海人民出版社, 2011

黃岩·劉劍, 「激活稻草人: 東莞裕元罷工中的工會轉型」, 「西北師大學報(社會科學版)」, 2016年 1期

黃宗智, 「重新認識中國勞動人民」, 「開放時代」, 2013年 第5期

黃巧燕, 「最新「廣東省企業集體合同條例」分析」, 未出版, 2015

黃平 主編, 「尋求生存－當代中國農村外出人口的社會學研究」, 雲南人民出版社, 1997

Barry Naughton, "China's Distinctive System: can it be a model for others?", *Journal of Contemporary China* 19(65), June 2010

Cai Fang, "The Aging Trend and Pension Reform in China: Challenges and Option", *China&World Economy* Vol.12 No.1, 2004

Chen Feng, "Individual rights and collective rights: labor's predicament in China", *Communist and Post-Communist Studies* Vol.40, 2007

Chris King-chi Chan, *The Challenge of Labour in China: Strikes and the Changing Labour Regime in Global Factories*, Warwick University, 2008

_____, "Class Struggle in China: Case studies of Migrant Worker Strikes in the Pearl River Delta", *South African Review of Sociology* Vol.41 No.3, 2010

D. McAdam & S. Tarrow & C. Tilly, *Dynamics of Contention*, Cambridge University Press, 2001

Dorothy Solinger, "Labour Market Reform and the Plight of the Laid-off Proletariat", *The China Quarterly* No.170, 2002

Hung Hofung, "Labor Politics under Three Stages of Chinese Capitalism", *The*

South Atlantic Quarterly 112:1, Duke University Press, Winter 2013

Ivan Franceschini, "Labour NGOs in China: A Real Force for Political Change?", *The China Quarterly* 218, June 2014

Joseph E. Stiglitz, "Globalization and Its Discontents", *Economic Notes* Vol.32 No.1, 2002

Kevin Gray, "Labour and the state in China's passive revolution", *Capital&Class* 34(3), 2010

Lee ChangHee, William Brown and Xiaoyi Wen, "What Sort of Collective Bargaining is Emerging in China?", *British Journal of Industrial Relations* 54(1), 2016

Lee ChingKwan, *Against the Law: Labor Protests in China's Rustbelt and Sunbelt*, Berkeley, CA, University of California Press, 2007

Litzinger Ralph, "The Labor Question in China: Apple and Beyond", *The South Atlantic Quarterly* 112:1, Winter 2013, Duke University Press, 2013

Martin Jacques, "How China Will Change the Way We Think: The Case of the State", *Policy Paper*, February 2011

Mary Gallagher et al., "China's 2008 Labor Contract Law: Implementation and implications for China's workers", *Human Relations* 68(2), 2015

Michel Aglietta & Guo Bai, "China's Road map to Harmonious Society", *Policy Brief* No.3, May, 2014

Pun Ngai, *Made in china*, Duke University Press, 2005

Pun Ngai & Lu Huilin, "Unfinished Proletarianization: Self, Anger and Class Action among the Second Generation of Peasant–Workers in Present–Day China", *Modern China* Vol.36 No.5, 2010

Pun Ngai & Jenny Chan, "The Spatial Politics of Labor in China: Life, Labor and a New Generation of Migrant Workers", *The South Atlantic Quarterly* 112:1, Winter 2013, Duke University Press, 2013

Tim Pringle, "Reflections on Labor in china: From a moment to a Movement", *The South Atlantic Quarterly* 112:1, Winter 2013, Duke University Press, 2013

Wenjia zhuang & Feng Chen, "'Mediate First': The Revival of Mediation in Labour Dispute Resolution in China", *The China Quarterly* No.222, 2015

4. 언론 및 인터넷 자료

"國務院關於解決農民工問題的若幹意見", 〈中央政府門戶網站〉, www.gov.cn (검색일: 2016.5.21)

"沃爾瑪工會,你真的最牛嗎?", 〈中國論文網〉, http://www.xzbu.com/1/view-5127180.htm (검색일: 2015.10.12)

"常德沃爾瑪關店引勞資沖突,中國首屆勞動法博士對陣舌戰", 〈湖南政協新聞網〉, http://www.xiangshengbao.com/bencandy.php?fid-145-id-10485-page-1.htm (검색일: 2015.10.15)

"'最牛工會'與沃爾瑪的戰爭 維權VS維穩", 〈南方周末〉, http://www.infzm.com/content/99558 (검색일: 2015.10.15)

"常德沃爾瑪工會維權事件研討會", 王江松的BLOG, http://www.laboroot.com/laboroot/center/show.php?itemid=15574 (검색일: 2015.10.15)

"沃爾瑪常德店勞資糾紛上法庭法院駁回訴訟", 〈新華網〉, http://www.hn.xinhuanet.com/2014-07/23/c_1111754087.htm (검색일: 2015.10.16)

"新生代:刑拘勞工NGO人士 將會激發更多的社會矛盾", 〈破土網〉, (검색일: 2015.12.6)

孫立平, "我們在開始面對一個斷裂的社會?", 「360doc個人圖書館網站」, http://www.360doc.com/content/07/0104/14/16099_318139.shtml

"2011年統計公報評讀", 國家統計局門戶網站, http://www.stats.gov.cn

"2010年企業新生代農民工狀況調查及對策建議", 中華全國總工會門戶網站, http://www.acftu.net/template/10004/file.jsp?aid=83875

"全總關於新生代農民工問題的研究報告", 「中國新聞網」, http://www.chinanews.com/gn/news/2010/06-21/2353233.shtml

"農民工生活質量調查之一: 勞動就業和社會保障", 國家統計局官網, http://www.stats.gov.cn/was40/reldetail.jsp?docid=402358407

"北京關停24所打工子弟學校", 「鳳凰網」, http://news.ifeng.com/gundong/detail_2011_08/17/8459337_0.shtml

"'流動兒童'生根策", 「21世紀經濟報道」網站, http://nf.nfdaily.cn/epaper/21cn/content/20091214/ArticelJ06003FM.htm

"2014年度遼寧省人力資源和社會保障事業發展統計公報", http://www.ln.hrss.gov.cn/zfxx/ghjh/201508/t20150810_1816560.html (검색일: 2015.8.10)

"『2015年吉林省政府工作報告』", http://www.jl.gov.cn (검색일: 2015.8.10)

"中共中央關於全面深化改革若幹重大問題的決定", http://paper.people.com.cn/
rmrb/html/2013-11/16/nw.D110000renmrb_20131116_2-01.htm (검색일:
2015.11.12)

人力資源和社會保障部, "2016年第二季度新聞發布會", 人力資源與社會保障部網
站, http://gzqdn.lss.gov.cn/art/2016/7/28/art_485_35718.html (검색일:
2016.7.22)

民政部, "2016年6月最低生活保障標准", http://yjbys.com/zhidu/1122139.html, (검색일:
2016.7.28)

國家統計局, 『2015年農民工監測調查報告』, http://www.stats.gov.cn/tjsj/zxfb/201604/
t20160428_1349713.html (검색일: 2016.4.28)

國家統計局, 〈2014年農民工監測調查報告〉, http://www.stats.gov.cn/tjsj/zxfb/201504/
t20150429_797821.html (검색일: 2015.4.29)

張治儒, 〈給裕元鞋廠工友們的一封公開信〉, http://blog.sina.com.cn/s/
blog_4b36bc8c0101jz1p.html (검색일: 2015.9.26)

張治儒, 〈給裕元鞋廠工友們的第三封公開信〉, http://blog.sina.com.cn/s/
blog_4b79809f0101jd7e.html (검색일: 2015.9.26)

張治儒, 〈裕元鞋廠大罷工始末〉, http://blog.sina.com.cn/s/blog_4b79809f0102vr0c.
html (검색일: 2015.4.29)

2008年中國共產黨黨內統計公報, http://renshi.people.com.cn/GB/145119/9579232.
html (검색일: 2016.12.15)

2014年中國共產黨黨內統計公報, http://dangjian.people.com.cn/n/2015/0629/
c117092-27226541.html (검색일: 2016.12.15)